はじめに

あるものには恩師であり、あるものには同僚であり、あるものには同志であった。
文字どおりたぐい稀な人生を生き、生ききった人である。
だが、無念の気持ちを残して世を去った。
やりたいこと、やり残したことをいっぱい抱えながら終わった人生でもあった。
これは「日本人論」でもある。——
彼の行為が後の世の人につながり、ある者には励みとなればと思いこの本を遺す。

木川恭遺稿集出版委員会

在日朝鮮人・外国人と生きる私を求めて

目次

南葛定卒業式不起立一円裁判

在日朝鮮人・外国人と生きる私を求めて

Ⅰ　共に生きる私を求めて

——実践のなかで

1　朝鮮人と共に生きる私を求め続けて

アボジにとっての楽園とは

「うちは代々カトリックなんですよ。私もそうですけどね。だけど教会なんか行ってる余裕なんかないですよ。でもバイブルだけは勉強し直そうと思っているんですけど、これがなかなかできないんですよ」と言って、机の抽斗《ひきだし》の奥から、大切にしまってある名刺大にもならない小さな本を取り出して見せられたことがある。それは奥付に「昭和四年発行　京城市明治町　仏国人〇〇発行人」と日本語で書かれているのみで、あとは全部ハングルで書かれているバイブルであった。

　このバイブルこそが、パヂ・チョゴリ（ズボン、上着）の上にトゥルマギ（外套）をはおって威儀を正した、当時十六歳の、金井守《キムチョンス》のアボジ（父）と一緒に玄界灘の波濤を渡ってきたのである。そして、下関の地に足跡を印してより以降、広島、岡山、神戸、横浜、東京と、生活の糧を求めて転々とするアボジの懐に、しっかりと抱かれてあったのだ。この小さなバイブルのみが、五十年をこえるアボジの在日の歴史のすべてを見届けていると思うと、なんと重みを感じさせてくれることだろう。

このようなアボジとバイブルの話が、私の記憶の中に甦ってきたのは、残念ながら、南葛《なんかつ》（都立南葛飾高校定時制）における林竹二《たけじ》※さんの「楽園喪失」の授業（一九八四年二月実施）の後であった。そこで、当日は受付けなどをしていて私も授業を受けられなかったので、一緒にテープを聞こうと思いアボジのところへ行ったのは、一九八〇年も間もなく終わろうとしていた頃であった。

※林竹二　一九〇六―八五。哲学者。東北大学教育学部教授、宮城教育大学学長等を歴任。ソクラテス、田中正造研究から、人間形成の基本的論理を追求。各地の小・中・高等学校で自ら授業も行なった。兵庫県立湊川高校（定時制）、兵庫県立尼崎工業高校に授業に入った後、南葛飾高校の定時制生徒に一九八〇年一月から八四年二月まで七回特別授業を行う。

「楽園喪失」のテープを聞き終わってから、「アボジにとって楽園とはどういうものなんでしょう」と尋ねてみると、「二十年以上も闘病生活を続けているから、やっぱり健康であることが私にとっての楽園かな」と答えてくれる。

無理に無理を重ね体をこわしても、束の間の休養とてなかったアボジにとっては、なる程そうなのだろうなあと相槌をうって聞いてはいたものの、もっと深い何かがあるのではないかと思ってもみるのだが、話はあらぬ方向に流れてしまう。しかしやっぱり気になって、しばらくしてまた同じことを尋ねてみると、今度は何か翳《かげ》りのあるような微笑を浮かべながら、次のように答えてくれるのである。「やっぱり終着駅、人生の終着駅に着いた時しか私の楽園はないんですよ。一生が終わって安らかに眠れた時が、やっぱり私の楽園でしょう。それしかないでしょう」。しばし二人の間には沈黙が支配する。つまり、私が何も言えないのだ。

アボジの在日を生きる歩みは、朝鮮人を人間として遇しない苛酷な被差別の状況を、例えば、入院するにしても、病んだ体を投げ出して、院長と文字通り生命をかけて闘わなければならなかったように、自らの強靱な精神力と行動力をもって一つひとつ切り拓いてきたものである。

そういうアボジにして楽園とは、「人生の終着駅」なのである。

「楽園喪失」の授業の後で行なわれた部落研(※部落問題研究部)・朝文研(※朝鮮文化研究会)の生徒を中心にした話し合いの中で、この人ほど日本の社会において徹底して朝鮮人として生きている人は、そうはいないであろうと思われる梁東準《ヤンドンジン》さん(朝鮮奨学会理事)が、「私たち在日朝鮮人に楽園なんてないですね。私でも自分たちのことを目を閉じて静かに考えてみることがあるんですけども、自然と涙が出てきて仕方がないんですよ」というような話をしていたことも、アボジの言葉から思い出され、私の朝鮮認識の甘さを痛切に思い知らされるのであった。

私たち日本人にとって、最も本質的な朝鮮認識のメルクマールとは一体何であろうか。それは、朝鮮の歴史や文化、あるいは政治経済などの、あれこれの該博な知識の有無などでは決してなく、朝鮮の歴史や風土の中で育まれてきた朝鮮人一人ひとりの内面の裸像に、どれほど近づくことができるのかということではないだろうか。強《したた》かなアボジとしか見ることができず、その強かさの内に秘められていた、在日という苦界を生きるアボジの懊悩の深さに思い至ることのなかった私。その皮相的な朝鮮認識は、度し難いものと言わなければならない。

朝鮮人と共に生きる

八三年の九月、しばらく遠ざかっていた時、「先生に読ませたいものがあるから是非きてください」という、アボジからの電話を受け取った。久方ぶりに訪ねてみると、「先生これを読んでみてください」と言って、「若き同窓哲学徒の殉教を改めて想起す」という特集が載っている『全国五高会会報』なるものを渡された。ある時、アボジが気比丸《けひ》事件について触れているテレビ番組を見た。そういえば昔聞いたことがあると思い出し、もっと詳しく知りたいと、会の事務局にまで足を運び、本当は会員以外はあげないのだがと言われて貰ってきたものだという。それは大略次のような話である。

一九四一年十一月、ソ連の機雷に触れて日本海連絡船気比丸が清津《チョンジン》沖で遭難し、乗客が救命ボートに殺到した時、同乗の警官が銃を向け、「乗るのは内地人だけだ！」と言って朝鮮人のボート移乗を禁じた。その時、京大生弘津正二《ひろつしょうじ》は、「私は朝鮮人と行動を共にする」と言い、乗船を勧められても、「どうぞお先に」と言って悠然とタバコに火を点け、従容として船と運命を共にした。この話の真相は「内地」にはまったく伝わらず、助かった朝鮮人の間では口伝えに語られていた……。

朝鮮のことを真剣に考え始めるようになっていた頃、「関東大震災のような地震が再び起きたら、またやられるのではないかと思うとぞっとする」というような話を、何人かの朝鮮人から聞かされていた私は、虐殺する側に自分を決して置くまい、反対の側に我が身を安んじて置けるようにしたいと、自分に言い聞かせながら朝鮮人とつきあってきたつもりだ。そして朝鮮人と日本人である私との切っても切れない関係を、一本一本の細い糸を丹念に縒《よ》り続けるようにしてつくってきた。

しかし、人間としてみなされなくとも当たり前とされた植民地支配下の朝鮮人を助けて、悠然として死に赴くことができたという弘津正二の話は、いつでもその糸を切って逃げられるような自分ではないのか、絶対逃亡しないという位置に自分自身を追い込んでいるのかと、私に鋭く問うている。

自分が歩いてきた過去に、死の横たわる深淵を覗き見るようなことのなかった私は、彼の学生のように、死を選ぶことはできるだろうと観念的に思ってしまう一瞬もある。しかし、冷静な思考をめぐらせてみれば、それはやはり、恐怖そのものとしか言いようがないのである。ところで、その恐怖する意識が次第に薄れていく過程、それは、私がより深く人間になっていく変容の過程であるのかもしれない。

「生きる」ということを、自明のこととしてその意味をまともに考えることのなかった私は、自分が教育に携わる労働者になって初めて、そのことを真摯に考えられるようになってきた。それは、「生きる」ということに常に直面させられている定時制の生徒やその親たち、とりわけ朝鮮人生徒やそのアボジ、オモニ（母）たちと真剣勝負で関わるようになったからである。

同じこの世を生きながら、差別し抑圧する側の日本人は、そのことにまったく無自覚、無感覚の故に、あたかも何もないかのように生きることができる。しかしそのことのために逆に、苛酷な生き方を強いられている朝鮮人と向き合うには自分があまりにも軽すぎるという痛覚から、真暗闇を進むように、手の先、足の先で確認しながら理論的にも実践的にも歩み始め、朝鮮人生徒と初めて向き合う時、この生徒とも一生つきあっていくのだと、心の中で覚悟の程を確認していけるようになってきた。それは、そのような肚のくくり方をして、人間存在の根の部分で響き合う関係を創造していかないことには、彼ら一人ひとりが持つ紛れもない〈朝鮮〉に出会うことはないからである。そういう自分自身を改めて振り返り、アボジの与えてくれた課題から逃げずに、自分の生き方を問い続け、アボジの優しさに答えていきたいと思う。

李のこと——朝文研前史として

二歳の頃から施設で育ってきた李昭《イソ》は、中学二年の夏休み、忘れもしない一九七四年八月三十日に、在日朝鮮人である母親と「初めて」めぐり合うのだが、その後も同じ屋根の下に住むことも叶わず、西多摩にある施設で中学を卒業するまで過ごすことになる。

彼は中学を出る直前に帰化をし、南葛に入ってきた。しかし、彼の担任になった私は、入学当初すでに、彼には次のようなことを言っていた。

「帰化したからといって〈朝鮮〉から逃げられるものではないし、お前はいままで李で生きてきて、いろいろな口惜しい思いをしてきたはずだ。とすればやはり、これからも朝鮮人としての生き方を選び自立していくしかないと思う。そのためには、酷薄なこの日本の社会を、在日朝鮮人としてしたたかに生きぬいてきたであろうオモニに繋がらなくてはだめだ。それがお前の課題ではないのか」というようなことを。

以後、この要求を外さずに彼と向き合っていくことになる。

しかし彼は、「親のことなんか考えてねえよ！　どこに自分の子どもを捨てる親がいるんだ！　俺を捨てた奴なんておふくろじゃねえよ。関係ねえだろっ！」「李なんて言うなよ！　もしクラスでそんなことを言って、俺が朝鮮人だとわかって差別されたら、てめえ、ただじゃおかねえぞ！」などと言って激しく反発する。また、「話があるからちょっと残れ」と言っても、「うっせえな！」と言いながら一目散に逃げる。追いかけて捕まえるのだが、「しつっけえな！　関係ねえだろ、てめえなんか！　ぶっとばすぞ、この野郎！」などと怒鳴りながら、摑《つか》みかかってくる。初めのほぼ一年というものは、このようなことが繰り返されていた。

もちろんそれは、至極当り前のことであった。何故なら、彼とオモニとの間には、あまりにも重い空白の時期があったわけだし、また、オモニのことを突きつけていく私たちの中のオモニ像と言えば、家庭訪問に行くまでは自分たちの観念の中でつくりあげた、抽象的な在日朝鮮人としてしか捉えることができなかったからである。

クラスの他の生徒たちの家庭訪問、職場訪問を一通り終えて、西多摩に住む李のオモニを訪ねることができたのは、夏休みに入って間もなくの頃だ。

「私は、お父さんもお母さんも、兄弟も親戚も、誰一人としてわかんないの。それで時々お母さんが枕元に現われるんですけど、どうしても顔がわかんないの」と、オモニはのっけから、わが母の顔が夢にさえ現われることのない口惜しさを聞かせてくれる。「そんなだから名前も自分でつけたし、自分の年齢だってほんとのところわからないのよ。私はちょこまかしてるからきっとねずみ年（四十歳）じゃないかしら」と言って快活に笑う。また、学校に入れてくれる人もいなかったために字の読み書きのできないオモニは、「紙切れがなけりゃこの世は平和だなあと、いつも思ってましたよ」と、しんみり話してくれるのだった。さらに、読み書きができないために、朝鮮人であるが故に、足蹴にされ、胸の張り裂ける思いを幾度経験したことか、そして何度死への旅支度をしたことか……等々。

オモニの口から吐かれる一つひとつの言葉が、私と羽藤《うとう》さん（二人担任制※）の胸を強くうち続ける。時にはうっすら目に涙を浮かべながらも、いささかの湿りも感じさせることなく、終始明るさを失わずに話してくれる。そのオモニの明るさは、私たちの想像をよせつけないこの世の地獄を潜《くぐ》り抜けてきた人のみがもつ、底知れぬ明るさのように思えた。

※南葛は一九七六年度より一年生に二人の担任を置く一クラス二人担任制をひいた。

施設を出て南葛に入ったことも、安達縫製という会社で一生懸命働いていることも教えていなかった李は、このあとも繰り返される家庭訪問をきっかけにオモニと会うようになり、少しは変化を見せるようになるものの、依然としてオモニのこと、朝鮮のことを突きつけると体を硬直させて反発する。

その彼が、一年も終わりの頃になるとクラスにおける人間関係をつくっていくことを通して、そしてまた、オモニのもとに通い続ける中でようやく、自分自身のことをクラスの中で語りはじめる。

赤ん坊の時から李という名前で施設の中で育てられてきたこと。草むしりをやらされ、やらないとご飯を食べさせてくれなかったこと。「施設の子」ということでまわりから冷たい視線を浴び、その施設の中ですら吃るということで笑われ、朝鮮人ということで差別され、中学の時はタバコ、シンナー、ケンカを繰り返し荒れていたこと、等々。

そして、オモニを自らの側に手繰《たぐ》り寄せていくようにもなった。

彼が二年の時の文化祭には、朝鮮高校（朝鮮中高級学校高級部）を卒業し四年に編入してきた李政美《イヂョンミ》と金千恵《キムチョネ》らが、在日朝鮮人生徒有志の名で参加した。

彼女らに文化祭で何かやってみたらどうかと言うと、「そうですね」と答えるのだが、後日、「やっぱりやりたくありません。どうせやっても日本人なんか朝鮮人のことをわかろうとしないですよ」と言ってくる。「何かやってすぐ多くの日本人が変わっていくような幸せな世の中でないのは承知のはずだ。だからこそ逆にやるべきではないのか。その中でたった一人でも朝鮮のことを考えていこうとする日本人がいたらそれでいいではないか」と私は返す。

彼女らは、もう一度考え直してみると言って、その日夜を徹して二人は話し合う。その結果この年は、南葛ではじめて朝鮮人生徒が文化祭に参加するという歴史的な年となり、これ以降は朝文研として毎回文化祭に参加するようになり、多くの日本人生徒に朝鮮人生徒の存在する意味を考えさせ、彼らの朝鮮認識を問い続けている。

ところで彼女らは、一九一〇年代から六〇年頃までの日本と朝鮮との歴史をえがいている映画「日本海の歌」を上映し、韓国のフォークソングを歌うことにした。この準備の過程で彼女らは、当時〈朝鮮〉から逃げて日本名を名乗っていた金英一《キムヨンイル》を歌のほうに引っ張りこみ、本名を名乗れというと「生まれてこの方、朝鮮名なんて呼ばれたことなんかねえんだ！」と凄んでみせていたかつての「不良」の頭、高尚道《コサンド》を宣伝ビラを貼る助っ人にしていく。そして文化祭当日は、堂々とチマ・チョゴリを着て映画の呼び込みをやり、また聴く者の心に深く沁みいるような見事な歌を聴かせてくれたのである。

この時はまだ文化祭に関わることができなかった李を、「日本海の歌」の試写会の席に座らせた。千恵に感想を求められた彼は、「えーと、うんとよ、そうだな……。おふくろがさあ、だいぶ苦労して大変だったなあと思った。それだけ、そんでいい？」と照れながら答える。またその数日後、私に次のように語るのだった。「今まではよぉー、私は小さい時から苦労してんのよって、自分だけすっごく苦労したようなことを言って、一人いい子になっちゃってたから気に食わなかったんだよ。で、俺のほうが苦労してんよ、冗談じゃねえぞ！って思ってたけどさ、俺も苦労したけど、映画をみて、もっとおふくろは苦労したと思うよ。見てよかったぜ」と。彼はとうとうオモニに対する見方を反転させ始めていく。

このような李に対してオモニも一歩近づいていく。しかし、お互いが心を開き、お互いに対して持つ、あまりにも複雑に屈折している気持を解きほぐしていく営みは、やはり容易なことではなく、二年の十二月から三年の五月頃まで、ほんのちょっとしたことで二人の関係は一遍に気まずくなり、冷え冷えとしたものになるのだった。

この時私が彼に言っていたことは、「オモニはお前がくそみそに言うような人では決してないということだけは頭に入れておけ。話し込んでいけばいくほど、そのことはわかってくるはずだから、オモニと真正面から向き合って自分からオモニの話を聞いてこい」というようなことであった。

李がこのオモニとの関係の躓《つまず》きを克服していくのにクラスの生徒たちの力が重要な役割を果たした。それは二年の十二月から三年の六月までの七ヶ月にわたる、学級減・統廃合反対闘争と、それに続く留年生三人を進級させる闘争の中で、クラスの生徒たちが自分を語り、親のことを話しはじめてきたからである。李はこの闘争を振り返って次のように言う。

「あれからみんな変わってさ、真剣になって討論するようになったよ。俺もさ、昔はいきがっていたり、いじけていたりでどうしようもなかったけどさ、素直になってきて何でも自分の思ったことを言えるようになったからさ、クラスの中でも内面的につきあえるようになったんだよな。心と心とのつきあいがな。だからお互いの心を知るようになったんだよ。こんなクラス、俺ははじめてだぜ。ほんとに。だからつくづく定時制にきてよかったと思うよ。全日制なんかいってたら今頃かつあげなんかしてたよ。多分ね。明るくなったしな。この前中学の友達にあったけど、おめえは明るくなって、よくしゃべるようになったなって、びっくりしてたぜ。アッハハハハ」と。

このような成長をみせた李は、再びオモニに向き合っていく確かな素地を形成していくのであった。

李が三年になる時私は、留年生の金英一を自分のクラスに迎えた。言うまでもなく彼と李とが、日常的な出会いの中で、これを本質的なところで打ちすえながら、お互いが鍛え合い、励まし合う関係で繋がってほしいと思ったからだ。

英一は朝鮮高校を中退したあと、二年間は働くだけの生活を送り、それから南葛に入ってくるのだが、ちょうどその時、校門前で朝鮮人と日本人との喧嘩があったのを理由に本名を拒んだ生徒だ。しかし卒業式で、彼の民族学校時代の後輩である李政美と金千恵が本名で呼ばれていく姿を目のあたりにして、進級したら本名でいく決意をするのだが留年してしまう。

彼の新担任に決まってすぐ家庭訪問をした私は、李のことも話しながら、あくまでも本名を名乗ることを求めた。風邪で寝込んでいた彼は、「どっちでもいいですよ」と、四年になれなかったショックもあって半ば投げ遣りな口調で答える。「それでは本名で頑張れ」と言い残して彼のアパートを後にした。

彼は結局、新学期までに気持の整理をして、本名を名乗り朝鮮人として堂々と生きていきたいと思うので、みんなも本名を呼んでほしいと、新しいクラスの中で力強く訴えていった。

南葛の多くの日本人生徒の中で、たった一人で本名を名乗っていく彼の姿は、帰化した李の中にあってぼけていた〈朝鮮〉を鮮やかに蘇らせていくのであった。この金英一との感動的な出会いに励まされた李の内面においては、かつて朝鮮名を名乗っていた自分と、帰化してしまった自分との激しい葛藤が惹き起こされていった。そして間もなく彼は「俺は李でもかまわねえと思うようになってきたんだ。だから中学の友達には、俺のことを李と言わなかったらちゃんと呼べよって怒るんだぜ」と語るまでに、金英一との出会いを、在日朝鮮人として生きる自己を再び形成していこうとする、決定的な転回点にしていったのである。

そしてこのことが、彼をして在日朝鮮人である母親、オモニに向き合わせていくのだった。それは「初めて」の出会いより四年の歳月を送った三年生の夏休みのことだ。

「家に近づくにつれて、すっごくどきどきしちゃってさ、ほんとに話ができんのかなあっておもっちゃったよ。でさ、行ってすぐに話ができなくてさ、一時間くらいテレビを見てて、それからやっと話を切りだしたんだけど、その時思わず『おふくろ』って言っちゃったよ。初めてだぜ、面と向かって言ったのなんか。それでさ、話をしていく時に額に汗びっとりかいちゃったよ。すっごく恐かったぜ。ほーんと。でも行ってよかったよ。向こうも、よく来たねって、喜んでくれたし、成長したなって言ってくれたしさ。それにおふくろの苦労もわかってきたしさ。で、俺のほうもさ、今までおふくろに圧倒されて、はいはい聞いてたけど、それじゃあだめじゃん。言うことは言わねえとさ。だから俺も言いてえことを言ったら、おふくろも俺の苦労わかってくれたしね」。

こうして李は、オモニの生きてきた苛酷そのものというべき歴史を聞きはじめていく。そして、「俺は今まで朝鮮人として生きてきたんだから、今さら日本人だなんて生きていけないよ。今までのように生きていくしかかねえよ」と、自分の生きるべき道筋を確《しか》と見定めていくようになるのだった。

このような李の、朝鮮人として再生していこうとする苦渋に満ちた歩みが、南葛朝文研の前史そのものと言えるだろう。

そしてこの年の三学期に、黄幸吉《ファンヘンギル》が全日制から二年生に転学してくる。無論彼には入学前に本名で来るように話し、家族会議の結果本名で頑張ることになる。この年は、南葛の朝鮮人生徒は私のクラスの二人だけであったので、あえて朝文研を名乗ることもなかったのだが、彼の入学を契機に金英一と李に、そろそろ朝文研を創る潮時ではないかと話したところ、彼らもその決意を固め、七九年三月、南葛朝文研は三人の朝鮮人生徒の手によってその産声をあげることになったのである。

その中で、親の見方や朝鮮人としての自分の生き方などを相互に問うていく作業が始められていった。また、卒業生の李政美や金千恵を先生にして朝鮮語の学習も行なわれるようになり、南の校舎の一隅で、初めてアーヤー　オー　ヨォーと、民族の魂ともいうべき言葉が、朝鮮人生徒たちによって元気に発せられるのであった。初めて耳にするその朝鮮語は、教室一杯に心地よく響きわたり、まるで清涼な空気のように、私の体に吸いこまれていく。それは、朝鮮人生徒との関わりにおいて何か新しい動きを創りだせるような、そんな予感を感じさせてくれるのであった。

金井守のこと

このように南葛朝文研が胎動し始めて間もなく、金井守との浅からぬつきあいが始まった。彼は李と小中学校時代同じ施設で育ってきた仲である。そんな関係で彼のことは、前々から李に聞いていたので、都立本所工業高校定時制を一年の一学期しか行っていなかった彼を、どうにかして南葛に入れようと話してみるのだったが、その都度彼は「もう学校なんかいいですよ」と、決して色よい返事をしなかった。しかしやっと、「校外生」として朝文研に参加することには同意した。

ところで私たちの学校の朝文研には（部落研にも）、さまざまな運命的出会いを機縁に、朝文研活動のみに参加する「校外生」という名の一群の「生徒」たちがいる。これは、例えば井守のように、南葛に入学させたいがいまだ入らない朝鮮人、あるいは、やむをえず退学してしまった朝鮮人。他の高校の生徒でありながらその学校では朝鮮人生徒と体を張って関わっていこうとする教師がいないために、教師やクラスの生徒たちとは切れたところで孤立している朝鮮人生徒。彼らを南葛の朝文研に繋げ、彼らが〈朝鮮〉と意識的に向き合い、朝鮮人としての自分の生き方を模索していける場を保障していかなければならないと考え、「校外生」というものを、私たちの教育活動の重要な一環として位置付けている。

この校外生である金井守は、小学校三年生の春休みの一刻を過ごすため家へ戻ってきた時初めて、アボジから朝鮮人であることを聞かされる。「朝鮮人なんて嫌だ！」という感覚を、すでにその小さな体いっぱいにしみ込ませていた彼は、それからというものは、ただひたすら自分を隠し続け、本名を名乗っていた李に対しても自分を語ることは絶対になかったのである。

「李が日本人の奴らに袋叩きにあったことがあるんですけど、その時やっぱり、同じ朝鮮人がやられてるから、なんとか助けたいという気持はそりゃあーあったんですけど、俺は朝鮮人であることをずっと隠してたからどうしようもなかったんですよ。今思えば、あん時に朝鮮人というのを隠さないで本名でいっていたらよかったんですけど」と、朝鮮人であることを明かしえなかった、昔の自分のありようを思いうかべながら悔しがるのは、朝文研に座るようになってからのことだ。

李には、中学を出てからやっと、自分が朝鮮人であることを教えるが、〈朝鮮〉からはなんとしても逃げたいという気持にいささかの変わりもなかった。それ故彼にとって、朝鮮の歴史も、言葉や文化も、厭《いと》うべきものでしかなかったのは言うまでもない。

しかし、彼の心の奥底においては、〈朝鮮〉から逃げおおせることはできないという意識も一方では芽生え始めていたために、朝文研に出るようになったのだが、その中で彼は、確実に変容の姿を見せ始めていく。

「朝文研に顔を出すようになって初めて、自分は朝鮮人なんだという自覚が出てきたみたいだね。今までこんなふうに集まって、同じ朝鮮人の子同士が自分のことで話し合う機会なんかなかったでしょ」と、嬉しそうな眼差しを向ける井守は、自分の中で切り捨てていたアボジのことを真剣に考え始めるのであった。

両親が離婚して間もなくの頃、小学校にあがる少し前に施設に預けられ、中学校を卒業してからは自分で働いて自活する道を選ぶのだが、彼の会社の寮とアボジの家が近いこともあり、アボジとは時々の行き来はあった。しかし、井守親子の関係は何かよそよそしいものに包まれてあった。普段はすごくおとなしく、おっとりかまえている彼が、ある時、「何で俺のことを捨てやがったんだよ!」と、アボジに面と向かって怒鳴りつけてから、一遍に絶交状態になったことは、けだし当然の成り行きであった。

ところが、同胞の生徒たちの話を聞きながら、自分の心の奥深いところで蠢《うごめ》く何かを感じ始める。とりわけ李の再生の軌跡を受けとめていく彼は、アボジとの縁切りを望んでやまなかった自分の冷たさに気づかされていくのだった。

「おやじは、俺を捨てて施設に入れたことをああだこうだと言い訳するんで、頭にきて大喧嘩しちゃったんですけど、それ以来全然行ってないし、電話のやりとりもないんですよ。だけどこの頃は、おやじのことを理解しなければいけないなと、やっと思うようになってきたんですよ。朝文研に出るようになって、やっぱし俺は変わったね」と、彼が言葉少なに語り始めるのは、八二年の十一月も半ば過ぎのことだ。

今までアボジのこと、〈朝鮮〉のことに背を向けて、おどおどしながら俯《うつむ》いて生きてきた彼は、ようやくにして自らの手で逃げ道を断とうとし始める。その彼から、わずかの記憶をたどりながらポツリポツリとオモニのことも語られ始める。そしてオモニに会いたいということも……。

ところで、アボジのことは、彼が朝文研に来るようになってから間もなくして、問い始めていった。アボジはすき好んでお前を施設に入れたのか、アボジの心の内奥にある思いに本気になって耳を傾けてみろ。お前が朝鮮人として生きていこうとするならアボジと切れては駄目だ。自分の生き方を考えていくうえで大切なことを、アボジの歴史に繋がることによって学びとれるはずだ、等々と。しかし、自分をわざわざ訪ねてきたアボジを罵倒して追い返した井守、アボジのことを考えようとはしているものの、腹の底ではまだまだアボジを恨んでいる井守、彼の足は、アボジの家へ向かうにはあまりにも重すぎた。

アボジに会いに行くことを繰り返し要求するも、なまくら返事ばかりの彼。このままの状態が続くならば、アボジとの間に横たわる深い溝は、広がりこそすれ、狭まることはないと判断した私は、事態を打開していくために、十二月に入りアボジのアパートの前に立つことになる。

縁もゆかりもない見知らぬ訪問者の私を怪訝《けげん》そうな顔で迎えたアボジは、「私は人を見る目は確かですよ。日本に来て散々苦労していろいろな経験を積んできているから」と言って、すぐ事情を理解し、さまざまなことを聞かせてくれるのであった。

「すぐ近くに住んでいながら二年間も音信不通の息子との関係を、どう立て直したらいいのかということをずっと考え続けていて、実は、今もちょうど何か手掛りはないかと、なだいなだの本を読んでそのことを考えていたんですよ」と言いながら、その本を見せてくれる。それから、離婚後、病気の体に鞭打って血を吐く思いで働きながら、喘息の井守の世話をしてきたこと。時には這って食事の支度をして息子に食べさせていたが、このままでは共倒れになってしまうので、やむなく彼を施設に預けてしまったこと。施設に預けて知らん顔ではなく、時間をつくっては息子に会いに行っていたこと。中学生の彼がリンチにあった時、病をおして事後処理に駆けずり回ったこと。彼の進学や就職の世話をしてきたこと。別れた妻のこと。息子が母親に会いたいなら、自分でもできるだけのことはしたいということ。その他、自分の生きてきた歴史の断片の数々——。アボジはこのようなことを一気に語り聞かせてくれるのであった。

半世紀にも及ばんとする在日の歴史を逞《たくま》しく生きぬいてきたアボジの一言ひとことを、聞き漏らすまいと身を乗り出すようにして聞いていた私は、数日後、井守を呼んで話をする。

アボジの生きてきた歴史や思いをどう受けとめていくのだと問う私に、「おやじがそんなに俺のことを考えていてくれたなんて知らなかったなあ。やっぱり俺の見方が間違っていたんだなあ」と、目に涙をにじませながらぽつりと語る。そして、「正月にはアボジのところへきっと行ってくる」と約束するのであった。

ところが、正月もついに行くことはなかった。朝文研でそのことを問われても、「行きづらかった。照れくさいというか……」としか答えず、あとはまったくのだんまりを決め込む。

「俺も実は去年、十何年ぶりかで俺を生んでくれたオモニに会ってきたんだけど、つくづくよかったなあと思ったよ。それに俺たちのアボジやオモニの生きてきた時代は、殺されても文句が言えないような、そういう厳しい差別の中を生きてきたわけだろ、そういう親と話していくようにしないとだめだよ。いつまでも躊躇してるうちにアボジが死んで取り返しのつかないことになっちゃうぞ。早くアボジに会うべきだよ。それにオモニにも本当に会いたいんだろうから、ちゃんと捜して会ってこいよ」と、金英一が叱りながら励ます。李も「俺もオモニに会いに行く時はどきどきしちゃってどうしようもなかったけど、行ってしまえばなんてことないんだよ。それに親だって会いたいんだから喜ぶぜ」と、井守の決意を促していく。

彼は、身じろぎもせず目を伏せてじっと聞いている。しばらくして、もう逃げられないと観念した彼は、できるだけ早いうちに今度はかならずアボジに会いに行くと誓う。

「外に誰かいるのでよく見たら、あいつなんですよ。背も高く、体も大きくなっていたのでびっくりしちゃいましたけど。『何そんなところでつったってんだ馬鹿野郎、入れ』って言って中に入れて、それから話をしたり、テレビを見たりして帰りましたけど、くりゃあーどうってことないんですよ」というアボジの欣然たる話しぶりを耳にするのは、それから間もなくのことだ。井守も「行ってきたよ」と、例によって口数が少なすぎるが、やっとひとつ越えたという安堵感に、その表情もいつになく柔らかい。

その後、三月も下旬になって、オモニを捜しに足利《あしかが》へ行くことになった。そこで、安易な心構えでオモニを捜すことは双方に不幸をもたらしかねないので、朝文研で最後の詰めをすることになった。心底オモニに会いたいと思っているのか。再会できたとして、オモニがたとえ惨めな生活をしていようと、もう逃げられないと思うが、その覚悟はできているのか、などと、改めて問い詰められると、やはり動揺は隠せない。しかし最後は肚をくくり、アボジが調べてくれたオモニの義母がいる足利へ向かうことになり、私も請われるままに同行することになった。

前夜、彼はほとんど寝つけない。電車の座席に座っているアボジ似の彼の大きな体も心なしか小さく見え、その顔にも、尋常でない不安感に襲われているのが手にとるようにわかる。

足利市駅に着いて昼食を食べている時、「怖いだろう」と問う私に、「ええ」と正直に答える。意地悪く「なんだったら東京へ引き返してもいいぞ」と言うと、硬さの抜けない笑いを浮かべながらも、「そんなこといいですよ」と返してくる。私にしても、これから数時間後どういう現実が待ちかまえているのか、皆目見当もつかないのだから、井守のその言葉になんだか少し気が楽になったような気がした。

それからポカポカ陽気の足利の地をすたすたと歩き始めた。しかし、目指すオモニの義母の家はなかなか見つからず、何人もの土地の人をわずらわせるはめになった。この間彼は、やはり心中穏やかならずで、「怖くなって途中で帰りたくなったけど、先生が先をどんどん歩いて行くから仕方なくついて行ったんですよ」と、後日の朝文研の中で顔をほころばせながら話していた。

結局町の端から端まで歩き回り、ようやくにして、井守の記憶から消えて久しいオモニの義母と叔父さんにめぐり合うことができた。

それから、実は、葛飾にある彼の会社の寮とはいくらも離れていない荒川で新しい家庭をもっているというオモニと、電話で話す。話すというより、オモニは電話の向こうで、「ごめんね、ごめんね」と泣き崩れている。井守は井守で出す言葉も見つからず、黒い受話器を両手でしっかりと握り締め、ただただ沈黙するだけなのだ。

柴又の帝釈天の近くにあったアパートの側で、一人で遊んでいた小学校入学前のいたいけな井守は、風呂敷包みを胸に抱えた母親をめざとく見つけ、「お母さん、どこ行くの」と聞く。「ちょっと川越のほうへお使いに行ってくるよ」という言葉を残し、痩せた小さな後ろ姿を見せたきり、母親は二度と子どもの前に現われることはなかった。

その母親を、オモニを、八〇年四月にやっとの思いで彼はつかまえることができた——井守は十九歳の朝鮮人青年に成長していたのである。

その後彼は、オモニのもとによく通う。オモニの新しい家庭の温もりが彼をひきつけて離さないのであろう。一方、アボジの方へはそれほど足が向かない。依然として「捨てられた」ということがわだかまりとなって、今一歩アボジの胸の中に飛び込めないでいるのだ。そういう息子を見る独り身のアボジは、何か寂しげでたまらない。

なんとかしてこの二人が、心の底から結び合えないだろうかと思いはしても、何もできないまますでに五年の歳月を見送ってしまった。この時の流れは、唾棄すべき私という人間の有り様を気づかせてくれる。しかしこの間、はっと思い出してはアボジをアパートに訪ねたり、井守と話をしてきたのも事実だ。アボジのことをどうするつもりだと問えば、「いよいよとなったらアボジの面倒をみるつもりはありますよ。やっぱし親子ですからね」という答えは返ってくる。

八〇年の夏と八五年の春、病のためにアボジが長期入院した時は、病院の送り迎え、洗濯などをして甲斐甲斐しく働いている。このことは、絶交状態のままアボジが病室のベッドに孤独に臥せていたかもしれないことを想えば、井守親子にとって何と幸せなことだろうと思わずにはいられない。そして、アボジの汚れ物を一生懸命洗っている井守の姿を勝手に想いえがいていると、私自身の中にもごく自然に嬉しさがこみあげてくるのだった。

この関係が日常的なものになってほしいと切に願いながら、私は井守親子とこれからもつきあっていこうと思う。

（出典・『授業による救い——南葛飾高校で起こったこと』林竹二編、径書房、一九九三年）

2　朝鮮人生徒と共に歩くということ――朴正雄のこと

「先生に全部まかせるからきびしくやって下さい。なぐってもかまいませんよ」とは、はじめての家庭訪問の時に、パク・チョンウン（朴正雄）のオモニに言われたことであり、その後もしばしば、そう言われてきた私であるが、オモニの期待によく応えられているわけではない。しかし、その幾分の一かでも応えられているとすれば、パク・チョンウン自身の力に負うところ大であろう。ただ私は、近くで彼を見守っていたにすぎない。そして、時折り、足を踏みはずしそうになる彼に注意を喚起していたに止まる。以下の報告も、そういうものとして読まれれば幸いである。

1

「こういうところにでるのは、はじめてなんですけど……（長い沈黙）……自分が朝鮮人として人前で、これだけの人の前でしゃべるのははじめてで、名前はパクっていいますけど、会社では木村で通してます。……やっぱり自分で……。どんどん……朝鮮人としての……自分は本当はパクなんだっていう……そういう……ふうにしたいです。……できれば早い方がいいんですけど……それだけです。」

チョンウンは、一九八七年の一月十八日に行われた、東京の部落研・朝文研交流会において発言を促され、緊張した面持で、短い言葉ながらも、一語一語かみしめるように、このようにしゃべった。さらに何故学校で本名を名のれるようになったのかと問われ、次の如く答える。

「やっぱり最初は、ものすごくいやでしたね。……すごく、今まで日本名で、うまく遊べてて、やっていけて……で、……急に……はじめにはげの先生がいたんですよ（註・酒井清治・都同教事務局長のこと）……その先生にいろいろこう……しつこくいわれたというか、で、それから木川先生に紹介してもらって、で、木川先生にいろいろいわれてね、……で、木川先生がしつこくてね……とんでもないと思ってたんですけど……。今までうまくやっていけたし、で、急に、朝鮮人の名前で……学校いくってなると、やっぱり……どうしてもなんか……今でも自覚ないけど、あんときは、もっとなかったと思いますね、朝鮮人としての……。本名ですけど……それはもう……しつこくて……。やっぱり高校卒業したかったですからね。頭も悪いし……」と。

さらにまた、本名を名のってどうだったか、と問われ、「もう学校では……別に……恥しい気持なんか全然ないけど……外にでるとやっぱり……最初にいっちゃえばいいんだけど……最初から自分の名前で入ってれば……自分はいつもあとで後悔するんですよ。……最初にやっぱりパクという名前でいってればよかったと思いますけどね……いいますけどね」と。

学校で本名を名のったことに対しては、もうすっきりしているが、会社では今一つ踏みきれず躊躇している正直な気持を吐露している彼を、会社でも本名で頑張れと励ます声に応えて、「自分でも少しずつは……あのー……していってます。旗持のときから（註・演劇の中の農楽のそれ）……けっこう少し変わってきたというか……その次の日に、会社へいって免許証をみせて、社長だけにいったんですよね。……自分は朝鮮人ですから……あのー……だからいえます」と、自分の決意のほどを慎重に、強い意志力を込めて語るのだ。

一所懸命考え、次の言葉を見出しながら一つひとつ繋げて話していく彼に、交流会参加者の耳目は、極度の集中をみせていたと思う。そういう意味において、この日の交流会も又逃げようとしていた彼を、辛うじてつかまえられたことを幸運としなければならない。

勿論いままでもことあるごとに、会社でも本名を名のるように言っていたのだが、いつもかわされていた。印刷会社の営業をやっていたある時は、次のように——。

「会社入ってから、あとから実は名前が違うんですって、わざわざいうんですか？ そんなことしたら売りあげが、がくーんって落ちちゃいますよ。みんな先生みたいならいいけど、中にはいるんだって、おかしな日本人が……いるんだよなー」と、最後は自分にいい聞かせるように話し、本名を拒む。

『おかしな日本人』に負けて口惜しくないのか」と言うと、「木村で堂々としていればいいんですよ。何しろ朝鮮人でよかった経験はないんですから。顔がひきつってきますよ。会社でパク君、パク君なんてなったら」と反駁する。

そんな彼が、会社でも本名を名のるようになる。その契機になったのが、演劇『創氏改名』であった。

2

彼は、なけなしの金をはたいてオモニがいれてくれた、私立の全日制高校をわずか二ヶ月しかいかず、早々と一学期で退学してしまう。小遣欲しさでバイトをはじめたのがこうじて、学校よりも働くほうがおもしろくなってしまった為である（ところで彼は、私学入学に要したお金を、後日自分で働いてためたお金で、オモニに返している）。

その彼が、南葛の門を叩いてくる経過を自分で次のように書いている。「一年ぐらいで仕事へのきびしさや、仕事への自信もなくなった頃だと思う。丁度その頃、前に住んでいた浅草母子寮の田渕さんが高校への話を持ちかけてくれたのであるが、何か自分に素直でなく、本当は行きたいのに、『はい。行ってみたいです』と言い難かった。しかし、田渕さんと会えば会うほど、高校へ行きたいという気持ちが強くなり、たまらなく、『高校へ行かせて下さい』とお願いした。

そして、まず最初に受けた高校は葛西工業だった。しかし、葛西工業ではラグビーができると思っていたし、自信もあったのに落ちた。ショックだった。だけどこの学校の酒井先生とめぐり会わなければ、俺はすべてに自信をなくしてたと思う。仕事もダメ、勉強もダメ、何かすべてに自信をなくしていた時、酒井先生が南葛の木川先生を紹介してくれた。」

こうして南葛に入学してくることになるが、もうお前のいくところは南葛しかない、ということで酒井さんが彼を、朝文研顧問の私のところへよこしたのが、八一年の初秋のことであった。

初対面のこの時、私は、希望者は全員入学させ、退学処分はしないという南葛の教育方針の意味とか、本名で頑張っている朝鮮人生徒のことや朝文研活動の意義などについて話し、来年はぜひ本名できてほしいし、また朝鮮奨学会の奨学生になって全国の同胞とつながってほしいと、強い希望をのべた。しかし、当然のことながら彼は、「はい」とは言わなかった。

翌春、ぜひ南葛に入りたいということで入学手続の相談にきた彼は、私の目の前で出身中学に電話して、受験に必要な書類の作成を依頼する。ところが、受話器をおいて再び私と向きあった彼の表情は、まもなくみるみる険しくなり、「本名でこいといわれても、今までずっと日本名だったし、第一、自分の名前だって朝鮮語でなんか読めないのに、とんでもないですよ！　いいです。僕やめます！」と、受験することを峻拒《しゅんきょ》し、もう二度と南葛なんかに来ないと誓うのだった。

この時の彼の脳裏には、本名を名のっていた後輩が差別を受けるという場面に出合わせた三年前の中学三年生の時の体験が、鮮明に甦ってきたのだと思う。何しろそれ以来というもの、彼は家でも、学校でも、朝鮮のことには決して触れないように意識的に避け、家にあった朝鮮のポスターも、人形も、すべて捨ててしまい、大好物だったキムチまで口にしなくなるのだから。

この年の南葛は、まだ「朝鮮人生徒(外国人生徒)は本名で学ばせる」という、学校として原則的な方針は確立されておらず(翌年確立される)、私の彼に対する、いわば個人的な要求として本名問題はあった。従って、日本名でも「大手」を振って入学できたのであるが、彼は敢えて拒否の途を選択した。「日本名で入学しても、どうせ途中から本名に変えさせられちゃうと思ったからいやで、いかなかったんです」というのは、入学後に話してくれたことだ。

無論、私の方でも彼の背中を見送ってそれで縁切りという気は毛頭なかったので、何とか彼と接触しようとは思っていたものの、なかなか時間がとれずに、ずるずると日を送っているうちに、年も改まってしまった。いよいよ受験日も迫ってくるので、焦りはじめていたちょうどその頃、チョンウンは再び南葛の門を叩こうと決意していたのだった。

「もしもし、パクですけど」と、電話をかけてきたのは二月の寒い夜であった。彼が自分のことを、他者に向かって「パク」と表現したのは、おそらくこの時がはじめてであろう。私にとって決して忘れられない言葉だ——。

「もう高校なんか死んでもいかない」とオモニに言っていたという彼が、やはり南葛へと進路を決めてきた訳は、中卒の厳しさを思い知らされるようになったからである。

「営業の仕事やってて、お客さんに年をきかれ、高校でてすぐ入ったのかときかれると、高校でたって、うそついちゃうんですよ。いいよどむんじゃなくて、口がうまいからでちゃうんですよ。うそが」、そんな自分にたまらなくなると同時に、高校中退したあとすぐは、中卒でも堂々とやれたのに、次第に自信をなくしてしまったのである。

それに、友達をみれば、彼らは中退しないで頑張っているので、自分だけ置いてきぼりをくうのではないかという焦燥感も生まれてくる。ちょうどそのような時、バイトで知りあい、気の合っていた大学生の友達がすすめてくれたのをきっかけにして、再び高校に気持が向いてきたのである。

それならそれで、南葛ではなく、もっと通学に便利な定時制があるからそちらにいけばよいものを、彼は南葛に来るのだった。それは、勉強の面で全く自信がなく、南葛なら絶対入れると思っていたからだし、知っている先生がいた方がよかったからだという。そしてなによりも、高校をどうしても卒業したいという意志の前に、「本名のことはもう破れかぶれ、四年間我慢するしかないっていう感じ」になってしまったという。

しかし、彼の中で、つかえていたものが一つとれたということもあるだろう。親友と二人でバイクを乗り回している時つかまり、警察官に免許証をみせた時、その親友は、自分が朝鮮人であることに気付いたのではないかと思い、「実を言うと俺は朝鮮人なんだ」と明かす。今まで何度彼に打ち明けようとしたか知れなかったと言うチョンウンにとって、朝鮮人として再生していく上で、超えなければならなかった一つの障壁を自力で超えた訳である。

ところで、冷静な気持で入学式に臨み、新学期からすーっと本名で頑張れるように、春休みの朝文研の合宿に彼を参加させた。とはいえ、やはり入学式前後は、極度の緊張感が彼を包んでいた。

「俺は、希望どおりに南葛へ入学した。本名を名のるのは不安だったが、なにか、やけになったというか、名前なんてなんでもいいっていう感じで入学式に出た。一人ずつ名前を呼ばれる。俺はものすごく冷静でなく、『大ぜいの前で、俺の名前が……』と頭の中で考えていると『パク・チョンウン』と突然言われた。俺は反射的に大きな声で『はい！』と返事をした。ホーッとした。しかし、まだ冷静にはなれなかった事をおぼえている。クラスは、一年一組。教室に入っても冷静ではない。名前はわすれたが、一人の生徒が『パクさん』と気軽に話しかけてくれた事で、やっと冷静になれたような気がした」と言う。

そして五月の連休もあけた頃になると、もう、まるで何もなかったかのように滑らかな舌の動きをみせてくれる。「本当の名前はパッと言った方がいいですよ。途中で言うよりよかった。途中で言うとなると、ほんとに言いづらいって、つくづく思いましたよ。今まで隠してたから、表に出るんだ。こそこそしないで、俺は朝鮮人だとえらそうな風にした方が、かえって友達はできますよ。クラスのみんなもパク君って、ちゃんと呼んでます」という風に。

3

日本の圧政下にあった時代のチェヂュド（済州島）で生まれ、「パンツいっちょで育ってきた」というオモニは、日本に渡ってきてからも、生活の厳しさから解放されたことはない。

チョンウンを育てる為に、働きづめで体を酷使し、必死の思いで生きてきたオモニは、「先生、仕事どころじゃないですよ。病院はいくつもかかってるけど、駅の階段がしんどくてなかなかいけないんですよ。最近は目も悪くなって、耳なりはするし、頭はボーッとするし、肩はこってこちこちだし、もう私の体はガタガタなんですよ、本当に」と話してくれる。

したがって彼は、そういうオモニの生活を支えなければならない。オモニが入院すれば、その入院費も工面しなければならず、勢い給料の高い職場を探すことになり、結果として朝早くからの長時間労働を強いられ、重たい足取りはなかなか学校へは向かず、ついつい疲れた体を遊びの方に運んでしまうのである。

その為に、八六年も南葛四年目で、二度目の二年生ということもあって、「学校なんてもういい」と、学校にくるように話す私たちに対して実にそっけない返事を繰り返し、とうとう一学期は、丸々欠席する破目となった。「今度は絶対やる」と決意して入った学校ではあるが、これまでにも何度か本気でやめると言ってきた。いわく「学校へいきたくないのではない。仕事と学校を両立させるのが無理なのだ。今まではバイトで仕事をころころと変えてきたが、今度は何しろはじめて正社員で働いて頑張ってるから、もう学校はいい。時間的にもいけないし」。いわく「金ためて店をだしたいと思っているから学校やめる。先生には悪いけど、学校へいっても金はたまらないから」等々。しかし幸い、その都度、岐路を辛うじて学校の方にとってきていた。

ところが、今度という今度は、本当に南葛を去ってしまうのではないかと思われた。いままでとは違って、学校自体に対してなげやりになっていると思えたからである。

仕事も中途半端で転々とする。学校も中途でまた退学する。こういうことを繰り返しているチョンウンから一日でも早く訣別しないと、何をやってもものにならず、この世の中をまともに生きていけないのではないか。日本の社会は、彼自身が体で、皮膚感覚でよく知っているように、朝鮮人にとっては、とりわけ生きにくいのだから。である以上、他の人よりも何倍もの生きる強さを求められているのだ。今のような状態で学校を去っていっても、決していいことはない。だから死んだつもりで二学期から頑張ってほしい。そうすれば、同じクラスの他の朝鮮人生徒も元気がでてくるし、日本人生徒も素直に朝鮮のことを考えていけるだろう。今はクラスでの存在感は全くないのだ、これでは本名を名のって南葛に入学してきた意味はない。とにかくクラスの生徒達に、朝鮮人のパク・チョンウンがいるということを強く意識せしめ、彼らの朝鮮認識を変えていけるようにしてほしい。その自覚的努力なくして、チョンウンが朝鮮人として自立していく道程は切り拓かれてはいかないだろう。このことは、チョンウンが差別的な日本の社会を生きていく上で本質的な営みであるが故に、非常に厳しい課題となるであろうが、ぜひこの課題に挑んでほしい。

当時の彼に対してこんな風に思っていたことを、担任の荒川さんと私は話していった。それと、演劇の授業で、九月から『創氏改名』をやることと、その意味についても十分話していった。すると、この時期、つまりちょうど八月の下旬から、オモニは糖尿病で入院することになり、彼にとってはきつい時期であったが、「最後のつもりでもう一度やり直してみる」と決意してくれたのである。そして仕事も、通学可能なこんにゃく製造会社をみつけて頑張りはじめる。

このころ彼は、二通の履歴書を懐にして、いくつもの会社を探し回るが、みんな条件があわない。しかしこの会社は学校へも通えるし、待遇もよいので、なんとしてもこの会社に入りたいという強い思いから「もし本名で書いた履歴書をだして断られたら大変だ。お金なんかちゃんとくれるのだろうか。朝鮮人ということでボーナスがさがっちゃうんじゃないか」等々と、いろいろな心配が頭をもたげてくる。そして思い悩んだ末に、結局日本名の履歴書をだしてしまうのだ。どうしても学校へという気持が、今度の場合逆に彼を縛ってしまった訳である(しかしこれは半年後に解消する)。

学校での彼は、背筋をピーンと伸ばして、耳をそばだてて授業を聞いているが、中でも彼にとって大きな意味をもっていたのは、演劇の授業であった。「最後のつもりで」とは思い定めてみたものの、やはりはじめは自信などなく九月から再出発をするのだが、演劇の授業でだんだん自信が沸いてくるのだった。

4

演劇の授業では、それぞれのクラスがかかえている具体的な課題に切り込んでいく。特に、クラスの朝鮮人生徒や部落出身生徒のことを考えていく為に、そして又、当の部落出身生徒や朝鮮人生徒達が、自分自身の生き方をより深めていけるように、朝鮮問題、部落問題をテーマにした脚本がとりあげられてきている。

八六年度は、朝鮮人生徒のいる三組と四組で、私の書いた『創氏改名』を上演した。

原作は梶山季之《としゆき》の『族譜』という小説である。これは、創氏改名を迫る道庁の役人、谷六郎と、薛一族七百年の歴史を守る為に創氏改名を拒み続ける、朝鮮の大地主薛鎮英《ソルチニョン》との関わりが軸になって展開されていくが、日本の社会の最底辺に否応なく位置づけられている、南葛の生徒達のかかえている生活の現実を見据えた視点から、原作を抜本的に構成し直し、日本の植民地支配の圧政をもろに受け、その運命を弄ばれながらも、朝鮮民族の矜持を守りぬく貧しい民衆の姿を基軸に、創氏改名を迫る日本人としての自分の有り様を、彼らから鋭く問われ、それを真剣に受けとめていこうとする主人公の姿を不十分ながら描いてみた。

5

「本当にきびしい、でもな、おれたちは明日を信ずることができるように、一つひとつの闘いを大事にしていく必要があると思うんだ。そうでないと、どんどんおれたちの生きる世界は息苦しくなり、狂い死にするだけだからな。」

チョンウンは、朝鮮の貧しい村人、サンファの役を演じ、創氏改名が進行していく厳しい状況を嘆く科白《せりふ》のあとに、右のような科白をいう。

「はじめて科白をもらった時は、長いようで短いようで、それに自分でもてれるような科白なので、とても自分にはあわない科白だと思いながらも、すごく嬉しかった」という。そして、「今もまだだらしないと思うけど、今までの自分の生き方が、すぐ周りの状況に流されてしまうっていう、そういう今よりずっといいかげんな生き方だったから、サンファの科白と自分との間に緊張感も何もなかったけど、一日一日と経つにつれて、不思議に緊張感がでてきて、朝鮮人としての自信も少しずつでてきたし、授業を受けるにしても、仕事をするにしても張りがでてきて、それで頑張れたと思います」と、彼は冷静にふりかえる。

チョンウンの役は担任の荒川さんが決めた。自分のおかれている生活状況に、彼が押し潰されないように、という願いをこめて決めたであろう彼女の判断に、私も全く同感であった。

上演の日が近づくと、仕事中の車の中、風呂の中、あるいはベッドの上でも一所懸命練習する日が続き、当日は、サンファの科白を、力強く、堂々と彼はしゃべり切った。その姿に、私たちは、学校では本名を名のれても、誰も自分を支えてくれる人のいない会社では、いまだ本名を名のることができない、そのような現実の厳しさを突き破っていこうとする意志の、強い力をみてとるのだった。観る側の生徒達の熱いまなざしに支えられ、上演も成功裏に終わって快哉《かいさい》を叫ぶチョンウンの顔は、文字通り喜色満面、激しく心を揺さぶられたこの一刻を、交流会の報告に次のように記している。

「あの時、俺は不安だらけだった。なにしろ、舞台に立つのは初めてだし、大ぜいの前で、朝鮮人の俺が、朝鮮人のサンファという人を演じるわけだから。そして、初めて着る民族衣装。

幕が開く前に、突然、農楽の旗持ちをまかせられた（註）。

幕が開く。民族楽器が鳴り、太鼓のリズムにのりながら、舞台へ行く。何か俺一人がリズムにのれず、でも一生懸命リズムにのろうとした。この時、俺は何かをうったえるような気持ちで立っていたと思う。うそのない朝鮮人の俺をみてくれ、と何か血がさわいだ。

そして、農楽が終わり、今度は、俺がセリフを言うのだが、思った以上に冷静ではなかった。セリフを完璧には言えなかった。しかし、このセリフ（略）は俺にとっても、一生忘れられない言葉だと思う。」

（註）農楽は、韓国ＹＭＣＡ長鼓教室の人達の協力でできたが、そのメンバーの一人である孫斉賢《ソンジェヒョン》さんに旗持をやらされた。

彼は演劇で獲得した感動と自信に押しだされるままに、上演の翌日、出勤すると早速社長を呼びとめて、自分が朝鮮人であることを明らかにする。

そして、本名にはいまだ踏みきれず、ためらい続けること三ヶ月、遂に一昨年の二月十九日、本名で働く決意を社長に伝えるのである。学校の廊下でバッタリ会った私に、「先生、やりましたよ」と言う。四年間も己れの苦悩の中心に居座り続けていた本名問題を突破した報告にしては、あまりにも平静な物言いであった。しかし、心の中では喜びが横溢《おういつ》しているチョンウンのその顔に、自信と逞しさをみてとるのは容易であった。

「今までなかなか言うきっかけっていうか、タイミングがつかめなかったんだけど、おととい社長と一緒に千葉の方に、配達にたまたま行って、社長と二人きりになったんで、そん時、またここで言えないと、先生がうるさいから、いいきっかけだなあと思って言ったんですよ」と、直後に行われた朝文研の合宿の中で、顔を紅潮させて報告してくれた。

社長の反応を尋ねると、「そうか、でも気にしなくてもいいんじゃないか」ということであったが、それに対して彼は、何も言いかえせなかったという。前に朝鮮人であることを明かした時も、実はそういう反応であった。したがってその時の朝文研でも、気にしなくていいと言う人に、そのことの誤りを指摘し、きちんと理解させなければだめだと言われていたのだが――。

何故本名を名のるかというその意味を、毎日一緒に働いている人達に、また、クラスの仲間達に言えるようになることと、そして、その内実を生きられるようにすること、これがチョンウンの当面の切実な課題であり、なおかつ、在日を生きる「一生」の根源的な課題でもある。その為には、今までの決して平坦ではありえなかった朝鮮人としての自己の歩みを、透徹した目で見据えていく作業を必要とするだろう。

　東京オリンピックの年に生まれた彼は、「オリンピック、オリンピック」と言われていたそうである。朝鮮の大地が血に塗られていた時、そのおかげで日本は敗戦の痛手から立ち直り、六〇年代の高度成長に突入し、「経済大国」に向かってひたすら驀進しているさなか、彼はその日本に生まれ育つ。しかし、日本の「経済的繁栄」は、被差別の世界を完全に置き去りにしてきた。否、そういう意識もないままに被差別の世界を生きている人々の生命の叫びを封殺してきた。彼は、電気、ガスとは無縁の、そしてまた水道の水さえも自分の家にはなかったという極貧の幼少年時代をすごさなければならなかったのである。

　しかしそういう中にあっても彼は、どん底の生活でも決して明るさを失わなかったオモニや同胞の「悪餓鬼」達に囲まれて、朝鮮人であることに何ら疎ましさも、恥しさも感ずることなく、キムチをほおばっていた一人の天真爛漫な少年であったのだ。

　その彼が、敏感に社会の眼を感じるようになる中学の時に、一つの公園を占めていた、朝鮮人の社会が火事に見舞われ、あっけなく崩壊してからは、日本人社会の大海に身を委ねて生きざるをえなくなり、自分自身には勿論、オモニにも日本人の仮面をかぶせてしまう生き方を、必死になって守り通そうとする。

　ある時、友達からの電話にオモニがでる。次の日その友達は「お前のかあちゃん訛《なま》ってんな」と言う。その時彼には、オモニが朝鮮人だということを感づかれたら大変だという頭が、瞬時に働き、「かあちゃんは大阪で生まれたからよ」と事も無げに答えてしまうのだ。言うまでもなく心の中は少しも平穏ではない。このような場面をあげたらきりがない。それどころか、朝鮮人であることを隠す生活のきつさから、オモニに帰化も迫るのだ。

　今の彼は、それとは対極の位置に颯爽と立ち、朝鮮人としての自信と誇りを手にしているが、帰化に頑として応じなかったオモニの、朝鮮人としての歩みから貪欲に学びながら、自分の変容の過程をふりかえり、自分の中の朝鮮をより豊かなものにしてほしいと思わずにはいられない。

6

会社でも本名を名のり、本名を刷りこんだ名刺をもって誇らかに働きはじめた彼は、新学期に入って行われた東京での部落研・朝文研交流会で報告者となった。はじめは「いやだ、来年やる。今年やると天狗になっちゃうから」と言っていたが、最後は思い切りよく引き受けてくれた。

朝文研でのレポート検討の時、辞書持参できた彼に、そんな姿をついぞ見たこともないのでどうしたのかときいてみると、「俺がこんなに勉強したのは初めてですよ」と言いながら、にっこり笑うのだ。そして、勉強嫌いでおよそ辞書なるものを手にしたことのない彼が、なんと自分のお金で買い求め、夜を徹してその辞書を繰り返しめくりながら南葛入学前後のことから、会社でも本名を名のるようになるまでの、朝鮮人パク・チョンウンの軌跡を書きしるしてきたのだった。

幸い彼の報告は、参加した生徒達に元気を与えてくれたし、彼自身にとっても、これから本当に朝鮮人として自覚して生きていく上で、一つの大切な階梯を踏んだように思う。

交流会後の一学期後半、一時期また「遊び病」にとりつかれるが、二学期から再び頑張りはじめ、十月には、池成子《チーソンジャ》伽倻琴《カヤグム》研究所、韓国ＹＭＣＡ長鼓《チャング》教室の人達を学校に招いて行った「伽倻琴に親しむ夕べ（註）」のプログラム最後の農楽に、朝文研の生徒達が特別参加したが、言うまでもなくそこに、玉の汗を流しながらリズミカルに、実に楽しそうに踊っている彼の姿があった。

（註）私は八七年の四月から強制人事異動で上野忍岡高校定時制にいるので、この「夕べ」には一人の観客として感動の一夜をすごさせてもらった。

この日家に帰った彼は、自然と体が動きだして踊りだす。それを見ていたオモニもまた、思わず楽しくなって自然にひきずりこまれ、息子と一緒に踊りはじめたという。

とまれこの頃の彼は、一昔前のことが信じられない程頼もしい朝鮮人に成長している。同じクラスの朝鮮人生徒のことが気になりはじめるし、精神病院に入院している朝鮮人生徒のことを気遣うようにもなってきた。そして、クラスでも自分のことをきちんと話し、みんなが定時制で学んでいる自分のこと、あるいは朝鮮のことを真剣に考える契機をつくろうと肚をくくるようになってきていた。

そういう彼をみてオモニは、「まだまだ人間は落ちつかんですよ」と厳しいまなざしをみせながらも、チョウンもやっとここまできたかという喜びもまた隠さない。

ところがオモニは又、今春より長期入院に入ってしまった。彼はオモニの面倒をみながら、仕事にも、学校にも全力でぶつかっている。そして七月になってようやく、自分のことを語り、HR（ホームルーム）討論を組織しはじめている。

そういう彼を、今は、遠い位置で安心してみていられる。しかし、だからこそ、もっともっと要求をだし続けていこうと思う。私自身を不断に鍛え直しつつ——。

（註）本稿は、一九八八年度の都立高等学校同和教育研究会等における報告に、若干の加筆訂正をほどこしたものである。

（出典・『嘘のない朝鮮人の俺をみてくれ　今翔る朴正雄』パンフレット、都立高同研、一九八九年）

〈証言〉本名を名のり本当の自分をとりもどす

朴正雄（박정웅《パクチョンウン》）

俺は、この南葛に来て、すごくよかったと本当に思う。もしこの南葛に来ていなければ、この俺は、今の俺ではなく、中学のままの、朝鮮人を隠す情ない朝鮮人で終っていたと思う。これからちょっと長くなるが、本当の自分をとりもどしてきた俺のことを話しておきたい。

1

大阪、浅草、三河島、梅田、中井（中野区）、すべて俺とオモニが暮らした町。大阪は東淀川区で生まれるが、まもなく浅草千束で生活をしてゆく。この千束という町は、俺にとっては絶対に忘れられない、忘れちゃいけない町だ。

今思えば、かなりめちゃくちゃな町だったと思う。公園の中に家があり、朝鮮人とごく少数の日本人が生活してゆくわけだが、その家は、公園のまわりをかこむような、木造だての、横に長いたてものだった。そんな家の、ちょっとはなれた所に俺の家がある。これがまた、みじめでユニークな家だった。畳たった三枚で、水もなければ、ガスもない、おまけに家の中に、いちょうの大きな木が一本たっているわけで、大変におかしな家だった。そんな中で、オモニ（かあちゃん）と生活をしてゆく。家はみじめだったけど、オモニのもち前の明るさで、家を明るくし、囲りの同胞の友達とサッカーや野球などで遊び、何かと楽しい思い出が多い。しかし、いやな思い出も多かった。家には水道がなく、公園の中で食器を洗い、洗たくをするオモニのうしろ姿を、公園の中で遊ぶ俺は、いつも見ていた。何か俺が悪い事をすると必ず、食器を洗わせる。俺もオモニがこわいから、泣きながら食器を洗う。友達が遊んでいる前で洗う。涙をかくしながら洗い終わると、オモニは、俺の手をすべすべとこすりはじめる。そして、「ウリ・アドゥル、ウリ・アドゥル（わが子よ）」と言いながら泣く。また、俺も泣いてしまう。そんなパターンの日が多かったのを覚えている。

また、もう一つ、こわかった思い出がある。それは、真夜中のかみなりで、これがなると、必ず俺は目がさめ、小さな窓を開け、泣きさけぶのだ。「オモニ！」「オモニ！」と。すると、となりの一人暮らしの日本人のじいちゃんが、かぎの閉まっている窓を開けてくれる。うちのオモニは仕事に行く時に、必ず外からかぎを閉めて行く。だから、中から外に出たくても出られない。そんな時、必ずこのじいちゃんがめんどうを見てくれた。そして、じいちゃんの部屋で一緒にねるのはいいのだが、なにせ、このじいちゃんは、ねる時に、俺を力いっぱい抱き、大笑いしながら、あごひげで俺の顔をなすりつけるのだ。たまに、抱きながら泣いている時もあった事をおぼえている。このじいちゃんが、日本語の読み書きできないオモニをどれだけたすけてくれたことか、この俺も、オモニも大好きな人だった。

またこの頃の俺のことを、あるおじさんはこういっていた。「お前の小さい時は、公園の中で遊んでる友達のおもちゃやおかしをみては、うばっていじめていた。だからまわりの大人たちは、本当ににくたらしいがきだと思ってて、何かもんくを言おうとするのだが、お前の目を見ると言えなくなってしまうと言っていた。お前の小さい頃は、本当ににくたらしかったけど、目だけがきれいだった」と。（今の俺の働いている会社の前に、二、三ヶ月前に焼肉屋がオープンしたが、そこのおやじさんが、実は昔、俺と同じ朝鮮部落に住んでいた人であって、つい最近劇的な再会をしたが、その人の話だ。）

また俺は、駄がし屋とかおもちゃ屋へ行っても、だまってもってくるので、警察によく世話になっては食事をごちそうになっていた。こんながきだったので、オモニは仕事へ行く時に必ず外からかぎを閉めて行くのだった。

やがて俺は、朝鮮幼稚園に入園し、オモニも三河島の朝鮮人の乾物屋に転職する。初めのうちは、オモニと一緒に千束から三河島まで通っていたが、何ヶ月かたつと、俺だけはこの乾物屋で生活をしてゆくようになった。この時の事は、あまりおぼえてはいないが、とてもやさしいおじさん、おばさん、ねえちゃんに囲まれ、楽しかった事をおぼえている。特にこのおじさんが酒のみで、夜になると毎日のように俺をバイクのうしろに乗せ、のみに行った。そんなおじさんも、酒ののみすぎで死んでしまった。

俺とオモニは、三河島をでて、俺は台東区は東上野にある清島小学校という日本の学校へ入学する。オモニはつけもの屋を、足立区の梅田で経営してゆくが、約一年半ぐらいで店をしめてしまった。この頃のことで強く印象にのこっていて思い出すのは、しょっちゅう学校を休んで、品川の入国管理事務所に、オモニと二人で、おそるおそる行っていたことだ。長い時間待たされ、指紋をべっとりつけ、オモニのあやまる姿、そしてろうやの中。今思えば、日本語が不自由で、読み書きのできないオモニが、あの時何をしたのか、どうやって外国人登録証を手に入れたのか、俺にはわからない。ただわかっている事は、あの時のオモニは、精神的にも肉体的にもつかれはてていた事だ。

とにかく男勝りの仕事ぶりだった。つけもの屋のあとは、朝九時から夕方四時頃まで、近くのパン屋で、夜は六時頃から朝方三時頃まで、韓国クラブの調理場で働く。朝方仕事が終わって帰ってくると、必ずのように俺を起こし、調理場で残った果物や肉をいっしょに食べ、そしてちょっとねる、こんなハードな生活が長く続いた。

そんなオモニの、何事に対しても一生懸命にやる姿をいつも目の前で見ていた俺が、自分の人生にかなりのプラス材料をもらったと思えるようになったのは、朝鮮人として少しはまともに生きられるようになってからだ。

その頃の俺は、くたくたで毎日帰ってくるオモニのため息を聞きながら、大きくなったら俺がオモニのめんどうをみるんだ、というような事をもらしていた。

ところが、小学校の二、三年にもなると、読み書きや計算などを学ぶ事によって、オモニに対する差別がはじまったと思う。日本語を話せばめちゃくちゃ、文字は書けない、計算もできない。この頃から俺は、オモニをバカだと思うようになっていった。だから人前には出したくなかった。友達にも絶対に見せたくはなかった。

そしてこの頃、授業さんかん日やPTAのあつまりがよくあった。俺は絶対に行かせなかった。行かせないと言うか、オモニにつたえなかった。学校からの手紙なんかもすべてすてていた。こんな感じで俺は、オモニをだまし続けていた。また、この頃よくオモニにぶんなぐられていた事をよくおぼえている。ロゲンカみたいな感じになるとかならず俺は、「くそババァ！」「字も書けないバカ！」などと言っていた。オモニは、気がくるったように俺をひっぱたく。いかり、泣きながら言うのだ、「お前を半分殺す！」「お前が死ぬか、オモニが死ぬか！」などと言う。あの時は本当にこわかった。本当にぶっ殺されると思った。今思えば、あの時のオモニが言った言葉は、本気だったと思う。

この日本で生きていてもいい事はないし、韓国へ帰ってもいい事はない、この日本でのハードな生活がくるしくてたまらなかったのだろう、そんなオモニにむかって、ひどい事を言っていたわけだから、今までつもりにつもったくるしみが、一気に爆発するはずだ。だからあの時言った言葉は、やはり本気だったにちがいない。

それでも俺は、オモニをバカにし続けていた。小学校五年の頃だと思うが、学校で運動会がありオモニが来た。入学式以来のおとずれであった。学校へは来るなと強く言っていたのだが、来てしまった。日本人の母たちとちがって、もろ朝鮮人まるだしの顔で、何かきたならしく見えた。俺は、恥ずかしくて、なんとも言えない気持ちだった。オモニはカメラを持って、俺のうしろにあらわれた。俺は、うしろにいるオモニがいつ話しかけてくるのか、本当にあせっていた。しかし、オモニは一言もしゃべらずに、俺のうしろ姿の写真を一枚とって帰ったのだった。小学生の俺が、オモニにたいしてこんなにつめたい仕打ちをしていたのだ。

オモニの生きがいは俺のほかに何もなかったのではないかと思う。その俺がオモニの気持をうらぎっているのだから、オモニはどんなにさびしかっただろう。つらかっただろう。この写真は、俺にとって一番大切な写真のうちの一枚でなければならないと思っている。

しかし、この頃の俺は、まだ朝鮮人としての自覚は少しはあった。同胞の友達がいっぱいいたし、学校が終るとよく朝鮮学校へ遊びに行った。みんなでサッカーをよくやった。日本人とよくけんかもした。同胞の友達と遊んでいる時が、何もよけいなことを考えないで、本当に楽しく遊べた。そして、俺はみんなに口ぐせのように「中学になったら朝鮮学校に入るからよ」なんてよく言っていた。

ところが、小学校の終わりが近づくと、公園の回りをかこむ朝鮮人が三人、四人とどんどんいなくなってゆく。何ヶ月かたつとみんないなくなり、千束の朝鮮部落は消えていった。みんなにとっても、悲しい別れになっていった。

俺とオモニは、台東区は今戸にある浅草母子寮で生活するようになる。まわりは日本人ばかりである。そんな中での俺は、同胞の友達と会わなくなった事から、少しずつ日本人にそまってゆくのだった。

こういう流れで、俺は台東区は入谷にある駒形中学校へ入学してゆく。この学校に入って、また朝鮮人である事がいやになる一方であった。学校へ行けば朝鮮人の悪口を聞く。この俺は、日本人のような顔をして朝鮮人の悪口を聞くわけだ。朝鮮人である俺は、おびえながら話を聞く。今まで日本人にけんかだけはまけなかった俺なのに、このような時にはなにも言えず、本当に朝鮮人である自分がいやでたまらなかった。

この頃の俺は、かなり気持が荒れていた。気持ちがくさるというか、まあそれに近い気持ちだった。またオモニに対する差別もひどくなる一方であった。

俺は小さい頃から夜はひとりぼっちだったので、夜になると無性に友達に会いたかった。それで、友達の家へ泊まりに行ったり、よく家に泊めてやったりした。俺自身を淋しくさせたくなかったのだ。家に泊めるのはいいが、母子寮も四畳半一間のせまい家だったので、友達が三人も四人もねると、かなり窮屈だった。そんな中で、朝方、オモニが仕事を終えて帰ってくる。でもねる場所がない。一言、二言、俺に小さい声で文句を言って、とてもせまい台所でねるのだ。無情にもこの俺は、こんな事を平気で、しょっちゅうくり返していた。くたくたで寒い道を帰ってくるオモニの休める場所がなかった。その上、オモニに、俺はこう言っていたのである。「友達には話しかけるな」とか、「友達が帰るときはトイレで待ってろ」と。

この時の俺は、オモニの子供ではなかった。もしオモニの子供であったとしたら、俺はこんな事はしない。あたりまえの人間だったらこんな事はしない。あたりまえの人間になりたいのになれないのは、俺が朝鮮人であるからだ、朝鮮人はあたりまえの人間ではないと、小さい頃から感じさせられてきていた。そのために、朝鮮人として生んだオモニをうらんだ。この頃は、無性に日本人になりたかった。

2

その俺もいよいよ高校、八一年四月、東京学館浦安高校に入学した。しかしこの年の七月にもう中退してしまった。中退した理由は、ラグビーができなかった事、もう一つは学校より仕事の方が楽しかった事だ。このような甘い考えで辞めるのだが、まもなく、やっぱり高校ぐらいはと思うようになった。仕事のきびしさを思い知らされ、仕事はてんてんと落ちつかなく、いったい俺は何をやってんだろうと思いはじめる。そんな時、友達の姿を見て、こんな事じゃいけない、このままの俺だとおきざりにされ、だめな人間になるという不安が出てきた。丁度その頃、前に住んでいた浅草母子寮の田渕さんと会い、いろいろ話しているうちに、田渕さんが高校への話を持ちかけてくれたのだが、何か自分に素直でなく、本当は行きたいのに、「はい、行ってみたいです」と言い難かった。しかし、田渕さんと会えば会うほど、高校へ行きたいという気持ちが強くなり、たまらなく、「高校へ行かせて下さい」とお願いした。

そして、まず最初に受けた高校は葛西工業だった。しかし落ちた。自信もあったし、葛西工業でラグビーができると思っていたのですごいショックだった。しかし、この学校の酒井先生とめぐり会わなければ、俺はすべてに自信をなくしていたと思う。仕事もだめ、勉強もだめ、何かすべてに自信をなくしていた時、酒井先生が南葛の木川先生を紹介してくれた。

ここから俺の長い南葛の高校時代が始まった。まず受験前に木川先生は、俺に学校で本名を名のれと言った。あの時の気持ちはよく言いあらわせないくらいかなりの衝撃だった。「俺は今まで『木村』という名前で生きてきたんだ」と木川先生に言っただろう。俺はもう二度とこんな学校へは行かないと誓った。

なんで名前だけのことで学校へ行かなかったのか、本名を名のるのがこわかったのか。俺はやっぱり本名を名のることがこわかったのだ。それは、中学の時だが、一つ下の二年生で本名を名のっている生徒がいて、俺はたしかにこの目で見た、朝鮮人というだけで差別を受ける生徒を。その時の俺は、同じ朝鮮人が叩かれるのを平然と見ていたわけではない。しかし何もできなかった。それ以来、俺は朝鮮人であることをかくそうと決めた。たとえば家にあった朝鮮のポスターや人形をすべて捨てた。そして、好きだったキムチなんかも口に入れず、とにかく気をつかった。家でも、学校でも、友達にも、オモニにも、そう、オモニには特にだ。話し方や顔が朝鮮人そのものという感じだからだ。いつの日か友達から電話があり、オモニがでた。そして、つぎの日、その友達が、「木村のかあちゃん訛ってんな」と言い。俺は反射的にうそを言う。「かあちゃん大阪で生まれたからよ」なんて平気でうそをつく。もちろん心の中は平常心ではなかった。

この頃の俺は、オモニの気持をすべてふみにじっていたような気がする。たとえば歌や踊り、俺の小さい頃はよく、悲しい時も、楽しい時も、いろんな朝鮮の歌を歌ったり、踊りを踊っていたオモニだが、この頃はまったくやらなくなってしまった。朝鮮から逃げていた俺が、オモニの大好きな歌と踊りをうばっていたのだ。

俺は小さい時からずっと「うそ」の生活だったと思う。「うそ」はオモニが教えてくれた。しかしそれは、言葉が不自由なために日本人にだまされてきたオモニが、この日本で生きていく知恵だったのかもしれない。こんな「うそ」ばっかりの俺にも本名で正直な俺を見せる時がきた。バイクで警察につかまり、親友の宇野と二人で交番へつれていかれたが、その帰りに酒を飲みに行った。宇野には何度本名を名のろうとしたか、数しれない。丁度いいきっかけができたのだ。交番で免許証を見せた時、俺が朝鮮人である事を宇野は気づいたと思い、「さっきの免許証でわかったろ、俺が朝鮮人である事が」と言うと、宇野はたしか、「気にするなよ」と言ったと思う。この時の俺は気持ちがホーッとした。しかし今思うと、実に日本人というのは、言うことがいっしょだ。だれもが言うその言葉は、朝鮮人としての俺のことは何も考えていない言葉だと思う。

ところで、この頃、十七歳の夏、海の家のアルバイト先で、大学生の谷口さんと知り合った。この谷口さんとはサーフィンで共通する面があり、いろいろ気が合った人だった。夏のアルバイトが終わり、一ヶ月後だったと思うが、谷口さんとサーフィンに行く事になった。その前の日に酒を飲みに行ってから、また俺は学校へ行く希望が出てきたのだった。あの時の谷口さんが言った言葉は、あの時の俺に考えさせてくれた言葉だったと思う。「高校を中退してやめたのはいいが、何か手に職をつけた方がいいよ。それがだめなら高校だけは出た方がいいね。仕事なんて高校を卒業してからでもできるじゃないか。高校へ行っていろんな人と友達になり、楽しんだ方がいいんじゃないか。卒業したらいやでも仕事をしなくちゃいけないんだから」。いろんな人に言われた話だが、この時の言葉は何か本当に印象に残る、希望を持たせてくれたあこがれの人の言葉だった。

3

そして俺は、希望どおりに南葛へ入学した。本名を名のるのは不安だったが、なにか、やけになったというか、名前なんてなんでもいいっていう感じで入学式に出た。一人ずつ名前を呼ばれる。俺はものすごく冷静でなく、「大ぜいの前で、俺の名前が……」と頭の中で考えていると、「パク・チョンウン」と突然言われた。俺は反射的に大きな声で「はい！」と返事をした。終わった。ホーッとした。しかし、まだ冷静にはなれなかった事をおぼえている。クラスは、一年一組。教室に入っても冷静ではない。名前はわすれたが、一人の生徒が「パクさん」と気軽に話しかけてくれた事で、やっと冷静になれたような気がした。

本名で入ってみて、何か頭の中で考えていた以上に、南葛の生徒は「パクさん」とよってくるので、あんなにいろいろ深刻に悩まなくてもよかったのになと思った。とにかく名のってよかった。名のらなければ中学の時のように、朝鮮から逃げ続けていたのではないかと思う。

しかし、一学期はちゃんと学校へ行っていたのだが、夏休みに入って、海の家でアルバイトをしながらサーフィンなどで遊び、遊びぐせがつき、二学期からは学校へは行かず、九月から十一月まで海の家の近くでアルバイトをしながら、サーフィンに夢中になっていた。そしてこの時は留年に終わる。

二回目の一年の一学期は、まったく学校へは行かず、俺は学校を辞めると木川先生に言った。理由は、学校へ行くのがものすごく疲れるからだ。本名を名のった以上は堂々としてやろうと思ったのに、堂々とできない。いつも頭の中でいろいろ考え、朝鮮人がきらわれないように、きらわれないようにと気を使って学校に行ってたと思う。

また、この時の俺は学校では「パク・チョンウン」だったが、学校から出ると「日本人」になってしまう。「木村正雄」になってしまう。こんな半ぱな俺だから、堂々と学校へ行こうと思っても、堂々とできない、半分びびりながら学校へ行くのがとても疲れる。だから学校へは行かず、毎日のようにマージャンや飲んだくれの生活だった。俺が辞めると言っても木川先生は、しつこく家に電話をかけてきた。家まで来た時は、何か、あまりのしつこさにうれしかった。

そして俺は、二学期から学校へ行くようになり、この年は特別進級で二年に上がれた。二年に上がったのはいいのだが、また俺の悪い病気が始まった。遊びだ。しかし、木川先生と清水先生の説得で学校へ行くようになるのだが、この年も留年で終わってしまった。仕事は今まで続けていた印刷会社を辞めて、一月からより給料のいい運送屋で働くようになっていた。それは今までもよくあったことだが、オモニの入院費などをかせぐためであった。

二回目の二年が始まるが、仕事は朝六時からはじまり夜七時頃に終わるので、学校へは行く気がせず、どうしても遊びの方へ行ってしまう。こんな生活が八月まで続き、また木川先生と荒川先生に説得され、運送会社もやめ、二学期からは通学にいい条件の会社にかわり、まじめに学校へ行くようになった。

今思うと、学校へ行かない時の俺はだらしなくなる一方だったが、いつも何かを求めていたような気がする。このままではいけない、何かやらなくちゃと、俺のまわりのみんなが、やけにしっかりしているようにみえ、ただこの俺だけがチンタラ〳〵と生きているような気がした。俺は弱いから強く生きたかったし、半ぱに生きてたから何かやりとげたいと思っていた。その一つが学校だが、何度も何度もやめようとした。そんな時に必ずのように木川先生が現われ、俺に勇気みたいなものをあたえてくれた。しかし何ヶ月かたつと忘れてしまう。そのたんびに俺は、木川先生に助けを求めていたような気がする。

4

学校へ行きはじめた俺が、南葛へ来て初めて、この学校へ来てよかったと感じた。それは授業に好きな演劇があったことだ。仕事が終わると、いつもは遊びに行きたくなる俺だったが、あの時だけは学校へ行くのが楽しく感じられたのだ。演劇の発表は八六年十一月にあった。

あの時、俺は不安だらけだった。なにしろ舞台に立つのは初めてだし、演劇のテーマは朝鮮問題だったし、大ぜいの前で、朝鮮人の俺が、朝鮮人のサンファという人を演じるわけだから。そして、初めて着る民族衣装。

幕が開く前に、突然、農楽の旗持ちをまかされた。

幕が開く。民族楽器が鳴り、太鼓のリズムにのりながら、舞台へ行く。何か俺一人がリズムにのれず、でも一生懸命リズムにのろうとした。この時、俺は何かをうったえるような気持ちで立っていたと思う。うそのない朝鮮人の俺をみてくれ、と何か血がさわいだ。

そして、農楽が終わり、今度は、俺がセリフを言うのだが、思った以上に冷静ではなかった。セリフは完璧には言えなかった。しかし、このセリフ「本当にきびしい。でもな、俺たちは明日を信ずることができるように、一つひとつの闘いを大事にしていく必要があると思うんだ。そうでないと、どんどん俺たちの生きる世界は息苦しくなり、狂い死にするだけだからな」というセリフは、俺にとっても一生忘れられない言葉だと思う。

この時の、すごく緊張した、熱い気持ちが、隠れていたパク、隠されていた俺をひきだしてくれた。翌日、さっそく社長に自分の免許証を見せて、朝鮮人であることを明らかにした。またその三ヶ月後に、前から木川先生に言われていたこともあって、社長と一緒に営業で回ってる時に、いい機会だと思って、「これからパクと呼んで下さい」と言った。

演劇が、そしてあの旗持ちが、何か自分に大きな自信を持たせてくれたような気がする。

会社でも本名を名のってからは、今までのようにいいかげんではいられない。日本の社会で生きていく上で、いろんな意味でまけたくないという気持ちが、ものすごく出て来た。仕事には特にで、毎日に緊張感があるように思う。

5

ところで、この二回目の二年の時のクラスほどうるさくてつきあいにくいクラスは、この学校に来て初めてだった。

朝鮮人が俺を入れて三人、俺より二歳年上の高《コー》君と、いつも高君のそばにいた文良晃《ムンヤンファン》だった。でも俺は、学校に入るといつも一人だった。みんなとは年の差があり、話も合わない。だから友達なんかいなくてもいいんだと、ずっと思っていた。またこの時の俺は、クラス・メートの悪い面しか見ようとしていなかった。こんな感じの俺だから、クラス・メート達も、俺にはよってこなかった。とにかく学校へ来ても疲れるばかりだった。

三年になって、学校に行っても、まだ俺は一人だった。必修の朝鮮語が始まり、俺もやる気にはなっていたのだが、とにかくクラスがうるさい。俺は、何かバカにされているようでたまらなかった。朝鮮語の授業の時は、頭の中でいつも叫んでいた。「パク、早く言え、早く言うんだ、『お前らうるさい!』と」。しかし言えなかった。言えなかった自分に腹が立つ一方、日本人ともめたくない、今もめたら俺自身いづらくなる、そんな気持ちが強かった。そして俺は、こんな気持ちのまま四年に上がっていった。

6

四年になった去年の七月、俺の国、韓国へ初めて帰った。この時初めてアボジ（とうちゃん）のことを考えたような気がする。済州島《チェヂュド》についた時、まだ実感がわかなかった。空港には兄さん二人と、韓国のオモニ（アボジの最初の奥さん）がむかえにきてくれていた。オモニや兄さん達を見て、初めて「やっと来た」と何か気持ちが熱くなり、涙が止まらず、オモニを抱き、また強く韓国人である自分をこの国で実感した。

二日目には、いろいろな自分の親類達と会い、アボジや姉さん達の墓へ行く。アボジの墓の前に立ったが、気持ちは冷静であった。自分のたった一人のアボジの墓の前に初めて立っても、冷静である自分を悲しく感じた。そして、その夜に初めてアボジの事を問いかけた。「お前のアボジは気持ちがやさしくて、死ぬ日までお前に会いたがっていた」という返事だった。アボジが生きていた頃は、オモニの「アボジは死んだ」という言葉を信じていた。その時の自分は朝鮮人ではなかった。だから、アボジがいるのを知っていても、俺はきっと会わなかっただろう。その俺が、七、八年前も朝鮮人であったならば、アボジに会えた。そう思うと何か自分にはらが立ち、日本社会にもはらがたってきた。長すぎた朝鮮人への道であったと思う。

済州島行前後の頃からやっと俺はクラスの中に入っていくようになった。しかし、たしかに話し相手はいっぱいつくれるようになったが、今思うと本当はこう言いたかったのに……と、ものすごく気をつかって話していた。

7

とにかく俺の学校生活というのは、最初から最後まで息苦しかったなと思う。正直な俺を見せずに終わってしまった。こんな息苦しい学校へ、なんで俺は行き続けたか。今思うと、俺自身を変えたかったし、ここしかない、この学校しか自分を変えられないと思うようになっていた。丁度その頃、はじめて部落研・朝文研の交流会に参加したが、ここでたしかに変わったと思う。

それは、俺自身が今までどうやって生きてきたか、ということで書いてみろと木川先生や朝文研のみんなに言われ、書くことになった。たしかに自分で書いていろいろな事に気がついた。人のやさしさだとか、オモニに対する差別や、俺自身の生き方があまりにもいいかげんであったことなどに気づいた。

今の俺にとって、六年もいた南葛というのは、人間のやさしさや、朝鮮人として生きる自信みたいなものを与えてくれた。俺は朝鮮人だから、もっと強く生きたいし、もっとやさしく生きたい。しかし、なにか半ぱのままで卒業してしまったような気がする。

これからやりたい事も、やらなくてはいけない事もいっぱいある。まず人の事を思ったら動くという事だ。今までの俺には、俺自身が動くというのはあまりなかった。しかし、この俺も、木川先生や朝文研の顧問の先生達にそうされてきたのだから、オモニにしてきた事、先生達が教えてくれた事……、俺にはいっぱい思いがある。そんな思いを生かさなければ、みんなを裏切る事になるし、俺自身がだめになるような気がする。

日本の学校へ通う朝鮮人生徒は、俺みたいな生徒がいっぱいいると思う。だから朝鮮人の俺達が話を聞き、話してあげる事が一番の勇気づけになる。とにかく俺は、南葛をまもっていきたいし、木川先生が俺にしてくれた以上にがんばりたいと思う。

これからも俺みたいな朝鮮人が入学してくるだろう。その時、南葛の先生達も、朝鮮人がどんな思いでこの日本の社会で生きているのか、日本の学校に来ているのか、真剣に考えてほしい。そして、朝鮮人と出会って良かったと思えるようなつきあいをしてほしいし、また、必修の朝鮮語の授業を守ってほしいと思う。

（註）本稿は、一九八八年度卒業式答辞で読まれた文章に加筆訂正したものである。

（出典・『嘘のない朝鮮人の俺をみてくれ』前掲）

3　純愛の自立への道程は遠けれど

1

朝鮮奨学会の方正雄《パンジョンウン》さんの紹介で李純愛《リスネ》を知り、彼女を南葛朝文研の校外生として坐らせてから早くも一年をこえる時が刻まれた。

昨年の九月にはじめて見た純愛の印象は、なんと暗い、陰うつな雰囲気を漂わす人なのだというものであった。こういう暗さをもった人と今まで会ったことはないと、本当に思ったその時の記憶は消えていない。

オモニが病気で倒れて高等学校どころではなく、彼女は民族学校の初中級学校を卒業した後、仕事への途につき、家族の生活を支えていく。しかし、安定した仕事と生活は決して保障はされなかったのである。足を棒にして働く場をさがし回り、転々と職をかえていく――面接にいって、自分の目の前で履歴書を破られたり、入社できても、「君は体も丈夫じゃないし、夜間中学にもいっていて大変だろうから、会社をやめた方がいいよ。」と、体よくいびり出されたりしながら。

十五歳で日本の社会の真只中で生きることの過酷さを、体全体でいやという程思い知らされてきた彼女は、過度に周囲の日本人の眼を気にし、常におびえながら必死で自分を守ろうとしてきたのである。

アボジは、彼女が朝鮮初級学校に入学する前に倒れてから今日に至るまで、十五年間病院で寝たきりの生活を送っている。

「アボジが脳溢血で倒れてからは、もう地獄だったですよ先生、はじめは近くの病院に入っていたから、そのアボジの看護と、五人の小さな子供たちの世話と、朝から夜まで一人で五人分も六人分も働いてきましたよ。せめて家でも残しておいてくれたら、と思ったけど、何回も不渡り出して、家も手放してしまって、今いるこの家はさんざんさがし回って三十六回目、うそじゃないですよ先生、本当に三十六回目にみたところなんですよ。小さい子供が五人もいるとなかなかさがしてもないですから。それに、朝鮮人だからね。夏の暑い時に自転車にのっていろいろな所をさがし回って、冗談じゃなくて、本当におさるさんのお尻みたいに赤くただれて大変だったんですよ。それでやっと家をさがしてホッとしたら喀血。今までの疲労が一気に出ちゃって入院でしょ。それで下の児を乳児保育所へあずけたり……ねぇ。この苦しみは他の人にはなかなかわかってもらえないですよ。もともと私は心臓が弱かったんですけど、その時はすい臓をやられちゃったのよ。友達に頼めば助けてくれたと思うけど、自分はそういうのがきらいでね。自分でやらないと気がすまないのね。おかげで自分も強くなったわ。昔はこうでなかったもの。でも、寝たり起きたりで体がきかないからどうしようもないわ。」

こういうオモニをみて育ってきた彼女は、オモニを支えて生きてくる。

「自分の体がもっと動けば純愛にも負担かけなくてすむんですけどねぇ。この娘には一番苦労かけてるんですよ。いくら働いたって自分の懐にはいらないんだから。」「先生、この娘には青春なんかなかったんですよ。本当にこの娘には苦労ばっかりかけて……。」というオモニのことばを、「オモニ、そんなこといいんだよ」といいたげなやさしい表情をして、じっと聞いている彼女なのだ。

とはいえ、やっぱり家でおもしろくないことがあったりすると、くりかえし私たちに次のようなことをぶつけてくるのだ。

「私は今まで家の犠牲になってきただけなんです。一度だって自分の為に生きてきたことなんかないんですよ。私だって自分の人生を生きていいと思いませんか。いいでしょ！　私だって自由になりたいんですよ！　私だって好きなことをやってみたいんですよ！」

同胞の組織に救いを求めたり、キリスト教に救いを求めたり、必死になって生きる途をさがし求めていく。しかしその熱い願望は、いつも断ち切られてしまう。真暗闇から一条の光を見出しえず彷徨する彼女、打ちのめされ続けている十九歳の彼女に、瑞々《みずみず》しさをみることができなかったのも、けだし当然であったことを思い知らされていく。

彼女の生きなければならない状況の厳しさの中で、その状況の重さに、今にも押し潰されそうな彼女は、頼れるのは朝文研しかないという思い込みの中で、懸命に私たちにもたれかかってくる。私たちは、そういう彼女を甘やかせると、彼女が芯から腐ってしまうことを恐れ、彼女を真っ直ぐ立たせ、歩かせようとする。それは、彼女が自分自身の背負わなければならない課題をきちんと把握し、それをやりとげていく営みに他ならないが、その歩みは恰《あたか》も牛歩の如くであり、自立への過程は遙か彼方である。

しかし朝文研に関わる中で、彼女の顔に明るさをみることができるようになったのは、まぎれもない事実である。

2

それまで校外生として朝文研に坐っていた彼女は、今年の四月から一年生として、本名で南葛に入学してくる。

ところが、「朝鮮人、とかいって、まわりの人たちが変な眼で自分のことをみるんです。」「先生が本名でいけといったから本名できているんですよ。」と、本名できたことを後悔する場面が、朝文研の中で何度かあった。しかしその都度、叩かれ、励まされながら、なんとかやってきたが、そういう中で六月を迎え、クラスの生徒から差別発言を浴びる——「チョーセン！」「チョーセン帰れ！」等々と。

彼女は「こんな学校二度と来るもんか、もうやめる！」と、一遍に自分の脆《もろ》さを露呈してしまう。事件後しばらくの間というものは、口惜しさと惨めさの為に、眠られぬ夜が続き、会社へ行っても仕事が手につかない状態が続く。学校へはかろうじて来るものの、教室へ入ることは恐くてできないのだ。

そういう彼女をなんとか支えてきたのは、勿論朝文研であるが、その他にもいろいろな人たちの叱責と激励があった。朝鮮奨学会の人たちや、六月下旬に行われた第二回東京都朝文（問）研合宿交流会に集まった同胞の仲間たち、なかでも交流会の中の李殷直《リウンジク》朝鮮奨学会理事の講演は、彼女を勇気づけてくれた。それは過酷な差別の中を強《したた》かに生き抜いてきた李先生自身の話であった為に、彼女の甘えた姿を鮮明に浮かびあがらせ、その姿を徹底的に撃つ内質をもっていたからである。

合宿からもどったばかりの彼女は燃えていた。しかしその燃焼は持続せず、そのまま夏休みに入ってしまった。それには、仕事の関係で疲労困憊していたということもある。六月前後は人手不足ということもあって、五時半起きでいく時が多かったのだ。その為に体がきつくて食事も満足に喉を通らないという状態の中で、自分の思い通りに体が動かなかったのである。

夏休みに入り、兵庫の部落研集会や、東京で初めてもたれた朝文（問）研と部落研との集まりに参加して、とりわけ朝鮮奨学会のサマーキャンプでまた元気をとりもどす。

「みんながオモニやアボジの生き様を泣きながら話していたのが印象深かったんですね。自分もそれに答えて、泣きながら、まだ先生にいっていないことも話したんですけど、自分の話聞いてみんな泣いちゃったしね。はじめ行くのがいやだったけど、行ってよかった。」という彼女は、また、「たくさんの同胞の子たちと話し合っていく中で、自分の悩みはまだ悩みじゃないんだな」ともいう。今まで自分だけが苦労してきたと思いこんでいた彼女にとって、それは大きな認識の転換であった。自分よりもっと大変なところでも、より快活に生きている同胞の青年たちの姿が、胸に刻まれたからではないのか、と思う。

二学期に入ると、「九月からは教室にもちゃんと入って勉強もするし、朝文研もちゃんとやるからね」といって、詳細な活動予定表をもって学校にでてくる。

しかし、これがまた続きはしないのだ。十月に入るとオモニが入院することになり、そのオモニの看護と、家のこと、それに色々の借金をかかえ、それを返すために働かなければならなくなり、学校から遠ざかっていく

――「十月末の弁論大会も、十一月の文化祭もちゃんとやる。」といい残して。

その言葉には、今までの彼女をみている私たちを安心させる程の重みは些《いささ》かもなかったのだが、彼女はクラスの代表として弁論大会に出場し、不十分ながらも全校生徒の前で、なぜ自分が本名で南葛にきているか、ということを話すことができたし、文化祭も担い切っていったのだ。そのような彼女の変容を促していったひとつの大きな力は、Hの存在であることは確かだ。

三十四歳でようやくにして今年、定時制高校の門にたどりついたHは、日本名で入学してきた。そして六月の半ば、担任に身上調査書を提出した時点で朝鮮人生徒であることがわかり、さっそく朝文研にさそい話をした。

彼は、実は純愛と夜間中学で一緒だったけれども、二人共日本名であった為に、お互いが朝鮮人であることがわからなかったのだ。もし南葛に入っても二人共朝鮮人であることをかくし続けていたら、何も二人の関係の中で生みだすことはできなかったであろう。しかし日本名Kであった純愛が本名で通っている事実と、朝鮮人教師

が本名で教壇に立っている事が、彼をつき動かし、朝鮮人であることを晒して生きようとする、ひとつの大きな要因となったのだ。彼は、夏休み中も毎週続けられた朝文研の中で、繰り返される逡巡の果てに、二学期から本名で立つ肚を決めていく。

「決心ねぇ、うーん……決心……決心なぜついたというと、結局理由という理由はそんなないですねぇ。だんだんと本名ですね。本名で言っていこうというのと、言わないでいこうというのをくらべたら、言っていこうという方に、自分は力をつけたわけですね。一番はじめは、言っていかない方が、はかりにかけると強かったと思うんですねぇ。それで今度、本名で言っていこうと力をつけたわけですよね。それでもう、恥っていうか、なんて言われようと、朝鮮の名前ですね、その一本筋で切り抜けようと決心を固めているわけですよ」──と。

こうしてHは、差別事件があったにもかかわらず、それに怖じけず、逆に本名を名乗ることによって、差別事件から立ち直りきれていない彼女を励ましていく営みについたのだ。

文化祭には、「朝鮮の生活文化展」というテーマで朝文研は参加したが、たくさんの人たちが、トックやキムチなどの朝鮮料理を味わいながら、チョゴリや、花鳥図の刺繍のある六曲の屏風、螺鈿《らでん》の食卓などの展示を見て、朝鮮文化のほんの一端にすぎないものではあったが、はじめてそれに触れて、朝鮮のことを少しではあるけれども認識し理解してくれた──であろうと思っている。そして後夜祭においては、朝鮮の歌を二人が朝鮮語で歌った。

彼女はハルモニ（おばあさん）が韓国からとりよせてくれたきれいなチマ・チョゴリで身を包んで舞台に立ち、あがりながらも歌い通した。南葛の歴史の中で──おそらく東京の日本の学校でも──民族衣装の朝鮮人生徒を舞台の上で見ることははじめてのことだ。六月のあの、悄然たる彼女の姿をそこに思い浮かべることは、全くできなかった。そういう意味では、ようやく越えなければならないひとつの山を越えたといってよいのかもしれない。

「弁論大会や文化祭がやれたということが差別事件の自分なりの総括だと思う。歌は上手にできなかったけど、チョゴリ着て頑張れたことは自分の誇りになっていると思う。今までチョソンサラム（朝鮮人）としての意識は少しはあったけど、今度は自分でチョソンサラムになりきれたなと思った。これからはどんなことがあっても負けないで頑張っていこうと思っている、というか、やっていかなければいけないし、朝文研もふらふらしないでやっていこうと思う。」という彼女だ。

しかし、私たちには、彼女がきちんと差別事件の総括をして「チョソンサラムになりきれた」などとは到底思えないのだ。事件の後で私たちが彼女の課題としてつきつけてきたのは、おおよそ次の様なことだ。

一つには、なぜオモニを説得してまで南葛に入学してきたのかはっきりさせろ、ということ。

二つには、オモニの生きてきた姿をどうみるのか。お前のような安易な途の選択の仕方であったらオモニは生きてこられなかったのではないのか、ということ。

三つには、学校をやめることは負け犬になることだ。今まで日本の社会で痛めつけられ、朝鮮人としてそれに立ち向かっていくことのできなかったことを繰り返していく惨めな自分を、今度の事件で断ち切っていかなければ、奈落に落ちるしかないのではないか、ということ。

四つには、差別発言をした者を処分することで問題は何も解決しない。要は差別した者の朝鮮認識を百八十度変えさせ、彼を真当な人間にすることではないのか。その為には、お前自身が朝鮮人として、人間として、どれだけ自分自身を鍛え、強い豊かな人間に変えていけるのか、そのことが一番本質的な問題ではないのか。周りの人間はお前を通して朝鮮人をみるし、朝鮮観を形成していくのだ。ということ。等々――。

「本名を名のったとか、差別事件から立ち直ったとか、結果しか書いてなくて、そういうふうな考えにたどりつくまでの過程が出てなくてね。結果だけ書いている良い子の答だから、純愛はいい子だな、ってなっちゃうけど実際はいい子じゃすまされないから、いい子の文章じゃなくて、純愛自身の文章になっていないとだめですよ。それに、この弁論大会の原稿の中身は、純愛自身の差別事件のちゃんとした総括になっていないといけないと思うんですけど、そうなってないしね。」と、朝文研の中で指摘されている様に、事件の衝撃からは立ち直ってきたものの、まだまだ私たちのつきつけた課題には、極めて不十分にしか答えられていない。そういう彼女は、この先、重畳たる峻険の山岳を、自分の足で踏み越えていかなければ生きてはいけないのだ。

とにかく、細かいことをあげればきりがない程、彼女は、前を真っ直ぐ見据えて歩き始めたかと思うと、いつのまにか横道にそれたり、背中をみせて逃げてしまったり、ということの繰り返しである。したがって、そこだけ切りとって考えれば、ある意味ではどうしようもない生徒なのだ。

しかし、今までの被差別の重い自分史の中で、朝鮮人として前に出ることが一度としてなかったであろう彼女であってみれば、彼女自身の変容への抗《あらが》いの姿を、そこに認めなければならないであろう。今彼女は、朝鮮人として自立して生きていく自分の途を切り開いていけるかどうかの、重要な転回点に立っているのだと思う。

「先生、あの娘は強い娘だから甘やかさないでほしいんですよ。よくここまで頑張って生きてこられたなあと思いますよ。もう死んでしまうんじゃないかと思ったこともあったもの。民族学校でてから日本の社会へでて色々やられてきたからね。だからあの娘をみていてかわいそうになってしまう時があるけど、でも私も甘やかさないですよ。いう時はいうんですよ。『もうお前なんか家にいなくてもいい。でていけ！』とやるんです。あの娘にはもっともっと強くなってほしいと思うからね。」

彼女の自立への道程は、とても遠いことを予感する。しかし、このオモニにこたえる為にも、自分にできることがある限り、彼女の〈暗い歴史〉を反転させていく、厳しい営みに寄り添っていくことしかないと私は思い続けている——。

(出典・全国同和教育研究大会報告「在日朝鮮人純愛《スネ》の自立への道程は遠くとも」、一九八一年十一月)

4　ひとりの朝鮮人生徒の変容にたちあって
——たった一人で本名を名のる朴俊映の翻身——

「パクなんて恥ずかしい」

今は四年生になっている彼と初めて出会ったのは、入学試験当日である。彼は「木下俊映」の受験票を机上に置いて試験に臨んでいた。試験終了後彼を呼んで、もし合格したら本名で入学してほしいということと、同胞の生徒達との出会いを大事にしてほしいと思うので朝鮮奨学会に繋がってほしいということ、この二点について話をした。色白のおとなしそうな彼は、かしこまって私の言うことを緊張した面持ちで聞いていたが、もちろん本名について納得するようなところはまるでなかった。「僕はいままでずっと日本名だったし、……だいいちパク、パクなんて言われたらはずかしいし、……やっぱり、みんなにへんな目でみられると思うからいやです」と、途切れそうな小さな声で答えていた。この時は、とにかく名前のことはすごく大切なことだから、よく考えておくようにと言って帰した。

「本名で頑張ります」

その後、入学手続きの書類を見せてもらうと、「朴俊映」とだけ書いてあったので、これなら本名で大丈夫と思いほっとしたのだが、入学式前に、一応担任に名前の確認をしてもらった。ところがその話では、「パク・としあき」ということでおさまりそうであったので、電話をかわってもらった。相手はオモニである。私が、「姓は朝鮮語読みで、名は日本語読みになっておかしいし、せっかく朝鮮人であることを明らかにしても、中途半端な名前になってしまいまずいと思う」というようなことを話したら、オモニはすぐに納得して、「それはそうですね、おかしいですね。それでは先生の言う通りにパク・チュニョンでいいです」と言ってくれたのである。

入学式の日、体の大きな、そして彼とずいぶんよく似たオモニと一緒に、彼は本当に嬉しそうにニコニコしながら登校してきた。その彼の姿を見て私も、とにかく嬉しかったのである。しかしまもなく、そのふくよかな顔は一転して強ばったものになった。

気になって、入学式後のHRが終わった後の彼の教室を覗いてみるとなにやらおかしいのだ。尋常でない気配を察知した私は、彼が帰るところを捉まえた。その時の彼は、頭をたれてがっくりとした表情を見せて、目を赤くしていたが、事情を聞いてみると、彼は俯《うつむ》きながら、「木下でいいです。変な目でみられたりしていやだから」と、口数少なくぼそぼそと答える。「本人が嫌だといっているのでどうしようもないんですけど、アボジも私も本名でいいといっているんですが……」と、傍らによりそうオモニも大変困惑した様子である。そこで、近くの喫茶店に案内して長いこと話し込むことになった。

事情を詳しく聞いてみると、実は、入学式の呼名で「パク・チュニョン」という名前が呼ばれた時、笑った生徒や、後ろを振り向いて一瞥を加えた生徒がいたために、彼はその場から逃げ出したいような衝動に駆られ、式の終了後直ちに、名前を変えてくれと担任に懇願したのであった（私は上履きの係で遅刻してくる新入生を待っていたために呼名の時に間に合わなかった）。しかし担任からは「もう出席簿もできているしだめだよ」と言われ、悄然とした姿を見せていたのであった。

「朝鮮人であることを隠さずに堂々と生きていこうとする人間を、変な目で見るほうが、歪んだ、おかしい人間ではないのか。そういう人間がいるかぎり、この日本の社会で朝鮮人に対する差別はなくなるはずがない。チュニョンは差別に負けて悔しくないのか」等と話していくと、頭では無論理解してくれるのだが、いざ本名となるとやはり逡巡してしまうのだ。オモニはそういう息子に、「お姉ちゃんだって名鉄観光に朝鮮人として初めて『パク・ソンミ』で入ったでしょ。なんでお前にできないの。しっかりしなさいよ」といいながら、励ますのであった。私はオモニの話を受け取って、「お姉さんも、周りが日本人ばかりの中で本名で働くことのしんどさは覚悟していると思う。露骨に差別されるかもわからない。それでも朝鮮人として、人間として正しい道はどちらかを考えて本名にしたと思う。そういうお姉さんの思いを受けとめ、チュニョンも本名でいけば、それがお姉さんを励ますことになるし、そのことがまた、チュニョン自身を勇気づけ、朝鮮人として生きていく自信がついてくるのではないか。もちろん上忍（都立上野忍岡高校定時制）では初めて本名を名のることになるチュニョンが二百倍もいる日本人の中でたった一人の朝鮮人として学校生活を送るのだから、絶対差別されないという保証はないが……。でも、パイオニアとして後から入ってくる朝鮮人生徒に道をつけていくことになるのだから、是非頑張ってほしい」等と語りかけていく。

さすがに差別されるかもしれないと言われた時は、心中穏やかではなかったようであるが、木下では通じないと観念した彼は、「じゃ『ぼくとしあき』でいいです」と言う。私は、「中途半端な名前にすると、日本人だか朝鮮人だかわからないような中途半端な生き方になるから駄目だ」と言う。彼は、それでも「パク・チュニョン」は嫌だという。そういうやりとりを聞いていたオモニも、「仕方ないですから、『ぼくとしあき』でひとつ頼みますよ、先生」と言い始める。

そこで私は、「やはり『ぼくとしあき』ではおかしいと思う。朝鮮人が民族的な自覚をもつことを抹殺し続けてきた日本の政府でさえ、またマスコミも、やっと朝鮮人の名前を日本語読みにすることの誤りに気づき、例えば、ぜんとかん大統領はと言っていたのを、チョン・ドゥファン大統領は、とか、ノ・テウ大統領は云々と言うようになってきている。パク・チュニョンは何処へ行ってもパク・チュニョン以外ありえない。朝鮮人の名前に『ぼく』等という名前はないのだ。逆に木川をモクチョンと言われたり、トゥリーリバー等と言われたら不愉快極まりない。それと同じではないのか」等とか、乏しいながらも私の持っている朝鮮の歴史や文化に関わる知識を総動員して話していった。そして主には、自分が今まで出会ってきた朝鮮人生徒一人ひとりのことを思い浮かべながら、彼らが、全身を震わせるようにして本名を名のり、朝鮮人であることを晒し、そのあと、どのようにして自分というものを取り戻し、朝鮮人として生きていくようになったのかということを懸命になって話していき、彼の逃げ道を一つひとつ塞いでいった。

オモニも私の話に頷きながら息子を励ましていた。その甲斐あってか、最後は彼の顔にはようやくうっすらとした笑顔が戻り、「頑張ります」と言って別れることができたのである。

葛藤をこえて

ところが翌日、彼はＨＲでの自己紹介を日本名でやってしまう。ただ、国籍は韓国で、パク・チュニョンという名前が自分の本名であることを付け加えて話したという。また、同じ日に、担任との面接では本名でいいと言い、副担には嫌だと言う。このように、入学当初の彼は、揺れに揺れていて、まわりの日本人生徒にも、日本名をもじった中学時代のあだ名を教えて、そのあだ名で呼んでくれるように頼んだりしていた。そして上履きにも日本名をしっかりと書いていたのである。

そこで私は「日本名をもじったあだ名など呼ばせるな」等と注意する一方、あだ名で呼んでいる生徒を見つけ次第、しつこくいちいち注意するのだった。始めのうちは「本人がそう呼んでくれって言ってるんだからいいじゃないか」と反発していた生徒達も、私の顔を見ると「パク」と言い直すようになり、一年も終わりの頃になるとようやく自然に「パク」と言えるようになってきた。

何故このようにこだわるのかと言えば、本名で生きて行こうと決意していくとき、当の朝鮮人生徒の心の中は決して穏やかなものではありえない。逃げ道はないかという気持ちが常に脳裏をかすめ、場合によっては日本名をよばせてしまうのである。これに対して、私達自身が揺れて一歩退いてこのようなことを許してしまえば、後は歯止めがなくなり、坂道を転がり落ちるように落ち、二度と朝鮮人として立ち上がることができなくなるかもしれないからである。

ところで、入学当初揺れていた彼も、本名に次第になれてきて、明るい笑顔、自称「パクちゃんスマイル」をふりまいて学校生活を満喫していくようになる。但し、私の授業のときは「チュニョン」と呼んで出席をとったり、指したりするので、その時は私のことをじろーっと睨みつけたり、実にいやーな顔を見せ、授業の後で、「先生、チュニョンなんていわないでよ。やだよ。パクって言ってよ」と言ってくるようなことがしばらく続いた。

けれども、夏休み前、ハングルで本名の書き方を教えると、「先生、かっこいいね」と言って、さっそく日本名を書いていた自分の上履きに、大きなハングルで本名をうれしそうに書き込む。そして、カバンにも財布にも同じように名前を書いたので、家でお姉さん達にびっくりされたらしく、そのことを得意顔になって話してくるのだった。それからは試験の答案等にもハングルで名前を書くようになってきたのである。

夏に行われた首都圏の部落研・朝文研交流会の合宿では、次の交流会に報告をするようにみんなに言われ、その気になった彼は、九月に入ると早速、これでいいでしょと言って、レポートを一枚書いて持ってきたのである。

「なんで本名を名のってまで苦労しなくちゃいけねえのかよ」

十二月に入って、難病の緑児《みどりご》を持つ私の親しい朝鮮人の知人を励ます会を我が家でやることになったが、交流会で顔馴染みの人も多いのでチュニョンをさそうと、ふたつ返事で来るというので新宿駅に迎えに行くと、待ち合わせの時間の一時間前から待っていたという。朝鮮人ばかりが集まって（日本人は私の家族だけ）わいわいやるところにでたのは初めてであったが、みんなの人気者になり、楽しい一時を過ごし十分満足感を覚えて帰って行った。やはり同胞の人達に囲まれている時の顔は、普段にも増して晴れやかである。これからも機会があるごとになるべく同胞の集まりに出していきたいと思っている。日本の社会の持つ強烈な同化の力に対する、ささやかな抵抗の力の湧きでてくる源になるからにほかならない。

年があらたまって一年生の一月下旬、交流会で報告させるから、自分が本名を名のってどうであったのか、ということをきちんとまとめておくように言うのだが、「名のってまでこんなに苦労しなくちゃいけねえのかよ」とぶつぶつ文句を言いながら書くのでなかなかはかどらない。それで、なぜ報告するのか、その意味について丁寧に話していった。

本名を名のるということは朝鮮人として生きる出発点に立つということである。しかし現実は、本名を名のれず同化の激しい渦のなかに巻き込まれてしまっている朝鮮人が圧倒的に多い。とすれば、まわりが全部日本人で、たった一人の朝鮮人であるという最悪の条件であるにもかかわらず、本名を名のることのできたチュニョンが、なぜ自分は本名を名のれたのかということをきちんと話して、まだ名のれていない人たちを励ましていかなければならないのではないか。そのためには逆に、自分自身が厳しく問われていくことになるから、必然的に本名を名のる自分自身の有り様を抉《えぐ》りだしていかなければならなくなる筈だ。

また、自分のまわりにいる日本人に対して朝鮮のことを理解させていくこともチュニョンの課題だと思う。とりあえず会社の人とか、クラスの仲間に自分のこと、朝鮮のことを話していき、彼らが誰よりもチュニョンのことがわかり、朝鮮のことがわかるようにしていかなければならないのではないか。クラスの連中はみんないい人達だというのは結構だが、こと朝鮮をめぐっていえば残念ながらそうとは言えないのだ。当然のことながら今の一年生も、ほとんどの子は朝鮮に対してマイナスのイメージを持って入学している。チュニョンが本名を名のっているから、みんなは朝鮮の悪口を言わないだけで、少なからぬ生徒達は心の中ではよく思っていないいかせいぜい無関心を決め込んでいるわけだから、そういう人達に、自分の課題として朝鮮のことを考えられるようにしていかなければならないと思う。このためにもまた、チュニョンは自分のことをより深く考えていかざるをえないのだ。

つまり、報告を書く意味は、朝鮮人としての自分の生き方を真剣に考えていくことになると同時に、そのことを通して励まされ、勇気づけられる朝鮮人生徒や部落出身生徒がでてくる、というところにあるのだ。

およそ以上のようなことを話していくのだが、なかなかわかってはもらえない。しかしながら、ある日の話のなかで、以前は、とりわけ夏休み前は、チュニョンと呼ばれると不快感を隠せなかったのだが、「この頃はパク・チュニョンといわれてもいやではなくなってきたよ」という。「よかったなぁ、チュニョン」と言うと、「先生がしつこくいうからだよ、まったくー」と言いながら、嬉しそうな表情を見せてくれた。

結局、文句たらたら言いながら書き上げた報告を持って、二月に行なわれた部落研・朝文研交流会に参加したが、その報告は次のようなものであった。

本名をなのって

「僕は、本名をなのってよかったなと思う。本名をなのってすっきりした。なぜかというと、いままで僕は本名をなのっていなかったからだろう。韓国人だというと差別されるから、僕は、小学校から中学校まで、きのしたとしあきでいってました。でも、高校生になったらとつぜん、本名でいきなさいといわれたから、僕は、なのった。最初は、うじうじして本名をなのったけれど、そのうち、なんか、なれたようなかんじです。けっこう本名も、かっこいいとおもうようになった。受検のあと木川先生にいきなりいわれた。やだなとおもった。はずかしいからです。小学校でも中学校でもやだったから、まだなれない友達だから、僕は、はずかしいと思ったからです。パク・チュニョンって、入学式でよばれて、びっくりぎょうてんでした。本当に心臓がとまりそうでした。よばれたときに、わらったり、僕の顔を見たりしたひとがいました。ころしてやりたくなった。もしそのわらったひとが韓国人だったらやだろう。それとおんなじです。僕は、本名をなのってやだとおもった。わらったりされるから、本名はやだとおもった。担任にいいにいった。本名はやだといったんです。担任の加藤先生になのれっていわれるし木川先生にもいわれた。僕はあたまにきた。でも、免許をとると、どうせ本名をなのんないといけないから、もう、かくしてもどうせわかることなのだ。心の中では、本名をなのったらバカにされるし、いじめられるからなのりたくなかった。でも、木川先生が、うるさいからなのった。友達もパク君っていってくれるから僕はよかったなと思う。」

韓国のこと

「僕はまだ小さいころ、韓国に行きました。韓国はとってもきれいなまち、きれいな海やきれいな人がいっぱいいました。済州島で僕とおとうといっしょにお父さんのしりあいとあそびました。おもしろかったです。またいきたいです。また海やまちがみたいな～。韓国であんぱんをたべてきもちわるくなって、つりをやることになりました。だけど僕はできませんでした。きもちわるくて、できなかったからくやしかった。僕は、早く韓国人のきれいな人とけっこんしたい。僕の思ったことは、韓国は、とってもきれいなまちで、海は韓国に限る。」

「本名をかくすと自分がなさけなくなる」

この後は、しばらくの間、彼にさしたる変化も認められないと思っていたが、二年生の夏休みに入ってまもなく、朝鮮奨学会のサマーキャンプの件で、実は、たとえ少しずつではあれ、自分を着実に変容させていたのだということが見えてきたのである。

彼はサマーキャンプに参加することになっていた。同胞の高校生が全国から集まり、普段は経験できない貴重な交流ができるので去年も誘った。しかし、自らの不注意で手続きが遅れてしまい参加できなくなり、もう絶対に来年は行かないと息巻いていたのだが、今年になってやっぱり行くと張り切っていたのである。

そこで、行くからにはそれなりの心構えが必要だと思い、彼を呼んで話をした。サマーキャンプではかならず、朝鮮人としてどう生きるのかということをめぐって討論があるから、チュニョンもその討論にきちんと参加できないと、行っても意味がないからちゃんと考えるようにと言って、彼の今現在到達している本名問題の認識を引き出すようにして話していった。それをまとめさせたのが以下に紹介する文章である。

みんなも本名を名のってがんばってください

「本名を名のる前の自分の気持ちは、はずかしいとか、友達ができないのではないか、バカにされてしまうのではないかと、悪いほうへ、悪いほうへとかんがえていました。だから名のるのがこわかったんです。でも自分は、韓国人だから、本名を名のらなければいけないと、思うようになりました。

今僕は、都立の上野忍岡高校という学校に、ひるま働きながら毎日休まずかよっていますが、この学校に入るときに、先生から、本名でやれといわれ、はじめ、びっくりしてしまいましたが、思いきって名のることにしました。

アボジにも、「おまえは韓国人なんだから本名にしろ」といわれました。お姉ちゃん達も本名を名のってがんばっていたので、僕もなのらなければいけないなと、思うようになりました。

本名を名のって一年半くらいたちますが、本名を名のることの意味がだんだんわかるようになってきました。はじめはこわかったのですが、名のってみたらどうってことはありませんでした。

韓国人の僕をバカにする人は一人もいませんでした。みんなやさしいので、本名を名のって本当によかったと思っています。びくびくしてもしょうがないと思います。差別にたいしてこわいと思って、韓国人だということをかくすことは、自分がなさけなくなるだけだから、はじめからいってしまえばいいと思う。それでだいじょうぶだと思います。もしかくしていたら、あとで日本人がわかったときにこうかいするのではないかと思います。自分がみじめになるだけです。

韓国人としての自覚をもって本名を名のれば、きっと勇気がわいてくるのではないでしょうか。はずかしいとか、そういう問題ではないと思います。本名を名のればおもしろいせかいにいけると思います。それは韓国人だということをかくさないではなしていけるので、みんなといっぱい韓国のことをはなせるし、韓国や韓国人のことを日本人に、もっともっとしってほしいなあという、ねがいがかなうからです。

僕もがんばりますから、みんなも本名でがんばってください。おわります。」

彼の内面で変化していたものが私には見えていなかったようである。私との話にしろ、入学以来交流会に一度も欠かさず参加しているが、そこでも、専ら聞き役だけで終わるということが多く、一体彼は何を考えているのだろうか、みんなの話から彼は何を学んだのだろうかという、肝心なことが私達にはよくわからなかった。首を傾《かし》げてわかんないを連発するのが常だったからである。

しかし、明らかに本名の意味のとらえかえしは深まっている。この時の彼との話は、いつもとは違っていた。私の問うことに対して明確に答えてくるのである。どうして本名にするのだ——韓国のことを日本人によく知ってもらうため。そういうことは日本名でもできるのではないか（と、わざわざきいてみる）——韓国のことを理解してほしいと思うから、やっぱり自分が韓国人だということをかくさないで話していくしかない。なぜ理解してほしいのか——日本人はさんざん韓国人に悪いことをしてきたから、ぶっ殺したいくらいだけど、やっぱり同じ人間として仲よくしないといけないから——等というように。

サマーキャンプの討論の場で、誰も意見を言わず沈黙が続いていた時に、用意しておいた上の文章を読み上げてみんなに拍手されたことを、キャンプからもどってすぐ報告してくれたが、「友達もできたし、彼女もできたし、やっぱり韓国人はいいよ、また来年も行きたいよ」とも言う。そして、満面に笑みを浮かべながらよかった、よかったを連発するのであった。

アボジの優しさ

九月の終わりには『キムの十字架』という映画に連れていった。この映画は、幼い朝鮮人のキム兄弟を描いている。兄弟は別々に長野市の松代大本営地下壕の工事現場に強制連行され、弟は事故死、兄は解放直後、キリスト教徒であった弟の死を知り、壕に十字架を刻むというストーリーであるが、近代天皇制国家が仕掛けた侵略の狂気が生み出した朝鮮民族に対する差別の原点を問うている。

彼は、上映会場を出るや、「先生、ああいう映画なんか見せないでよ。おれこうふんしちゃうから。日本人はみな殺しにしたいよ、まったく。」というのだ。怒りがあふれている物言いである。駅前の中華料理屋に入ってからお腹の虫はおさまっても、怒りのほうはいっこうにおさまらない。映画の初めのほうから頭にきて、じっとしていられなくなり、足でどんどん床を叩きたかったという。それは強制連行の場面であったが、一年の「創氏改名」の授業で出てきた強制連行の話と重なって平静ではいられなかったのである。

彼はまた、アボジの気持ちがわかるという。それは映画に描かれている、過酷な差別の中を必死に生きている同胞の姿に、並はずれた苦労を背負ってたくさんの子供達を育ててきたアボジの姿を重ねてみることができたからである。しかし、アボジの話はまだきちんと聞けていないので、今日の映画のことを話しながらよく聞くように言ったのだが、話は聞けず、頭にきて日本人なんかぶっ殺したいというようなことをアボジに話したらしい。しかしアボジには「そういうことは心の中にしまっておいて、お前が一生懸命やればいいのだ」というようなことを言われたそうである。チュニョンにとっては途轍もなくおっかないアボジであるが、このように、彼を優しく諭し、励ましてくれるのである。

「パクと呼んでください」

彼は中学を卒業して以来ずっと仕事をかえずに、現在も勤めているガソリンスタンドで一生懸命働いているが、その職場においても本名を名のれという注文は部落研・朝文研交流会の中でも常につきつけられていた。初めて参加した一年の春の交流会では、朝鮮人だということは隠していないからいいのだとか、パクってみんな知っているからいいのだ等と言って、初めは色々と言い訳をしていたが、最後には名のることを約束していたのである。ところがなかなか実際には名のれず、交流会の度に皆からちくりちくりと批判されていた。

しかし二年生の秋には、「先生、仕事の時にはく靴にだって本名を書いているんだよ」と胸をはってみせることができるようになった。しかし、会社では依然として「としちゃん」である。それは、彼自身が自分の口から本名で呼んでくれとはっきりとは言えないからである。社長はアボジの昔からの知り合いで、お互いによく知っている間柄なので、子供のチュニョンを小さい頃より「としちゃん」と呼んでいるのでそれが自然だと思っているのだ。

その彼が三年生の時も朝鮮奨学会の三泊四日にわたるサマーキャンプに参加したのであるが、戻ってから早速、社長の奥さんと、一緒に働いている年配の人がいるところで社長に、「としちゃんと呼ばれているけどパクって言ってください」と、やっと言っていくことができたのである。

サマーキャンプの最後に三人の生徒が、参加者全員の前で二学期から本名で頑張ると元気で話しているのを聞いて、「すごくゆうきがあるなあと思って、自分も会社でちゃんとしなくちゃと思って言ったんですよ」と、にこやかに話してくれる。「自分ではもう本名にしていると威張っていたではないか」と意地悪く反問すると、「いや、ちがうよ、いままでもそのたびに本名でって言ってたけど、くぎりとして言わないとって思うようになったんですよ。先生はすぐそうやって人をついきゅうするんだから、もー」と、可愛い大きな目をぎょろりとさせる。

この年の彼のサマーキャンプに対する参加態度は、「去年はふらふらしてた感じだったけど、今年は参加する心がまえが去年とちがってて、ちゃんとしてたよ。もう三年生だからちゃんとしないとっていう、じかくがでてきたんじゃないのかなあ」と本人が言う通り、去年とは確かに違っていたようである。奨学会の人たちも、今年のチュニョンは去年とはうってかわってだいぶ落ち着いた感じで参加していたと教えてくれた。このような彼の参加の仕方が、サマーキャンプでの討論等の中で、自分自身を素直にみつめ直し、己の逡巡を断ち切って朝鮮人として生きていくんだという、同胞の子の再生していこうとする姿に共鳴して、彼を一歩前に歩ませたのだと思う。このことは、彼が自分の手で自分の道を切り開いていこうとする意志を、自分のものにしつつあるということの証、とみてよいのではないかと思う。

サマーキャンプの報告を聞いてから一週間ほどたって会ったとき、彼は得意そうに、「先生、僕、ちゃんと本名でやってるからね」と言ってきた。本当に会社の人たちはパクと呼んでいるのかと聞くと、呼ばれていないという。それでは駄目ではないかというと、「うん、またあした言ってみようかな、……ゆうきだして言ってみるよ」と言う。私は、かつて、カン・ヂォンフンという生徒が職場でも本名を取り戻していくときに、日本名で呼ばれたときは返事をしなかったり、自分で本名を書いた名札を作ったりしていく中で日本人に本名を呼ばせていった話をしてチュニョンを励ました。

その数日後、社長の奥さんの話を聞くことができた。「木下君とかとしちゃんとか呼ばれているけれども、本名で呼んでくださいと言ってきたんですよ。それを聞いてあの子はずいぶん大人になったんだなあと驚いてしまいましたよ。自然とそういうふうに言えるようになってきたんですからね。でも私達はちっちゃいときからとしちゃん、としちゃんできましたからねぇ」と。驚きと困惑を示しながらも彼の成長を見て取ってくれたことはうれしかった。その日はちょうど部落研・朝文研交流会の恒例の夏合宿の第一日目で、仕事の終わった彼と待ち合わせをして会場に向かったが、その道すがら彼は、ガッツポーズをするときのような表情を見せながら次のように話してくれた。「先生、きょうね。僕はタイムカードにハングルで本名をかいたんですよ。そしたら社長が『これなんだ』って言うから、『これはハングルでぼくの本名を書いたんです。パㇰ・チュニョンです。これでお願いします』って言ったんですよ」と。それでちゃんとパㇰと呼んでくれたのかと問うと、うんと言う。奥さんはなんと言ってたのかと問うと、えらいねえと感心していたと言う。これらの話を聞いて午前中の奥さんの発言の背景がよく理解できたが、それよりも何よりも、彼が自分の力で、自分の創意工夫で職場でも本名をなのって頑張っていこうとしている真摯な姿に心打たれるものがあった。

しかし日本人の側はやっぱり度し難い。朝鮮人の側が胸の高鳴りを抑えながら、必死になって本名を取り戻そうと努力しているのに、その姿が全く見えてこないのである。九月も半ば過ぎの頃、会社での様子をきいてみると、「だめだよ。ほとほとあいそうがついたよ。あの会社やめようかな」と言ってくる。「パㇰって呼んでくださいって、ちゃんと言ってるんだろ」ときくと、「うん、でもそれでおわり」と言う。「難しいとか、言ってるんだろう」ときくと、「うん、むずかしいわねって言ってるよ」と教えてくれる。年配のおじさんなどは、依然として渾名《あだな》の「ポコリン」である。

民族音楽にふれて

「ぼくは、中学校までは、日本の名前でいっていました。でも上忍に入ってから本名のパク・チュニョンにしました。なんで本名にしたかというと、入学試験のとき木川先生に出会ってからです。本名をなのるようにいわれて、自分はいろいろなやんで、考えてなのることにきめました。自分は韓国人であるから、日本人のように生きるんじゃなくて、韓国人として、どうどうと生きていきたいからです。そのためには、韓国のことをもっとしりたいと思うようになりました。それで、今度の「朝鮮の民族音楽に親しむチャングとノレの夕べ」では、ただ見るのではなく、自分でもやってみようと思うようになりました。やってみて、韓国の音楽は、すごく楽しいと思いました。だから、ぼくもがんばりますからみなさんも、さいごまで、しっかり見て、おうえんしてください。」

この文章は、上忍の「同和」教育の一環として行なわれた、第二回「朝鮮の民族音楽に親しむチャング（長鼓）とノレ（歌）の夕べ」におけるチュニョンの挨拶である。彼はこの文章を放課後遅くまで残って三日がかりで書き上げた。

この「夕べ」に出演してくれた中心メンバーは、「韓国ＹＭＣＡチャング教室」の人たちで三年前の前回と同じであったが、前回と異なる点は、在校生であるチュニョンが出演してくれたことである。第一回目の時は、本名を名のっている朝鮮人生徒がいなかったために出演のしようがなかったわけであるが、今回はチュニョンが、プク（太鼓）の演奏とソゴ（小鼓）を叩きながらの踊りを演じて見せてくれた。彼は、初めは嫌だと言っていたが、次第にやる気をおこすようになり、夏休み明けから始まった日曜日毎の練習にもきちんと参加し、また、放課後も中村さん（本校の「同和」委員会のメンバー）についてプクの練習に励んで頑張ってくれた。そして当日は全校生徒の前で、照れながらではあったが上記のような挨拶をし、拍手喝采を浴びたのである。

生徒たちの多くはすでにチュニョンが朝鮮人であることを知っていたが、知らない人たちも少なからずいたので、彼は全校生徒の前で、自分が朝鮮人であることを明らかにしていったことになった。その結果は、予想していた通りに「夕べ」に対する日本人生徒の受けとめ方に親しみを感じさせるものとなった。それは彼の学年は言うに及ばず、たとえば四年生のある生徒も次のように感想文を書いている。

「今回これで、朝鮮民族の音楽を聞くのは二回目となります。久しぶり、三年ぶりに聴くんだと思いますが、なつかしくてわくわくしました。

特に思ったのは、パク君、中村先生が、朝鮮音楽の仲間に入って一緒にやっているのには感動しました。よくよく見てみると、パク君の顔を見て〝自分は朝鮮人でよかった〟と言っているみたいだった。それに、仲間にはげまされながら楽しく楽器をならしていた。『よかったなパク』と、僕は心にそう感動しました」。

この事実は、朝鮮人生徒をもっともっと鍛えていくことで、日本人生徒の朝鮮認識を深めていけることを示しているだろうと思う。

彼は、自分が上忍に入ってから朝鮮のことを少しずつ学び始め、朝鮮人である自分の生き方を考えるようになってきた。そして自分自身でも、高校に入ってからの自分がだんだん成長していることを自覚してきている。例えば部落研・朝文研交流会に参加しても、一年生のころは人の話をきちんと聞くことができなかったが、二年生になってからは変わっていく。「もう二年生なんだから、人の話をきこうと思ってきくようになって、それで自分は韓国人の生き方を学んでせいいちょうしてきた」のである。

そのチュニョンが、「もっともっと韓国のことをしっておかなくちゃだめだとおもうようにな」り、はじめは出演したいとは思わなかった上忍での「朝鮮の民族音楽に親しむチャングとノレの夕べ」にでることになった。

「初め、でるようにいわれたときは、僕がやってもまちがえるだけだと思って、少しはやるきがあったけどいやで、だけど、なせばなるという話があるでしょ、それでやるようにいいしきが、すうだんアップしちゃったよ。みんなもおうえんしてくれたから、自分が韓国民族の一員だという気持がわいてきて、やってよかったよ。アピールするときは、全校生のまえだから、すごくきんちょうしたんだけど、がんばってみんなの前でアピールできて、すごくうれしかった。僕は、本名を名のっているから、そういうことができたんで、自分の気持、すごくうれしかったです」。

この上忍での経験が自信となって、十二月に行なわれた朝鮮奨学会主催の「ウリ文化祭」に参加できるようになった。東京及び近県の同胞の奨学生たちと一生懸命練習に励んで大阪へ行ってきたのである。彼は文化祭の前日に大阪について一人で練習していたそうである。彼らは、分断された祖国を一つにすることをテーマにした「ミュージカル　路」という出し物をやった。その中で彼は、日本の支配から解放された喜びを現わす場面でソゴをやり、また、一昨年の五月、幕張メッセでおこなわれた世界卓球選手権大会における朝鮮の統一チーム対中国の試合をコミカルに表現した寸劇にも登場した。

私も彼の出演を楽しみにして初めて「ウリ文化祭」に足を運んだ。大きな会場で見る彼の姿は小さかったが、多少はにかみながらも真剣そのものの彼の表情は鮮やかにスポットライトに照らしだされていた。「リハーサルのときはすごくきんちょうしちゃったけど、やるだけやってみたら、まあまあできたので、おもしろかったし、自信がついちゃいましたよ。朝鮮の民族音楽は、おもしろいし、朝鮮の明るいふんいきもわかったし、だから、またきかいがあったらやってみたい」というチュニョンの顔はとても愛らしかった。

「社長にパクと呼ばせた。」

三年の終わり、一九九二年二月二十四日、ついに彼は、社長（所長）にパクと呼ばせた。会社でも本名をなのることになった彼は、その間の経緯を次のように綴っている。

「三年の二月に会社でも本名をなのりました。最初は日本名でいっていましたが、三年生のときのサマーキャンプがきっかけで、本名にできました。サマーキャンプで、同胞の子達が学校にもどったら本名にするといっていたので、僕は、まけていられるばあいではない、会社でも本名にしなければならないと思いました。早くじっこうしなければならない、帰ってすぐに、所長にいいました。でも、よんでくれませんでした。でも僕はくじけないでいいました。いつも『としちゃん』っていわれていましたが、へんじをしませんでした。絶対に本名をよんでくれるまでがんばろうと思いました。

会社のタイムカードの日本名のところに박준영ってかきました。所長にこれなんだといわれて、これが本当の名前です。こんどからこの名前でよんでくださいといいました。そうしたら所長は、読みにくいから『としちゃん』でいいんじゃない、といいました。そこで僕は、なにがなんでもちゃんといってもらいたかったので、『としちゃん』といわれてもへんじをしませんでした。僕は『としちゃん』じゃないです。僕は박준영です。これしかないんですと、いいかえしました。

こんなことがずっとつづいて三年の二月にやっと、会社の人達によんでもらいました。うれしかったです。ここまであいてがしぶとかったので、すごく感動しました。木川先生にたよらないで、僕自身でやってみたいと思って、じつげんできたのでじしんがつきました。」

この文章からは、自分自身の力でなんとかしようと必死になっている彼の表情と姿が、くっきりとした輪郭を描きながら目に浮かんでくる。会社においても本名でいけるようになった直接のきっかけは、前日の第二七回部落研・朝文研交流会であった。そのときは全体会の報告者として参加していたが、討論の中で本名のことを問われ、会社の人達に対しては一生懸命言っているのだが、なかなかわかってくれないということを彼はみんなに話してこぼしていたのだが、最後には、明日またパク・チュニョンと呼んでくださいと言ってみるという決意を披瀝して家路についたのである。

ところで、そうなるまでに彼は、今までは考えも及ばなかった自分との厳しい闘いの連鎖を耐えぬいたのである。入学式で本名を呼ばれたとき「きがどうてんしてしまったのでめのまえがまっくらになってしまって、あとのことはなにもわかりません」という状況になり、私に対して「なにが本名にしろだ、コラ！」「なんで、担任でもないのに、本名にしろっていうんだ！」と心の中で叫んでいた時の彼は、遥かなる山の端に沈んでいった。そして、本名になり朝鮮人としての自覚がでてきて「心の中が平和になりました」というパク・チュニョンが、大きなその姿形を私達の前にぐんぐんと現わすようになってきたのである。

四年生に滑りこんだ彼の最後の一年間の大きな課題は、自分の歩みを整理して、更に大きな朝鮮人として自分自身を鍛えていくことであった。そのために毎週一回放課後、自分の今までの歩みを書いていく作業を始めさせていった。

いつも次回の課題を与えておくのだが、なかなか一人では整理ができないので、机の上は消しゴムの滓《かす》だらけ、仕事で鍛えられた太い指も、原稿用紙も鉛筆の芯ですぐ黒くなってしまい、原稿用紙が半分しか埋まらないこともしばしばである。しかし、懸命の努力の甲斐が実を結んで三十枚近くの「大作」と言っていい、『パク・チュニョンとして生きはじめて』をやっと書き上げることができた。

そしてこれを基に、今年の五月二十三日に、母校上忍で行なわれた第三十回の部落研・朝文研交流会で報告し、多くの後輩達を励ましていったのである。

現代社会の授業から

ところで、朝鮮人生徒に本名でいくことを迫った側の責任を忘れてはならないだろう。すなわち、朝鮮人生徒を取り巻いている圧倒的多数の日本人生徒に、朝鮮のことを十分に考えさせ、在日朝鮮人生徒が本名で生きることの意味や、朝鮮人問題というのは本質的には私達日本人自身の問題であるということを理解させていかなければならないのである。

そこで私は、彼の一年生の時の現代社会の授業で（四単位中一単位）一年間を通して朝鮮問題を考えさせていった。

新任教師として前任校の南葛飾高校定時制に赴任して間もなく、四年生の在日朝鮮人生徒、金《キム》の関わった暴力事件の職員会議における報告を、他の教師たちと同様に私は聞き流していました。そして、金が卒業を間近にして退学していたことを知るのは、数年後、私が朝鮮人生徒とつきあうようになってからのことでした。

日本人の冷たい視線をあびながら、本名をさらして必死の思いで学んでいたであろう金の、口惜しさを体いっぱいに表わして学校を去っていったであろうその姿を、私の中でイメージできるようになったのは、差別の重圧に押しつぶされそうになりながらも、かろうじて吾が身と心を支えている部落や朝鮮の子供たちによりそい、彼らと共に歩んでいる兵庫、広島、福岡などの教師たちとの出会いに触発されて、私がはじめて受けもった朝鮮人生徒である李と、自分の存在をかけてむきあいはじめてからのことです。

『俺が朝鮮人だってクラスのやつらにばらしたらしょうちしねえぞ！』『朝鮮朝鮮ってしつっけえな！ぶっとばすぞ、この野郎！』と、荒々しく私につかみかかってきた李は、赤ん坊の時から中学を終えるまで施設で育ち、学校へ行けば家庭を持つ子供たちからバカにされ、施設の中でも『チョーセン人！』とバカにされ、差別されていました。負けん気が強く、やられたらやりかえす腕力をもっていた彼は、やりかえすのですが、しかえしに集団リンチを受けたりして、荒れすさんでいた生活を送っていました。南葛定に入り、挫折をくり返しながらも、クラスの生徒たちに支えられて、心根のやさしさを取りもどし、朝鮮をかくさず、朝鮮人としての自分の生き方を、しっかりと見定めていくようになります。

この李との関わりをきっかけにして、私の観念的でうすっぺらな、というより、ゆがみきっていた朝鮮認識がしだいに正されていくと同時に、朝鮮（人）問題を自分のこととして、どう考えていくべきかという問いに気づくようにもなりました。言い方を変えれば、この私自身の変容がなければ、李のふところ深く入ることはできなかったと言えるでしょう。

もちろん、この問いに十分に答えていくということは、とても簡単なことではありません。しかし、少なくともこの問いから決して目をそらさないという誠実さだけは持ち続けたいという思いで、以後、十三年という時の流れをきざんできました。おかげでこの間、在日を生きる多くの朝鮮人生徒や、そのアボジ（父）、オモニ（母）たちと出会ってきましたが、彼らの多くが、私たちの想像をよせつけぬ、涙なくしては語れず、また、聞く側も涙なくしては聞くことのできないこの世の地獄を、私たちの思いもよらない強《したた》かさで生きぬいている事実を目のあたりにして、やわな生き方をしてきた私という人間を、ずいぶんきたえ直すことができました。

私の朝鮮へのこだわりは、私の生き方に対する、私自身のこだわりになりつつあるようです。

この文章は、初めての授業で私の朝鮮との出会いを話した時のレジュメであるが、この時は何故朝鮮にこだわるのかという問題意識を明確に提示していった。それは、本名のことで揺れているチュニョンを、より辛い立場に追い込んでしまうであろう「なんで朝鮮のことばっかりやるんだ。くだらねえ」という日本人生徒の反問を予め封じ込めておくためであった。（※授業内容、生徒の感想については省く）

とまれ、チュニョンの一年生の時の授業では、多くの生徒達が朝鮮のことについて真剣に考えてくれたこともあって、チュニョンもチュニョンとして立つことへの迷いを断ち切り、踏ん切りをつけることができたのだと思う。

おわりに

「僕は、この四年間にいろいろなことがありました。いいことがあったり、すごくかなしいことがありました……いいことは、自分は韓国人なんだから、日本名ではなく本名で生きていくことが、あたりまえだということがわかったことです。それで、だんだん僕は、自信がついてきました。本名で生きていくのは、僕達、朝鮮人の人生にとってひつようなことです。うそをついてかくしていると、自分がみじめになるだけです。でも、なのってても、朝鮮人としてのじかく、なかみがないとだめだと思います。僕はこれからも、すこしずつ朝鮮のことを勉強していこうと思っています」。

「大作」をこう結んだパク・チュニョンのこれからの人生には、越えなければならない重畳たる差別の山並が聳《そび》えたっているだろう。その険しい道を踏破していくことは決して容易なことではない。幾度となく躓《つまづ》いたり、滑ったりするに違いない。しかし彼はこれに臆することなく、これからも自分に対して誠実に、本当の自分と向き合って生きていこうとするだろう。

私はと言えば、そういう彼と共に歩むことのできる自分であり続けたいと切に思う。

今年の二月、ついに彼は、社長にパクと呼ばせた。

（出典・『東京都同教ニュース』第三四号、一九九三年十一月）

5　「凍れるいのち――国家に棄てられた生命の再生を求めて」を試みて

演劇の取組みから出会えた在日朝鮮人生徒のこと

私は二年生の一学期後半から、クラスの生徒達一人ひとりに、演劇の発表は、「中国被捨置邦人[(註)]」の問題を主題にしたものをやるということを、話し始めていました。それは、いきなりそういう主題の演劇をやると言っても、かならず反発が沸き起こり、福全《フーチゥェン》を苦しい立場に追い込んでしまうであろうという予想が、残念ながら否定できなかったからです。

（註）「中国残留邦人」は、当時の四囲の状況を勘案して自らの意志で中国に残ったという理解になりますから（実際この言葉を使い始めた厚生省はそのように理解しています）間違った言葉の使い方ということになります。歴史的な事実は明らかに、日本国家に見捨てられた結果として日本に帰ることができず、やむをえず中国に残った人達なのです。したがって「被捨置」という言葉を使うべきではないかと私は思っています。

Nには一学期の終わりの面接の時に話しました。彼女は当時四年生であったお姉さんにすすめられて二年生の時に編入学してきた生徒です。彼女はある都立高校の全日制に通っていましたが、学校に魅力を感じないまま退学し、その後社会人として様々な経験を積んで南葛に入ってきましたが、入学の目的は、「自分の道を見つけたい」というものでした。その言葉通り、入学以来一生懸命勉強している姿を回りの人達にはっきりと印象づけていました。ですから何の手もかからない、いわゆる出来の良い生徒でした。

彼女は演劇が好きで演劇の授業をとても楽しみにしていました。その彼女に、演劇の発表でやる主題について、何故そのような主題でやるのかということを縷々《るる》説明していきました。クラスには福全という中国人生徒がいるが、たまたま彼がいるのではないはずだ。なぜ彼がこの日本にいて、南葛に通ってきているのか。そのことをよく考えてほしい。彼のおばあちゃんは十六歳の少女の時、開拓団として旧「満州」に渡りそこで地獄の様な敗戦前後の状況を生きぬき、中国人に助けられ、そのまま帰国することも出来ずに中国で生きることになった人だ。そのおばあちゃんが年老いて来て望郷の念断ち難く日本に帰国することになり、孫の福全も日本に来るようになったのだ。そして日本へ来てからも被差別的な体験を色々経験している。そういう意味で福全という人間を周りの日本人生徒達が理解していくということは、そういう彼の背負っている歴史を丸ごと理解していかなければいけないのだと、大略この様な話をした後、朝鮮人も大変な歴史を背負ってるんだ、否、日本人によって背負わされているんだ、という話をしながら、私が今まで出会ってきた在日朝鮮人生徒達がどのような人生を歩いてきたのかということについて丁寧に話していました。

すると彼女は突然、「先生、実は私のお父さんは韓国人なんです」という言葉を発したのです。お父さんのお父さんは朝鮮人で、お母さんは日本人だと言うのです。そしてお父さんは、彼女のすぐ上のお姉さんが高校に入る時に、三人姉妹の子ども達と一緒に帰化しているというのです。自分はその時初めて「ああ私は朝鮮人だったのか」と思ったそうです。しかし、帰化後の生活はそれ以前と全く変わらず流れていたので、自分が朝鮮を意識することはなかったと言います。

初めに出会っていた彼女のお姉さんは朝鮮人ではないだろうか、とは少しも思っていなかった私は驚きました。お姉さんは、二年生の時に人権科（一年から四年まで各一単位）の私の授業を受けていました。二年の人権科は朝鮮問題を学ぶことになっていましたから、彼女も一年間朝鮮のことをしっかり勉強してきたのですが、その中で彼女は自分が朝鮮人であることをおくびにもだしませんでしたし、三年生の時も選択で私の歴史の授業を受けて、日朝関係史を学んだのですが、その反応から受ける彼女の印象は、勉強熱心で出来の良い日本人生徒というものでした。朝鮮人であるということを徹頭徹尾隠していたのです。そういう人の妹から「実は私のお父さんは云々」と聞かされたわけですから驚くのも当然といえば当然でした。しかし勿論、新たな朝鮮人生徒との「唐突な」出会いに、私は大きな喜びを感じていました。

その後の彼女は、「お父さんは朝鮮人」ということだけで「私も朝鮮人」という意識は極めて希薄でしたが、外文研※の夏季合宿には参加できなかったものの、九月からは欠かさずに外文研にでるようになりました。

※外文研　朝文研はさまざまな外国にルーツを持つ生徒が増えてきたため、外国文化研究会（外文研）と名称を変えた。

その彼女の中には〝朝鮮〟なるものは何もありませんでした。しかし、外文研の話し合いの中で少しずつ朝鮮のことを認識していくにつれ、自分の意識の奥底に固く閉ざされていた〝朝鮮〟もほんとにわずかずつですが蘇ってくるのでした。

そういう中で、家庭訪問に入りますと、実は、お母さんも朝鮮人であることがわかりました。お母さんの場合は、お父さんは日本人で、お母さんが朝鮮人ということでした。そのためお母さんは初めからお父さんのほうの日本国籍であったために、彼女はお母さんが朝鮮人であることを知らなかったわけです。お母さんも朝鮮人であることを家庭訪問のあと彼女に教えると、彼女はとってもびっくりしていましたが、そういえばお母さんは朝鮮の歌が好きでよく聞いているとか、おばあちゃんは、何か私たちにはわからない言葉をしゃべっていたとか、少しずつではありますが、自分の中の〝朝鮮〟を手繰り寄せていきます。「でも私は日本人だ。朝鮮人として生きていくなんて考えられない」という意識は強烈なものがありました。

そんな彼女が演劇の台本の骨格もできて発表にむけた本格的な台本読みの取り組みになっていく中で、演劇の感想を問うと「私のおばあちゃんもこんな大変な時代を生きていたのかというようなことを考えるようになって、今までよりも朝鮮のことが身近になってきました」と答えるようになっていました。

そして、演劇の終わった頃には、見事に翻身をとげていたのです。彼女は一年間の総括として次のように言っています。

「今まで一七年間、私は自分が朝鮮人だと思ったことは一度もなかった。朝鮮人の血が流れていても、日本で生まれ育ったから日本人だって自分で納得していました。でも南葛で朝鮮のことをいろいろ勉強してきて、自分にとって、朝鮮が身近に感じられるようになって、もっと朝鮮のことをしりたくなった。せっかく、日本と朝鮮の血を受けついでいるなら、朝鮮をもっと身近なものとして考えられるようになりたい」。

このようにのべた彼女の姿に、「でも私は日本人だ」と言い続けていた以前の姿を重ね合わせることはとてもできません。嬉しい限りの変容ぶりです。

とまれ、演劇で中国被捨置邦人の問題に取り組んだことにより、Nとの貴重な出会いを体験することが出来ましたが、そのことは、生徒達の抱えている本質的な課題に挑戦していくということは、その取り組みの中で、新たな本質的な課題を発見することができるということを、あらためて認識させてくれたように思います。

三年生になったら、Nのことをクラスの課題としなければならないでしょう。そうすることによって、クラスの生徒達にとっての朝鮮も、彼女自身の朝鮮もより豊かで、深みのあるものになっていくと思います。そうなるようにしなければならない担任としての力量が厳しく問われる年になりそうです。

朱福全のこと

中国黒龍江省方正県の小学校一年生だった福全は、先に日本にきていたお婆ちゃんとお爺ちゃんを追って、お父さん、お母さん達と一緒に日本に来ました。そして小学校、中学校をおえて南葛に入ってきました。

彼と初めて会ったのは、南葛では本名で学んでほしい旨のことを話すために、入学試験終了後に彼を呼んだ時でした。彼は日本に来て小学校に入るとすぐ日本名になり、それ以来ずっと日本名を使って生活してくるのですが、自分の名前について考えたことはありません。ただ日本にきて以来ずっと日本名なので別に日本名でもいいと思っているのです。そこで私は、日本人の多くは中国人や朝鮮人に対して、中国人、あるいは朝鮮人と当たり前に認めて向き合うことができない。そのために平気で人の名前を変えてしまうのだ。本名にして何か問題が起こったら大変だとか、日本名のほうが周りの日本人の子に溶け込めて学校生活がうまくいくので本人のためにもよい等と、もっともらしい理由をつけて。君は中国人の朱福全なのだから、その名前をしまっておいて日本名を使い日本人のような顔をして生きるということは、おかしいのではないか。というようなことを彼に話していきました。すると彼は、「僕は別にどっちでもいいです」と答えてくるのでした。

そのあと、南葛では外国人生徒はみんな本名で学ぶことになっていることを説明すると、彼は本名でもいいですと言って帰りました。しかし、その意味まで考えての納得ではありませんでした。彼は後日、「また中国の名前を使うなんて思ってもいなかった」と言っていましたが、日本に来た一人の中国人の子どもが何も考えることなく、自分の名前を日本名に変えて、それが当たり前のことだと思い込ませてしまう日本の社会の現実は、変革の対象とされなければならないと思います。とするならばまず、そういう現実を生み出している私達自身の意識の有りようを明確に浮上させ、それを撃っていくという自己変革が私達一人ひとりに求められているはずです。

入学式の始まる前にお母さんから、「日本名でいいですよ。中国語発音難しいから、先生大変ですよ」と言われます。「確かに難しいですが、できるだけ上手く発音できるように僕も勉強していきます。それに、彼には中国人として堂々とこの日本の社会で生きていって欲しいですから」と返していく私は、中国人、朱福全とこれから真剣に関わっていく意志を伝えていきます。彼も側でやりとりを聞いていましたが、最終的にはなんの問題もなく本名でいくことになりました。

実はその前日、私は変な発音をして会場に笑いでも誘ったら彼に申し訳ないという思いを強く抱いていましたので、繰り返し朱福全（zhū fúquán）の呼名の練習をしていました。そこで、お母さんとのやりとりの中でもその成果を披露したのですが、彼に教育されてしまうというひとこまがありました。そこで実際の呼名が上手くできるかどうか不安でしたが、思い切って呼べと自分に言い聞かせてやったところ、結果は自分としては満足できるものとなりました。

私は、初めて中国人生徒を受け持つことになりましたが、前々から中国人生徒を自分のクラスに迎えたら、中国語を勉強しようと決めていました（勿論迎える前から勉強しておくのがいいのですが、その余裕はありませんでしたから）ので、ＮＨＫのラジオ講座を聞き始めていましたが、予習・復習もできず、毎日毎日が睡眠不足という生活の中でうつらうつらしながら聞いていることが多く、なかなか理解が進んではいませんでした。それでも発音は少しずつ頭の中に入ってくるようになっていたことが幸いしたようです。

始まった学校生活の中においては、彼の名前のことで問題になるようなことは少しもありませんでした。しかし、入学してからしばらくして仕事を捜し始めます。履歴書を見ると日本名が書いてありますから、「こんな生徒は南葛にはいないけどなあ」と嫌味を言ってやります。そうすると彼も、「しょうがないなあ」と言いながら書き直します。その後また履歴書を書いている場面に立ち合いましたので、「それでいいの？」と言ってじっと彼を見つめていると、彼は「わかったよ、先生の言いたいことはわかってるよ。しょうがない、書き直してやるか」と言いながら日本名の履歴書を破り捨てて本名で書き直していました。職業安定所で求職カードを日本名にして書くのを見たこともあります。「フーチュェン、始めから堂々と本名でいったほうがいいぞ。学校だってそうだろう。本名で来て後悔してるのか」と聞くと、「後悔してない」と答えます。「それなら書き直したら」と迫ると、「わかった」と言って書き直すのです。本名にはしましたが、その意味がまだよくわからない一年生の彼とは、このようなやりとりをよくしていたものです。もちろん中国のこともいろいろと話していました。また授業でも現代社会の時間に日中関係の歴史を熱心に取り上げ日本人生徒達に問題提起をしてきました。

このように彼に本名を名乗らせたわけですから、名乗らせた側の責任を一つひとつ誠実に果たしていかなければなりません。そこで演劇を「凍れるいのち」にしたわけです。

彼には一番早く、演劇でやるテーマについて話していました。彼の理解なくして私のめざした演劇は成り立ちようもなかったからに他なりません。彼の反応は「先生がやりたければやれば、俺はどうでもいいよ」というものでした。積極的に賛成してくれたわけではありませんでしたが、他方で、ちょっとは関心がありそうな様子でした。しかし、私のねらっていた役については強く反対しました。その役は抗日武装勢力の隊長という重要な役ですから、台詞が長いのです。その長い台詞を覚えることは自分には絶対にできないと言いはるのです。私は、この演劇で福全以外に隊長の役がふさわしい人はいないし、他に福全に相応しい大役はないということを一生懸命説いていました。例えば、この役は福全にさせたい、従ってこういう台詞をしゃべらせたいということを念頭においてシナリオを創っていますから、そもそも彼には隊長の役しかないのです。長い時間をかけて彼を説得してほっと一安心しましたが、後日彼は、「無理矢理やらされた」とよく言っていました。しかし、いざ『凍れるいのち』がスタートすると前向きに取り組んでくれました。初めはやはり反発の声があがっていましたから、周りの人達の反応が気になっていたようですが、後日次のように書いています。「でも、演劇をやっていくうちに、ぼくはだんだんおもしろくなってきました。クラスの人たちもいっしょうけんめいになってきました。／ぼくは、抗日武装勢力の隊長の役をやりました。せりふの少ない役がしたかったのですが、むりやりに中国人の隊長の役をやらされてしまいました。でも、隊長の役をやってよかったと思います。とくにせりふがよかったと自分では思っています」と。

台詞がよかったと言ってくれたわけですが、彼のために台詞を書いた私としても、自分で言うのもおかしいのですが、気に入っています。拘束した開拓団の団長に向かって言う台詞を一つだけ紹介しておきます。

団長、いいか、わしらはお前たちに血も涙もない強盗、つまり匪族呼ばわりされているが、迷惑千万この上もない。わしらの鮮血はいささかも枯れてはいないぞ、人間らしい、実に人間らしい温かい血がわしらの体には静かに流れている。悔しいときに流す涙も、うれしいときに流す涙も枯れてはいない。だから、人間としての怒りを爆発させることができるんだ。人の国を奪い、人の土地を奪っておきながら、取り返されると被害者づらしてあわれみを乞う、お前たちのほうこそ血も涙もない哀れな人間どもだ。

ところで、彼は、お母さんに対して演劇を見にくるなといっていました。そのお母さんが見にきてしまったので激昂し、帰れよ！と迫った。だが、お母さんは帰らずに、涙を流しながら「凍れるいのち」に見入っていたことを伝えると、きまり悪そうに、「自分はいやなやつだなあ」と素直に反省するのでした。

演劇をやることで中国を侵略した日本とそれに抵抗してきた中国の歴史が少しわかるようになってきましたし、お婆ちゃんが十六歳の時に、開拓団の一員として一九四五年の三月に旧「満州」に渡り、わずか五ヶ月で悲惨極まりない逃避行を強いられ、やがてお爺ちゃんに命を救われたということも知っていきます。ですから彼にとってはとても有意義な演劇であったことは間違いありません。演劇に取り組んだことを振り返って書いた彼の文章は、最後を次のようにまとめています。


「自分にこれからなにかあったら、演劇でまなんだ事や、おばあちゃんのがんばった姿をおもいおこして、がんばっていきたいと思います。それから、おじいちゃんの国、中国と、おばあちゃんの国、日本のりょうほうの事を考えていきたいと思います。

もちろん、ぼくは、中国人として生まれ、そだってきたので、これからも中国人として生きていきたいと思っていますし、子々孫々にいたるまで中国人として生きていってほしいと思っています。このように考えてくると、朱福全として生きていくことが正しいのではないかと思うのです。

これからは、本名で生きていくことの意味をしっかりかんがえられるようになりたいと思います。」


今のところ彼は、本名で生きることの確信が十分つかまえられてはいません。しかし、良い方向に向かって悩み始めているように見えます。そういう意味では、南葛入学以来少しずつではありますが、順調に成長していることは間違いないように思います。

「凍れるいのち――国家に棄てられた生命の再生を求めて」を試みて

南葛は二年生に必修の演劇の授業を課しています。したがって、担任は一年生の時から演劇で何をやるべきかということについて考えなければなりません。何をやるべきか、それはクラスの抱えている課題に挑戦することに他ならず、私のクラスには朝鮮人生徒が二人、中国人生徒が一人いましたので課題のひとつは明白でした。それは、日本人生徒達が自分のクラスの中国人生徒や朝鮮人生徒達との出会いを大切にし、観念的にではなく、自分の生き方の中に朝鮮や中国のことをしっかりと位置付けて考えられるようになることですし、当の中国人生徒や朝鮮人生徒達にとっては、本名を大切にし、中国人として、あるいは朝鮮人としての自分の生き方を、真剣に考えていけるようになることです。

そのためには、具体的にどのような主題の演劇を試みようかと色々考えてみましたが、今回は、中国を主題にした演劇で、かつ、朝鮮も重要な位置を占めるような演劇をやってみようと思いました。それは、南葛では今までに朝鮮問題を主題にした演劇はいくつかあり、私もかつて『創氏改名』というシナリオを書いたことがありま す。しかしここ十年ほどは、朝鮮人生徒よりもむしろ中国人生徒のほうが多く入ってくるようになっているにもかかわらず、中国を主題にした演劇は一度もなかったからです。

それではどのような内容のものにするのか、またあれこれと様々なことを考えてみましたが、結局は、中国被捨置邦人の問題を取り上げてみることにしました。それは、クラスの中国人生徒が中国被捨置婦人の孫にあたるからです。そしてまた、中国被捨置邦人の問題となれば舞台は言うまでもなく旧「満州」です。そこには朝鮮人が昔から多く住んでいましたし、特に日本の朝鮮侵略の結果、生活の糧を求めて止むを得ずたくさんの朝鮮人が移り住むようになっていました。その上「開拓」のために多数の朝鮮人が日本によって送り込まれてもいました。ですから、日本と中国・朝鮮、この三者の絡み合いの演劇が創れる〝場〟でもあったからです。

ところが、このような問題を考えるためのシナリオはありませんでしたので、覚悟していた通り自分で創ることにしました。これは、演劇の発表のおよそ一年前のことです。

シナリオを構想するにあたって、まず近代の日中関係史、とりわけ日本の中国侵略の過程を学び直し、それからたくさんの満蒙開拓団関係の文献にあたり、さらに、中国人生徒のおばあちゃんの聞き書きをしていく作業を積み重ねていきました。この基礎作業が三月から夏休みいっぱいかかってしまい、九月からいよいよシナリオを書き始め、演劇の市民講師・菊地信吾（竹内演劇研究所）さんにいろいろと注文をつけられ、尻を叩かれながら悪戦苦闘して十月半ばにシナリオの骨格はやっとできあがりました。それを毎週一度の演劇の授業（二単位）が終わるたびに書き直していくという、きつい作業が続きました。

そして冬休みに入るまでに完成一歩手前のシナリオを書き上げ、休み中に生徒達に目を通しておいてもらおうとしたのですが、間に合わず、冬休みに数日ずれこんでやっとできあがり、生徒達に取りにきてもらうことになってしまいました。

演劇の授業と平行して現代社会の授業で取り組んだこと

当初の演劇の授業に対する生徒達の向き合い方は芳しいものではなく、「恥ずかしくてこんなことやってらんねえよ」「学芸会は小学校でおわりなんだよ」「かったるいよ演劇なんて」「こんなことなんで授業でやんの。全然意味ないじゃん。ばかみてえ」等といった反発の声が絶えませんでした。台本の骨格が出来上がり、いよいよ自分達がこういうものをやるのだということがわかった段階でも、「なんでこんなかたっくるしいやつをやんなきゃいけねえんだよ。社会科の授業とおんなじじゃねえか。もっとおもしれえのをやろうよ」といった調子です。

しかしそういう声にたじろいでいては、先に述べたクラスの課題と向き合うことは到底できません。生徒達の不平不満の声が吹き上がってくることは当然予想していたことですから、問題はそれをどう封じ込めるのか、ということでした。そのために前もってこういう主題の演劇をやるということを生徒達に話していたわけですが、演劇と平行して二学期後半には、現代社会の授業で中国被捨置邦人の問題を考えていくことにしました。

実は、一年生の三学期にも南京虐殺の問題と中国被捨置邦人の問題をとりあげ、最後に卒業生の戴秀穎《タイシュエイ》の答辞を学んでいるのですが、勉強して自分のクラスの中国人生徒のことに言及した人は誰もいませんでした。その時は、私のほうから意識的にクラスの中国人生徒のことを考えさせようとは思いませんでした。それは、二年生になったら演劇でそのことを追求しようと考えていたからです。逆に生徒達のほうから、中国被捨置邦人の問題を学んで自分のクラスにいる中国人生徒のことについて考えてくれることを期待していたのですが、残念ながらそのようなことはありませんでした。

戴秀穎と同じ立場にいる中国人生徒、朱福全は「彼女は戸籍上は日本名なのに戴秀穎として生きている。彼女は中国人としてのほこりがつよいんだなと思う。ぼくはまだそこまではいえない。／戴秀穎さんは自分の事をしっかりかんがえる人、僕もみならいたいと思っています」と書いています。

それぞれの生徒達がそれなりに考えてくれたことは確かなのですが、全体的には、満足できるものではありませんでした。それに一年生の時に授業を受けていない転編入生や留年生もいましたので、現代社会では、一からやり直していきました。

まず初めに、中国被捨置邦人の問題とは何かということを「残留」という言葉の使い方と対比させて考えました。それから、何故そのような問題が今日まで未解決のまま放置されてきたのかということを、一九四五年から今日までの日中関係史の中にその解を求めていきました。その次に、そもそも何故そのような問題を生み出してしまったのかということをさぐるために、近代の日中関係史、とりわけ十五年にわたる日本の中国侵略戦争について学びました。そしてちょうどこの頃、つまり、一九九六年の十月の終わりから十一月にかけて中国被捨置日本人孤児の訪日調査がありましたので、新聞の切り抜きをたくさん用意して、この問題が今現在の私達自身の問題であることを考える資料としました。そして最後に、朱福全のおばあちゃんの聞き書きの記録をやるつもりでしたが、三学期は演劇に時間をとられてしまい、結局、最後におばあちゃんの話の感想を書いてもらい授業を終えました。

台詞は長いし、言葉は難しいのです。ですから私自身、演劇を創っていく過程で短くしたり、わかりやすくしていく努力をしていたのですが、その私のスピードを遥かにこえて、生徒達は内容を理解し、台詞を頭に入れていったのです。その集中力には本当に驚かされてしまいましたが、やはり、それが可能になったのは、現代社会の授業での取組みがあったからではないかと思います。

必死になっている自分に驚く生徒のこと

いよいよ発表まで残りひと月も切り、秒読みの段階に入っていきました。さすがにこの頃になるとみんな真剣そのものです。ＨＲの時間と私の現代社会の授業二単位は演劇の練習に充てていきました。それでもシナリオが長いのでふたつのグループに分けて、演劇の「問題児」を含むほうの練習を私が見て、もうひとつの福全や朝鮮人生徒天洙《チョンシン》達のグループは、生徒達に任せました。彼らは隣の部屋でやるのですが、彼らは遊びながらやっているのかなと思わせるところが初めはありましたが、お互いに、演技についてああでもないこうでもないと大きな声で言い合っていたようです。福全や天洙等は、家では練習をしません。初めは、殊勝にも家でも練習しているのだろうと思っていました。そうでなければ到底覚えきれない台詞ですから。ところがどうも真相は、学校での練習だけで台詞を頭の中に入れていたようです。この彼らの集中力には非常に驚かされました。

ずっといい加減に演劇に関わっていた朝鮮人生徒の李春花《リチュナ》は、別人のように変容していきます。私の手があいていれば、「先生、練習するから一緒にやって」と言ってきます。そしてもう一回、もう一回と言って来るのです。そして他の生徒の演技に注文があれば、そこはこうした方がいい、ここはこう言った方がいい等と少しも遠慮せず積極的に動くようになってきました。また、Nさんが一時失踪していた時は、私がやろうか等と言ってくれていました。もっともNさんの代役をやるについては、如何せん時期がずれ込み過ぎていましたが。その彼女は、演劇に取り組んだ感想を次のように記しています。

「今年、初めてこの南葛で演劇というものを体験した。／初めて台本を読んだ時、「なんだこの内容ふざけてるじゃん。こんなかたくるしいのやってらんないよ」って思った。だから授業もあんまりまじめに受けようとは思わなかった。てきとうにやっててきとうに終わらせればいいんだなっ!!って思ってた。でも三学期になって役が決められて……。自分の役というものをいかにわからせようかと、必死になっている自分におどろいた。セリフをおぼえて……おぼえたらここはどんなふうに言ったらこの人らしいんだろう。どうやってみんなに気持ちを伝えよう。とか……。だんだん演劇に楽しみをおぼえてきた。先生に「チュナは声がとおるからもっと自信を持て!!」っていわれた時は本当にうれしかった。日曜日とか学校にきて練習して、みんなのをみて「あーここはこーいったほうが楽しいんじゃないかなぁ〜」とか思ったりして。／いない人の所を台本みながら練習したりして。／本番はとにかくきんちょうしまくった。／すご〜くドキドキして……。声だけの「ゆきー！」ってところなんかでもきんちょうしておちつかなかった。自分の出る場面なんか客席を見るよゆうなんか一つもなかった。おぼえたセリフが頭の中でグルグル回って。セリフはまちがえるし……。最悪だった。でも終った今となっては、もっとちゃんと練習して演劇の楽しさを早くわかることが出来なかったという後悔と、最後の最後に演劇をおもうぞんぶん楽しめたうれしい気持ち、満足感がある。／もしこれから先にこんな楽しい気分をあじわえる時があれば、今度は初めから自分で進んでいくと思う。」

春花はこのように、とっても正直に自分の演劇に対する関わりを書いてくれました。私は彼女に応えて、年度末の通知表に次のようなコメントを認めました。

「演劇『凍れるいのち』、ご苦労さまでした。菊地先生の前の演劇の先生は、チュナは「自分がその役をやることを受け入れて、ちゃんと立っていた」と言って誉めていました。また、「みんなの声がすごく柔らかいのにとても感動しました。ああいう声はプロの役者にはだせないですよ。きっと自分の生きていることとつながっているんだと思いますし、先生と生徒とのつながりの中ででてきたものではないかと思います」とも、言っていました。さすがはプロの見方だなと感心してしまいましたが、言われて振り返ってみれば、チュナの声が印象的だったなと思います。甲高い元気なチュナの声がいつも耳に残っているからかも知れませんが……。

見た人も、演じた人も「満足感」を味わえてとてもよかったですね。特にフーチュェンのお母さんが、感動して見てくれたことは、ほんとにあの演劇をやってよかったと思いました。私のなかでは、ファとフーチュェンのお母さんとは重なって見えてくるのです。フーチュェンのお母さんは、とても人としての温かさを感じさせてくれる人なので、おそらくお母さんも、自分とファとを重ねて見ていたのではないでしょうか。それはともかくとして、ファの役割はあの演劇ではとても大事なのですが、そういう大役をチュナが堂々と演じてくれたので、非常にうれしかったです。

ちなみに私の好きな台詞は、「困ったときは素直に人様に助けられる。困った人を見たら誠心誠意その人につくす」。「人間はお互いに認めあい、助けあうものなんですよ」。「ここであなたがたを見殺しにしたら、こんどは私の心が傷つき、その傷は疼き、一生私を苦しめ続けるでしょうから」などですが、チュナはどうですか。

たしかにこの日本の社会では、朝鮮人として本名で生きていくことは、大変なことですね。少なくとも、実利的にはなんの足しにもなりません。しかし、朝鮮人として自分らしく生きるということは、実利的なものとは関係ありませんよね。日本の社会の朝鮮人に対する冷たさや差別と偏見などに負けずに、いつでも、どこでも、リ・チュナとして胸を張って生きられるように自分自身を一生懸命磨いてください。」

彼女は、日本人の開拓団に土地を奪われ、その上、父親が「匪賊」をかくまったために日本軍に殺されてしまったにもかかわらず、日本人の避難民達を救う中国人女性、ファの役を演じました。私は、周りの人達との人間関係がうまくいかず、いろいろと軋轢を作り出していた今までの彼女に、ファのような生き方をしっかり学んでほしいと思い、ファという人物を描き、「私の好きな台詞」を語らせてみたのですが、彼女は私の意図をけして十分とは言えませんが、受けとめてくれたと確信しています。

演劇の発表を迎えて

いよいよ発表の当日になりました。私のクラスは後半に出演することになっていたのですが、驚いたことにみんな表面上は平静を装って待機していました。昼間の仕事で疲れて寝ている人、最後の練習に努めている人、もう大丈夫と自信にあふれている人、気持ちを落ち着けるために他愛のない話に興じている人達と、出番を待つ生徒達の姿はさまざまでしたが、おしなべて私よりはリラックスしているように見えました。

しかし、このゆったりとした雰囲気が突然破壊されます――「先生！　なんで親を呼んだんだよ！　呼ぶなって言っただろ！」。福全の怒声は続きます――「親を帰すか、俺が演劇に出ないか、どっちかだ！」。予想だにしなかった彼の強ばった表情は、二年一組の演劇を潰しかねない迫力を持っていました。一難去ってまた一難、今振り返ってみると、『凍れるいのち』の練習が始まってから開幕までの全過程が演劇的であったように思えてなりません。

抗日武装勢力の中国人の隊長の役を演ずる彼と、開拓団の団長役のＩさんとのやりとりが、『凍れるいのち』のクライマックスになりますから、彼が出演しなければ事実として演劇は成り立ちません。そういう自分の演ずる役の演劇全体の中での位置付けを理解する彼は、やがてその怒りを少しずつ静めていくのでした。

また他の多くの生徒達は、出番が刻一刻と近づいてくるにつれ、心臓の高鳴りを覚えていきます。そしてその高鳴りに促されるように、自分の台詞をもう一度確かめて間違いのないようにと、舞台に上がる心の準備をしていきます。

やがて待ったなしの開幕です。

Y君のナレーションが流れ始めます。気持ちがこもっていてこれがなかなか評判がよかったのです。彼のお父さんも演劇の発表を見にきてくれましたが、後日話をした時、「ナレーションはK（子どもの名前）でしたか、やっぱり。そうですよね。でもあんなにやれるなんてびっくりしました。ふだん接してると、いつも寝ている、洗濯もしない、だらしないと、とにかく悪いとこしか目につきませんが、やっぱり人はひとつは光ってるものがあるんだ、ということを教えられましたよ」とその感想を聞かせてくれました。

開拓団員の役をやって頑張ってくれたW君も、「ナレーションがよくてジーンとしちゃいましたよ。それにフーチュェンの名前もナレーションに出てきたからよけいでしたよ」と言っていました。

演劇の発表の出足は、演劇に対して斜に構えていた諸君が中心でしたので、今ひとつというところでしたが、進行とともにだんだん良くなっていったように思います。もっとも彼らの中にも熱演してくれた人もいて、ずいぶん助かりました。A君はそのうちの一人です。〝幻〟のソ連軍に追われたために開拓団の人達を集団自決に導く開拓団の副団長役をやった彼は、一段高くなっている畳半分ばかりの狭いところで、ピストルで自決し、立っている姿勢から舞台上に倒れるという場面を演じたのですが、迫真の演技を見せてくれたので観客席からは「オーッ」という驚きの声があがったほどでした。私は舞台の袖で見ていたのですが、なんであんなことができてしまうのだろうと、ほんとに信じられないくらい決まっていました。

演劇の進行中、私は舞台の裏にいたり袖にいて、小道具の心配やら、舞台に出る段取りを指示したりと、菊地さんの手が回らない部分を受け持っていました。しかし、私自身小道具を出すところを間違えてしまったり、生徒を舞台に出すタイミングを間違えてしまうという失敗をしでかしてしまい、生徒達には申し訳ないことをしてしまったのですが、彼や彼女達は時間のたつのも忘れて真剣に演劇に向かっていました。私も時間の経過を意識することなく暗い舞台裏にいたのですが、何とはなしにふとかすかな明かりに文字盤を向けてみると、時計の針はなんと二十二時四十分を指しているではありませんか。これには本当にびっくりしました。毎日の授業は二十一時十分で終わりです。ちょっとでも授業が延びようものならすぐブーイングです。ところがこの時ばかりは、授業時間にして二時間分以上も放課後にのびたにもかかわらず、給食室を埋めた観客で帰る人は一人もいませんでした。演ずる者と観る者との共同の営みは深く静かに進行し、感動のうちにその幕をおろすことができたのです。

発表を終えて

今回の演劇で非常に嬉しかったことは、熱心な多くの保護者の温かい眼差しがあったことでした。お知らせのビラを生徒達に渡しただけなので、二〜三人くらいは見に来てくれるかなと思っていたところ、なんと生徒の半数の保護者が駆けつけてくれていたのです。夫婦で来てくれたところも何組かありました。それに、生徒達の兄弟、子ども、知人なども来ていましたので、それらの数を加えるとクラスの生徒の数をこえていました。その他にも、卒業生や他の都立高校の職員なども来てくれましたが、そういう人達から率直なたくさんの好意的な感想をもらうことができ、一年の苦労が報われたなという思いでいっぱいになりました。生徒達の気持ちもまた同じようなものであったと思います。

しかし、なんと言っても、過去一年の苦労が報われたのは、演劇の目的がある程度実現できたという事実の中にあることは言うまでもありません。「フーチュェンのことが少しでもわかるようになったか」という私の質問に答えてズバリ言い切ったある生徒の、「少しどころじゃありませんよ。かなりですよ」という言葉に、そのことは端的に表現されていたのではないかと思います。

さらに言えば、私が本当に『凍れるいのち』をやってよかったなと実感できたのは、朝鮮語を教えている李《イ》政美《チョンミ》さんから「ほんとによかったですよ」という話を聞いた時でした。フーチュェンのお母さんなんか私の側で見てたんですけど、涙をボロボロ出して泣いて見てましたよ」。嬉しかったので私はさっそく電話を入れてみました。後日談として、お母さん曰く「あの時は政美先生も涙を流して見ていましたよ」。するといつもの元気で明るいお母さんの声が、心地よく私の耳に響いてきました。

「よかったよ、先生。ほんとにどうもありがとうございました。みててないちゃった。アッハハハハ。うれしかったです。とっても。あのころは、日本人たいへんだったけど、いまは中国人たいへんね。ばらばら、ぐちゃぐちゃね。いろいろと中国人たいへんね、ぎゃくに。」

このお母さんの言葉を大切にしながら、演劇に取り組むことで得たいろいろな意味での到達点を更に前進させて行かなければならないと思っています。

(出典・第二十一回東京都同和教育研究大会報告、一九九八年十月。パンフレット『南葛の演劇』都立南葛飾高等学校定時制発行、同和教育委員会編集、二〇一〇年三月)

6　傷心の深さは私たちの想像を超えて

少し前、本校には黒人の生徒が学んでいたが、彼等に対する人権侵害は大変深刻なものがある。たとえば仕事をさがすのも容易ではない。S君はそれまで働いていた会社をリストラでやめることになったのが七月であるが、その後本人も私も、何度も何度も職安へ通うのだが、ひと月を過ぎても就職できない。ようやく八月の終わりにT社に決まるのだが、これも実はすんなりとは決まらなかった。職安の対応を見ていると、会社に電話をして、「外国の方ですがかまいませんか」と聞く。とすれば当然先方は外国人を警戒し、断ってくる。断り方も巧妙で、先ず履歴書を送らせ、書類選考で落とす会社が多い。

T社は、彼と一緒に職安に行って見つけたのだが、初めは、外国人は採用したことがないと難色を示したが、すぐ後に、面接をしてもいいという返事が来て時間は追って連絡すると言ってきた。しかし、その返事はやはりダメだというものであって、Sはがっかりするのだった。そこで、東京労働局に連絡を取り、T社をきちんと指導するように要請した。労働局は一週間程かけてT社を指導し、やっと一月半のブランクの後、彼はようやく仕事に就くことができたのである。

しかしやがて、建設現場で「外国人はお断り」と、またまた差別を受けることになる。ところが、この件については東京労働局、東京都、都教委、東京法務局等は全て何の力にもならなかった。しかしこの差別事件は、捨てておけない重大な人権侵害事件なので、学校単独で取り組むことにし、「要求書」を私が作成し、外文研（外国文化研究会）顧問、担任、進路の三者で会社に出向いて交渉し、事実を確認し、本人にも直接謝罪させることができた。

しかしその後、T社ではしばしば授業に出られないこと等が明らかになったため学校を続けられないと判断したS君は、十月に退社し毎日学校に通える会社を探し始めるのだが、これがまた極度に難しく、繰り返し、繰り返し本人も私も職安に足を運ぶのだが、就職できないのである。彼がやっと仕事に就いたのは、三月に入ってからである。

会社側が明確な違反をした場合はなんとか取り組めるのだが、巧妙に対応すれば全くお手上げの状態である。労働行政としては、ただ紹介し、だめであったら又次の会社を紹介するということを繰り返していたのでは、差別的な企業を放置しておくことになるということを深刻に受けとめて、何等かの有効な対策をたてるべきである。さもなければ「何人も、人種、国籍、信条、性別、社会的身分、門地、従前の職業、労働組合の組合員であること等を理由として、職業紹介、職業指導等について、差別的取扱を受けることがない」という職業安定法第三条の均等待遇の原則は現実的な意味をなさないことになるし、在日外国人にとっては職業選択の自由が保障されないという事態がいつまでも続いていくことにならざるをえないだろう。

（出典・二〇〇七年度の都立南葛飾高校全日制・定時制合同人権教育研修会での報告資料）

A株式会社への要望書

都立南葛飾高校定時制職員会議

去る九月九日、本校生徒、エドボ・サギオスは、千葉の建設現場（千葉市花島公園センター）に会社の人二人と共に出向きましたが、外国人であることを理由に就労を事実上断られてしまいました。

八時に各会社の人達が集まって、朝礼・打ち合わせを行ったようですが、その際、初めての人は名前や住所、血液型、血圧等を書く用紙に記入しなければいけないということで、その場にいた現場監督に該当用紙を求めましたがとても嫌な顔をされ、もう一人の監督のところにもらいに行くように言われました。しかしその人からも嫌な顔をされ、全然関係ないような感じで、向こうにあるから探すようにと言われ、結局、彼と彼の会社の人が探し当てたのです。

その後、監督の一人は「身分証明書」の提出を求め、サギオスから外国人登録証を見せられると、これを「コピーしたい」と言って、事務所のある二階に上っていきましたが、三十分程してから降りてきて、「この建物は千葉市の建物だから、残念だけど外国人は現場に入れられない。これは市に連絡して市に言われたこと、うちの会社の判断ではない」とか、「外国人は労災が日本人の二倍になる」等と言われ、さらに「別の書類に書かないとダメだ」とも言われ、その用紙も見せられたので、それを求めると、「自分の会社にあるはずだから、会社でもらってくれ」と言われ、コピーももらえませんでした。

また、同じ会社の人は、「今まで外国の方は働かせたことはない。ここは千葉市がやっているところだから厳しい。役所関係は厳しい」とか「外国人が働く場合は、前もって市役所に提出してほしい」等と言われています。

結局この日は、いかんともし難く彼は会社に戻ることになってしまいました。

以上が事件当日のあらましだと思いますが、彼は会社にもどる道すがら、この経緯の概略を怒りと口惜しさを滲ませた声で私達に連絡してきましたので、詳細を学校で聞くことになった訳です。

私達は彼の話を聞いて非常に驚き、早速翌朝、東京労働局、東京法務局等と話し、この差別事件の解決について相談をしました。さらに、事業発注者である千葉市に対して調査を依頼しましたが、当日午後早く回答がありました。それは、現場では本社に問い合わせて断った。それは、公共工事なのでできればご遠慮願いたいという社の方針として使わなかったようだ。頭から外国人はダメだというのではなく、使用する場合は前もって書類を出してもらう、というものでした。そして、それから三時間ほどしてから貴社より謝罪の電話をいただいた次第です。

この度の件は、働くという、人間が人間らしく生きていく上で保障されている最も基本的な権利を外国人から、黒人である彼から奪ったという深刻な事件であると私達は考えています。

つとに「世界人権宣言」（一九四八年）は、その第二条において「すべて人は、人種、皮膚の色、性、言語、宗教、政治上その他の意見、国民的若しくは社会的出身、財産、門地その他の地位又はこれに類するいかなる事由による差別をも受けることなく、この宣言に掲げるすべての権利と自由とを享有することができる」と規定し、第二三条で労働の権利をうたっています。

それより一八年後、この宣言を実効あるものにすべく、「経済的、社会的及び文化的権利に関する国際規約」が国連で採択され、さらにその一三年後の一九七九年にようやく発効することになり、外国人の労働に関わることでは上に引用した条文とほぼ同じ内容のものが、規定されています（「同規約」第二部第二条［人権実現の義務］

第二項「この規約の締約国は、この規約に規定する権利が人種、皮膚の色、性、言語、宗教、政治的意見その他の意見、国民的若しくは社会的出身、財産、出生又は他の地位によるいかなる差別もなしに行使されることを保障することを約束する」、「同」第三部第六条［労働の権利］「1この規約の締約国は、労働の権利を認めるものとし、この権利を保障するため適当な措置をとる。この権利には、すべての者が自由に選択し又は承諾する労働によって生計を立てる機会を得る権利を含む」）。

さらに、一九九六年には「あらゆる形態の人種差別の撤廃に関する国際条約」が発効しましたが、そこでは「人種、皮膚の色又は種族的出身を理由とする人間の差別が諸国間の友好的かつ平和的な関係に対する障害となること並びに諸国民の間の平和及び安全並びに同一の国家内に共存している人々の調和をも害するおそれがあることを再確認し、人種に基づく障壁の存在がいかなる人間社会の理想にも反することを確信し」「あらゆる形態及び表現による人種差別を速やかに撤廃するために必要なすべての措置をとること並びに人種間の理解を促進し、いかなる形態の人種隔離及び人種差別もない国際社会を建設する」とうたっています。

世界における人権意識はこのように着実に高まってきています。しかし残念ながら世界中の至る所でビジネスマンが活躍している経済大国日本においては「国際化の時代」、「ボーダーレスの時代」と言われ始めて久しいのですが、外国人に対する差別が後を絶ちません。在日外国人の多くは仕事になかなかつけず、あっても条件の悪い仕事ですし、アパートを借りるにも足を棒にして探し回らなければならず、パチンコ店や宝石店で入店を拒否されたり、銭湯に入ることを断られたりする始末です。これではお世辞にも人権大国とは言えないと思います。

二〇〇二年末における外国人登録者数は一八五万人で過去最高を記録し、一〇年前の四四・五％増ですが、この数字は今後も更新されていくと思われます。それは、急速に高齢化社会に向かっている日本は深刻な労働力人口の減少をむかえますから、現在の生活水準を維持する選択肢を取るならば、その労働力を外国人に依存する他はないからです。とするならば、私達は積極的に異質な価値観を持った他民族の存在を認め、多様な価値観を尊重していくように努力していかなければならないと思います。そうすれば、その努力は結果として日本の精神文化をより豊かなものにしていくはずです。

今回のような事件を見ますと、一人の人間にとっての国際化、一人の労働者にとっての国際化は遙か先のように見えて仕方ありません。また一会社にとっての国際化は極論すればビジネス上のそれでしかなく、一人の外国人が、日本人と違う肌色の人が可視的な存在として現れるや否や「国際化」は途端に宙に浮いてしまうように思えてなりません。このようなことは何人にとっても不幸なことです。したがって、私達は可能な限り速やかに、一人の人間を大切にした国際化、アジア・アフリカを大切にした国際化を実現していかなければならないと思います。そのためにも、今回の差別事件を貴社が真摯に受けとめ、外国人問題の全社的な教育に取り組まれることを強く要望してやみません。

さて、当のエドボ・サギオスですが、働ける幸せを感じながらまだ夜が明けぬうちに起きて会社の同僚と現場に駆けつけながら、日本人の同僚と別れ、心に石礫を投げつけられた悔しさを必死に嚙み殺し、労働の結晶である汗を流すはずであった現場を後にするしかなかったのです。彼は働く喜びを知ることにおいて人後に落ちることはありませんし、仕事に自信を持てるように一生懸命努力する人で、一度ものにした仕事には自信と誇りをもって働く人であることを私達はよく知っています。ですから今回の件は、彼を深く傷つけたこともよく理解しているつもりでしたが、彼の傷心の深さは私達の想像を超えていました。

彼は「こんなひどい差別は初めての経験ですごく痛かった。今までは人間として同じと思ってたけど、みんな一緒でないことがわかってすごくいやだな。黒人が電車に乗るととなりの人がみんな逃げると昔日本に来た人から聞いたことあるけどそれを思い出して、日本へ来て間違ったかなと思った。九時頃電車に乗って帰ったけど、とてもくやしくて気持ちが暗かった。弁当も重かったよ。仕事ができるかどうかではなく、肌の色で差別してお前だけ帰れと、仕事をちゃんとしたいのにやらせないのは許せない。自分の家族もみんなショックを受けて非常に心配してる」と放課後の外国文化研究会（本校の外国人生徒の集まりの場）の集まりのなかで話してくれました。

奥さんは、当日四時半に起き、心を込めてお弁当を作り仕事に送り出したのに、元気なく帰って来た彼を見てひどく驚いてしまったことは言うまでもありません。まもなくして昼食の時間になり、持ち帰ったお弁当を食べる彼を見て、仕事先で食べるためにせっかく作ったのにと、がっかりしていたと彼は話してくれましたが、仕事先でおいしく食べられるはずのお弁当を、家で口惜しさと共に飲み込まざるをえなかった彼の心境を思い浮かべると、差別というものの理不尽さに改めて怒りを感じて仕方ありません。

あの事件の後、幸い毎日働いていますが、「楽しく仕事できないね、もしかしたらまたことわられてしまうかもって思っちゃうからね」とふと漏らしたこともあります。差別は一過性のものではなく、いつまでも癒えない心の傷として残り続けますから無理からぬことですが、でも彼は、愛する妻や子ども達のためにも自分自身を鼓舞し、また家族に支えられもして、睡眠時間を削りながら懸命に働き、疲れた体を労りながら毎日真剣に教室に座り続けています。

彼は「私のように学校にきてればいいけど、学校行ってない他の外国人が私と同じようなことにあったらそのまま終わっちゃう。日本ではまだ肌の色なんかで差別することあると思うんですよね。今度の会社でも何もしないで泣き寝入りしてたらまた起こる確率は高いですよね。だからひどいことをされたら声を出します。出さないともっとひどいことになるから」と外国文化研究会のなかでみんなに話し、「Never give up」と自らに言い聞かせるように話しを結びました。「決して諦めるな」、これは本校の外国人生徒の誰にとっても大切な言葉に違いありません。この精神を堅持しなければいたぶられ、差別されるままの人生を送り、人間らしい生を全うできないのがこの日本の社会なのですから。とまれ、彼は今まで誠心誠意六年間勤めていた会社をリストラで解雇され、二か月余り新しい仕事を探し続け、ようやく今の会社の仕事を手にしたのです。そして九月一日から喜んで働き始めた途端、今回の差別事件を経験する羽目になり、人間としての尊厳と誇りをひどく傷つけられてしまいました。

そこで私達は貴社に対して次の四点を求めますので誠実に履行していただきたいと思います。

第一に、大好きな日本で差別され多大な精神的苦痛を被ったエドボ・サギオスに直接誠意ある謝罪をしていただきたい。

第二に、一日の仕事を棒に振ってしまった保障を彼にしていただきたい。

第三に、今回の事件は、貴社の外国人労働者に対する社としての考えに起因するものと思われますので、今回と同じような不幸な事件が再発しないよう外国人労働者に関する認識を改め、世界に恥じない人権意識を持った企業になっていただきたい。

第四に、そのためにも外国人労働者の問題や人権に関わる社員教育を徹底して行っていただきたい。

以上、よろしくお願いしたいと思います。

（二〇〇三年九月十九日）

〈証言〉在校生のみなさんに贈る言葉

エドボ・サギオス

私は九年前にナイジェリアから日本へ来ました。日本には、いとこが先にきていて、彼から色々なことをきいていました。たとえば世界一安全な国だとか、工業がすごく発展《はってん》しているとか、そういう話しを聞いて日本に行ってみたいなと思いました。もちろん、日本語ができないので不安はありましたが、チャレンジしたいと思っていました。

日本へ来た時は日本語が全然分からなくて本当に大変でした。外国から来た僕みたいな人にとって日本語をおぼえるのは大変です。特に漢字の読み書き。このことを考えると長く日本には住めないなあと思いました。でも、僕は、人がむずかしいから逃げるということをやってみたいなと思うところがあります。日本にちょこっと来た外国人は、日本語がむずかしいので勉強しない人が多いですが、僕はどうしても日本語をおぼえたいという気持が強くて一生懸命勉強してきました。それで、のちには私の考え方が変わり、日本人と結婚し、家庭をつくり、自分の家を建てることができました。

日本にきて三年後、会社の中国人に教えられて双葉中学校の夜間部に入学しました。実は半年も続ける自信はありませんでした。でも、双葉中学の先生方は優しいだけではなく教え方も最高だったので、二年間通うことになりました。最初の一年目は簡単な漢字から、そして一年目の時に漢字検定八級を受けて合格しました。二年目の時には漢字検定七級にも合格しました。この漢字検定八級と七級に合格したら、やっぱりやれば出来ると思いました。でも高校に進む気持ちに不安がありました。

その理由は、高校の先生方は双葉中学の先生達みたいに優しくはないと思ったからです。又、授業を理解するのは無理だと考えたからです。でも日本語だけではなく、社会的なこと、日本のこと、アジアのこと、世界のことなどもっと色々と勉強したいと思ったから南葛にきました。

日本に来てからの生活の中で一番悲しかったのはやっぱり差別的な問題です。特に就職の事です。この九年間の内で六年間はトーリックという会社に勤めました。この六年間は差別を感じることもなく本当に良かったと思います。技術と仕事の経験をつめただけではなくて人間関係も良かったです。上から下まで、いろんな人達とうまく付き合っていました。でも残念ながら会社は倒産してしまいました。

その後、別の会社が入ってきました。この頃から僕の日本に対しての気持が変わってきました。それは、初めて差別的な問題を経験したからです。一緒に働いていた妹はいきなり免職になり、二ヶ月後兄も免職になり、それで外国人はみんな不安になり、僕も毎日毎日、ドキドキ心配するようになりました。

ある日課長に、「君が今までやってきた仕事は、本当に大変で誰も君みたいにできない。もし君がいなくなると会社は大変だから今から三ヶ月いないに日本人の若者達に教えてほしい」と言われました。僕は日本人が覚えると外国人はいらなくなるので心配で、簡単には僕の技術は教えたくありませんでした。でも課長が「みんなが早く覚えたら君のランクとポジションは社内であがるよ」と、なんども言うので、結局日本人の若者達に、僕は心の底から毎日教えることになりました。

ところが、何ヶ月後かになって、会社で面談が行われ、しょくたく社員になるように言われ、もしイヤなら辞職してもそれは自由です、と言われてしまいました。僕が教えていた若者達は、今まで準社員だったのに、全員正社員になりました。

南葛の先生達は何回もその会社と話し合いをしてくれましたが、結局リストラされてしまいました。

次の会社をさがすのがとても大変で、やっと二ヶ月後に、墨だしの仕事につくことができました。でもその会社も初めは外国人ということでことわられたのですが、先生が差別だということで、東京労働局に話して、会社を指導させ入ることができたのです。

ところが、ある日、現場に行ったら、「ここは千葉市の施設《しせつ》なので外国人は働くことはできません」と言われてしまいました。初めは本当に、これは冗談かと思いましたが、彼は本当にまじめな顔でした。そして「帰ってください」と言われてしまいました。僕はどうしようもなく、くやしくて、しょうがありませんでしたが、汚れた作業着のまま一人で電車に乗ってうちに帰りました。この時のことは、今も思い出したくありません。こんなみじめな経験は、はじめてのことです。

すぐに先生に連絡して事情《じじょう》を話したら、先生が色々動いてくれて、学校全体のとりくみにしてくれて、結局相手の会社、A建設という千葉県では大きい会社ですが、その会社が僕の家まで謝りに来ました。

でも、すみだしの仕事は、現場仕事で、終わるのがおそく、学校にも行けなくなることが多かったので退社してしまいました。これが先《さき》おととしの十月のことです。それから一年間は、すごくくやしい経験をするつらい毎日でした。それは、自分のため、家族のために仕事をさがす毎日でした。家のローンもはらわないといけません。もしはらえないと、やっぱり外国人は信用できないと思われてしまいます。子供に「パパ、仕事休みなの」と聞かれて、答えに困ったことも何度もありました。そのうち、子供が学校に行ってから起きたりするようになりました。この時期の気持をひとことであらわすと、「mixed feelings」ということです。日本語ではどういうかと辞書をひいてみると、「いろんな気持がいりまじった気持の状態」ということです。日本にきてから、この時初めて、ナイジェリアに帰りたいという気持ちが生まれていました。

自分の国をはなれていて差別されるのはしょうがない、こういうことは、どこの国に行ってもあると思います。でも僕は日本がすごく大好きだったので、すごいショックだったのです。この一年は、外国人だから差別される、特に黒人だから差別されるということを思い知らされました。

ある会社は、外国人ＯＫと求人票に書いておきながら、僕がナイジェリア人だと言うと、うちはブラジル人だけしかとらないと言ってきました。肌の色のちがいで差別するなんて最悪です。僕は「日本にもう一度原爆が落ちればいい」とさえ思ったほどです。もし僕が南葛にかよっていなくて、先生達と話していなかったなら、日本に対してすごく悪いイメージを持っていたと思います。先生みたいな人達がいて、一昨年《いっさくねん》の十月から働いている今の会社の社長みたいな人達がいて、僕は本当によかったと思っています。今の僕は、他のみんなが働いている時間に、社長の車を使って学校にかよっています。このことはとてもしあわせだと思います。

南葛に入って本当に良かったと思います。先生たちはすごく優しいです。外国人生徒達の気持ちを良く分かるこの学校の先生達には本当に助けられ、一生忘れないと思います。特に就職活動のことを思うと木川先生には、ほんとによくやってもらいました。

もう一つ良かったのは、この学校でたくさんの友達が出来たことです。男女とも授業中には本当にウルサイですが、でもそれ以外は皆仲良しだと思います。去年は、同じ学年のみんなが、担任の先生も含めて、僕の家まで遊びにきてくれました。これも良い思い出になると思います。

今までの九年間を振り返ってみると、こうかいするような気持も少しありますが、やっぱり日本に来て良かったと思うところがたくさんあります。海外にでないで自分の国にいると、考え方は自分の国のことだけで頭がぐるぐるまわっている感じになってしまいます。でも日本にきたおかげでいろんな勉強ができます。仕事の面でも、たしかに差別はありますが、チャンスがいっぱいあります。

家庭を持てたことも日本に来てよかったことのひとつです。かわいい子どももできたし、その子ども達にとっても勉強するチャンスやスポーツを楽しむチャンスがたくさんあります。

卒業したら、日本のことはまだほとんどしらないので、もっと勉強して日本のことを理解したい、できれば日本の法律を勉強したいと思っています。たとえば、私達の国ナイジェリアでは犯罪になりますが、日本ではならないということがあったとして、それがどうしてなのかということを考えていけば、差別かどうかが、わかると思います。ナイジェリアにいた時の僕の家でのpet name（愛称）は、lawyer（法律家《か》）でしたが、実際僕は、lawyerにあこがれていたのです。

将来的には、人間なのでわかりませんが、今の気持は日本での生活を続けていくつもりです。

在校生のみなさん、働きながら夜学校で勉強するのは大変だと思います。特に遠い所から通っている方は大変だと思いますが、卒業までがんばってください。外国人の在校生のみなさん、日本では外国人は弱い立場にいますから、never give up！の気持ちでがんばってください。僕の場合、いろいろな差別を経験しましたが、これからも差別にあっても負けない、強い人間になりたいと思います。また、南葛には外国文化研究会があります。この外文研は外国人の生徒にとって大切な場所です。ぜひこれからも守っていってください。

今日で南葛も卒業ですが、担任の今中先生、校長先生をはじめ南葛の職員のみなさん、今日一緒に卒業する仲間のみなさん、それに在校生のみなさん、大変お世話になりました。ありがとうございます。また会う日までお元気で、さようなら。

二〇〇六年三月三日

外国文化研究会　エドボ・サギオス

（卒業式答辞）

7　演劇「チョソンマル、わがいのち」に取り組んで

必修としての演劇の授業

南葛の演劇の授業は、芸術の一科目として、一九八〇年度から選択で始められた。講師は、演出家として、また宮城教育大の教授として極めて多忙な日々を送っていた竹内敏晴※さんに無理にお願いした。仙台での講義を終えてから南葛に駆けつけなければならないという超ハード・スケジュールになってしまうのも厭わず、南葛の生徒のために引き受けてくれたのである。

※竹内敏晴　一九二五〜二〇〇九。演出家。竹内演劇研究所を主宰。「からだとことば」を大切に各地で「竹内レッスン」を行った。南葛の演劇授業に入り、その記録を岩波新書『からだ・演劇・教育』として刊行。

初めは、「障害」をもった生徒達に意識的に受けさせ、緊張でコチコチに固くなっている体をほぐしていくレッスンが中心になされていった。その授業の中で、人前では決して笑うことのなかった生徒がにっこり笑ったり、教室では全く声を出せなかった生徒が、台詞をしゃべることができるようになったりする事実をつきつけられた。

それはまた、中学時代に荒れに荒れて校舎の修理に二千万円もかけさせたと言われたほどの「不良」達に、「生まれて初めておもしれえ授業をうけたぜ」と言わしめた授業でもあった。私達はこのような授業を全校生徒みんなに受けさせたいと思い、三年目から二年生の必修教科にしていった。

必修二年目は、入学後、担任と朝文研（朝鮮文化研究会）の関わりでやっとの思いで本名を取り戻し朝鮮人として一歩前に出た生徒のいるクラスで、彼が揺れて後退するようなことがあってはならないという強い思いから、金史良《キムサリャン》の『光の中に』（西田秀秋さん＝兵庫県立湊川高校がそれを戯曲化した作品）を取り上げ、クラスの課題として朝鮮問題を正面に据えて、生徒一人ひとりが全力で取り組んでいった。これ以来演劇の授業は、それぞれのクラスでかかえている具体的な課題に切り込んでいくものになり、特にクラスの朝鮮人生徒や部落出身生徒のことを考えていく為に、朝鮮問題・部落問題をテーマにした脚本が多く取り上げられてきている。

大変な緊張を強いられる生徒達は、そのような演劇をつくりあげていく過程において、また、そのことを契機にしたHRにおけるその前後の取り組みの中で、部落や朝鮮のことを、はたまたクラスの部落出身生徒や朝鮮人生徒のことを考えていけるようになり、そのことから自分自身のことを厳しく見つめ直すことができる力をも身につけていく。他方、朝鮮人生徒や部落出身生徒達は、自分自身の生き方を揺さぶられ、内省を深めていかざるを得ないところに追いこまれていく。したがって言うまでもなく、そのような質でクラス形成がなされていくのである。

この様な演劇の授業は、当然のことながら南葛の「同和」教育にとっても重要な位置を占めるようになっている。

「演劇を通して人が変わる。はじめは私個人の体験と思われたそのことが、何人もの南葛の生徒にも、学級にも起こった。深さに違いはあっても、私は毎年どこかで、その奇蹟のような時間に立ち会ってきたと言える。何よりもそうした舞台の力が必修科目としての演劇を支え続けてきた。……そのように演劇を通して生徒とともに過ごした時間が、かけがえのないものとして私の中に残っている」。これは、八六年度から演劇の非常勤講師を務めてくれた松崎香里さん（竹内演劇研究所）が書きとめてくれたものであるが、ここには必修の演劇の授業で精魂込めて紡ぎ出してきた到達点が端的に表現されていると思う。

私と演劇の授業の発表

親子の関係が切れている生徒のためにという思いから、私が担任したクラスで最初に取り組んだ演劇は、長谷川伸の作品「瞼《まぶた》の母」であったが、それは演劇が始まってまだ日の浅い時であったので、台本を持ちながらの発表会であった。その後段々台本を持たないで演じてみようということになって、今は台本無しでそれぞれのクラスが演じている。

二度目に副担として関わった演劇では、朝鮮人生徒が二人いたこともあり、私が梶山季之の小説『族譜』を拝借し、但し視点を百八十度かえて、つまり大両班《ヤンバン》ではなく、朝鮮のごく普通の村人の視点から「創氏改名」という台本を書き上げ、それに取り組み上演した。この時は、留年してだらだらとした生活を続けていた朝鮮人生徒が、見事に翻身した凛々しい姿を見せてくれた。

三度目はクラスの中国人生徒H君と朝鮮人生徒のT君、Cさん、Nさんを中心に据えた台本「凍れるいのち――国家に棄てられた生命の再生を求めて」に取り組んだ。これは、中国被捨置邦人（いわゆる中国残留邦人のことだが、私はこの言葉は不適当だと思い使わない）の問題を主題にした作品であるが、東京が大空襲に見舞われ（一九四五・三・一〇）日本の敗戦が決定的になっていた時期に、開拓団の一員として「満州」に送り込まれ、まもなく決死の逃避行の末中国人に助けられ、文字通り九死に一生を得たお祖母ちゃんの波乱に富んだ人生の意味をH君に、そしてクラスの生徒達に考えてもらおうと私が創作したものであるが、この演劇は南葛の歴史にとっても、重要な意味をもつものとなった。

南葛に中国人生徒が入ってきたのは、八五年度が初めてである。中国被捨置孤児二世の二人である。しかし彼女たちは、卒業することなく学校を去っていった。

八八年度に新たに「孤児」二世が三年生に入ってくる。先の二人を中途退学させてしまった責任の一端を深く感じ「心が疼《うず》」いていた担任のAさんは、彼女と丁寧に関わっていく。そして「彼女の心の底の葛藤」に気づいた時、彼女もまた、中国人としての誇りを自分が失いさえしなければ名前はどうでもよい、と思っていた今までの自分の生き方をあらためていくのである。そのことを彼女は、答辞で次の様に述べて卒業していった。

「日本の社会の中で、異文化の中国で育った帰国二世たちが学校や地域でいじめられ差別される問題を知るにつれ、私も名前のことで悩むようになりました。朝鮮語の授業の中で、日本と朝鮮の歴史を学びながら、自分は日本と中国の歴史と現在を考えざるを得ませんでした。私は今二世ですが、将来三世、四世と経るに従って、在日朝鮮人三世や四世が現在直面しているのと同じ問題に出会うと思いました。今朝文研につながっている朝鮮人は、『創氏改名』で奪われた本名を取り戻すことで、朝鮮人としての、人間としての誇りを取り戻そうとがんばっています。名前を失えばやがて誇りも失われ、それを取り戻すのはたいへんなことだと知りました。三世、四世のことも考えて私は、戸籍上の名前が日本名で、どうしてもそれを使わなければならない時以外は、やはり中国名」で生きていこう、と。

この様に中国人生徒との本当の出会いはようやくにして実現することができた。しかし、「彼女がぶつかるであろうこの社会の不合理を日本人の責任において解決して行くための認識と決意をどれだけ」日本人生徒に「持たせられたかと問うと、やはりやり切れなかったと言う他ありません」というAさんの指摘した課題が、南葛の教職員一人ひとりに重くのしかかっていくことになった。

この課題に答えるべく取り組まれたのが、先にふれた九六年度の演劇の授業である。クラスの中国人生徒のこと、もちろん中国被捨置婦人のおばあちゃんのことも考え、そのことを通して自分の中国観や生き方を捉え返していこうとする試みであった。その為に、テーマを満蒙開拓団の問題とし、私が生徒のおばあちゃんから聞き書きをしながらシナリオ「凍れるいのち――国家に棄てられた生命の再生を求めて」を創作し、上演していった。これは南葛で初めて中国と日本との関係を正面から扱った演劇であったが、生徒達は全力で取り組み、中国人生徒の存在が、クラスの一人ひとりの中で大きな意味のあるものに変わっていったのである。

四度目は、二〇〇一年度の演劇であるが、クラスに在日朝鮮人生徒がいたので彼を中心に据え、〈朝鮮〉を軸にして、彼とクラスの日本人生徒との関係を創っていきたいという展望を描いて、「海峡をつなぐ――安重根《アンジュングン》と千葉十七」という台本を私が創作し、上演していったが、この願望は卒業を控えて行われた長い長いクラス討論の中で開花していった。それは、一人ひとりのクラスの生徒が朝鮮問題を、そして自分の生き方を考える四十時間であった。

そして五度目にして最後の演劇が二〇〇六年の二月に上演されたのである。

「チョソンマル、わがいのち」

その演劇は、担任である私が書いた「チョソンマル、わがいのち」というシナリオを上演したものである。このシナリオを書いた意図は、朝鮮語必修で四半世紀の歴史を刻んできた南葛ではあるが、果たしてその意味がどれだけ根付いているのかを厳しく反問してみると、かならずしも満足の出来る回答は得られないだろうという私なりの判断があったことと、もちろんこの責任は日本人教師にあることは言うまでもないが、自分が定年をひかえ、南葛であと三年も働けないという現実から、いなくなった後のことも考えなければならない、いなくなった後の朝鮮語必修は果たして守られていくのか、もちろん守られていなければならないという強い思いがあって、そのために出来ることをしておこうと考え、事実上日本語を強制していた日本による朝鮮語学会弾圧事件と、朝鮮語での詩作に拘ったがために命を奪われることになった、当時は無名の詩人、尹東柱《ユンドンジュ》の話を結び合わせて何か書けないものかと考えあぐねていた末に書いたのが「チョソンマル、わがいのち」である。両者の接点は、尹東柱の師、崔鉉培《チェヒョンベ》である。彼は朝鮮語学会の中心メンバーの一人という重要人物である。

　この演劇で演じる側にも、見る側にも、共に考えて欲しかったことは、最後の語りとして書き留めておいた次のようなことである。

　『チョソンマル、わがいのち』、との思いで二七年の短い生涯を全力で生きた無名の詩人尹東柱は、朝鮮民族の魂の中に永遠に輝き、民族のゆくえを照らし続けるでしょう。

　また、『チョソンマル、わがいのち』、との思いを胸に獄中闘争を闘い抜いた尹東柱の師、崔鉉培は、日本の植民地支配に終止符がうたれ釈放されるや、直ちに机に向かい朝鮮語の研究を再開し、今日の朝鮮語の礎を創りあげました。

　私達日本人にとり日本語は、空気のようにあまりにも当たり前のものであって、生きていく上でなくてはならない本質的なものです。朝鮮人にとっての朝鮮語もまた、そのようなものであることは、言うまでもありません。とすれば、朝鮮人から朝鮮語を奪い、日本語を強制したことの意味はあまりにも重大ではないでしょうか。

私達は、その事実を直視し、そのことの持つ意味を主体的に考え続けていくことを、自らの大切な課題としなければならない、そう思えてならないのです。」

奪ったものは返さなければならない。この当たり前のことを実行する誠実さをもちたいという気持ちから「チョソンマル、わがいのち」のシナリオは生み出されたということである。

「シナリオは先生が作ったんだ、へえーっ」

さて、このシナリオに取り組むことになった生徒達には、当然のことながら、そして残念なことではあるが、この内容に興味・関心があるわけではない。ただ今までは「こんなかたっくるしいの、やってらんねーよ」と声を出して不満を訴えてくる生徒が何人もいたのであるが、今回の場合はなぜかいなかった。このことは逆に言えば、どうでも良いということであったのかも知れない。何しろ、演劇の授業を始める前に演劇の授業についてどう思うか、何を期待するのか等について自由に書いてもらったのだが、多くの生徒が前向きな意見を書いていた隣の組とは対照的に、演劇なんてくだらない、というようなものがほとんどであったからだ。

しかし、担任としては、もちろんどうでも良いという訳にはいかないので、自分自身が揺れずに断固「チョソンマル、わがいのち」をやるんだという意志と姿勢を生徒に見せていかなければならなかった。そして又、これが一番大事なことであるが、最後まで生徒を信用するんだ、という揺るぎない気持ちを大切にして取り組んでいった。

そういう中で、嫌々取り組んでいた生徒達が、少しずつ前向きに取り組むようになっていったのだが、それは言うまでもなく、シナリオの内容を理解していく過程と重なっていく。

一番大きな変化を見せていたのはT君である。彼は授業よりもゲームに熱中していたのでよく怒っていた生徒であるが、二学期最後の演劇の授業で聞いた彼の台詞はとても心がこもっていて、「なんだ、T君はこんなに上手くやれるんだ」と感心してしまった。後日彼にこのことを話すと、「自分でも、あん時は気分良くちゃんとやれてよかったって思ったんだ」と言っていた。そういう彼に「何故ちゃんとやれるようになったのかわかるかな」と問うていくと、わからないという返事であったので、それは君がシナリオの内容を理解するようになったからではないのかと言うと、彼は次のように答えてきた。

「ああ、そうかもしれない。このシナリオは先生がつくったんだ、へえーって思って、よんでたらはまっちゃって、えんげきにたいするみかたがかわって、やってみたいって思うようになったんだ。とにかくこのシナリオはいみがふかいからやりがいがあるんだよ」。

勉強ができないことでいつも友達からバカにされている彼から、このような言葉を受け取ることを予想だにしていなかった私は、とても驚いたし、埋もれていて見えていなかった彼の可能性に気づかされて非常に嬉しかったのも鮮明に覚えている。

シナリオは関係資料にあたりその骨格を描くまでを夏休み中にやろうと計画を立てたものの、静岡で行われたサッカーの定時制・通信制の全国大会の応援に出かけたりしていて（南葛は優勝！）なかなか時間がとれず、九月にずれ込んでしまった。それに肉付けをしてようやく十一月二日に第一次草稿ができあがった。その後はいつものように上演直前まで授業後毎回のように書き直しを繰り返していくのだが、年内に大方完成させた。私の書くシナリオは、長い台詞が多いので、「こんな長いの覚えられる訳ねえだろう」という抗議の声がかならずあがるので、毎回年内に作り、そういう声を封殺するためである。

配役も同時に決め、三学期から発表に向けた練習を本格的に始動させていった。滑り出しは決して順調とはいかなかったが、やはり一人が覚えていくと、「ヤバイ、俺もやんなきゃ」という正の連鎖反応が生まれていき、台詞は思ったより早く入り、一幕・三幕の日本語の台詞は通し稽古の前日には、ほぼ完璧になっていた。

しかし二幕・四幕の朝鮮語の台詞は、不安を抱えていて、朝鮮語にしたことの後悔の念がよぎったりしたものである。

「朝鮮語の台詞なんて無理だよ」

二幕・四幕を朝鮮語の台詞にしたのは、実は、始めから明確に考えていたことではなかった。以前からやりたい願望は抱いていたのだが、朝鮮語を始めたばかりの二年生では無理かもしれないという判断もあって今までは手をつけてこなかった。しかし、以前クラスの生徒に朝鮮語で弁論大会に参加させた経験があるのと、今回の主題が朝鮮語でもあるので、ぜひ挑戦してみたいと思い、朝鮮語教師の李春花《リチュナ》さん（非常勤講師）に相談したところ、大丈夫だと思うという返事だったので、彼女に翻訳を頼み、朝鮮語の台詞に挑戦していくことにした。ところが、その後の台詞指導も彼女にその多くを負わせてしまうことになってしまった。

生徒達は最初、驚きもし、「できないよ」と戸惑いもしていたが、話し合いをしていく中で、だんだん挑戦する気持ちになってくれた。

しかしやはり、朝鮮語の台詞に取り組んだ生徒達は大変で、通し稽古の翌日の日曜日まで学校に来て練習することになってしまったが、おかげで本番はなんとかやれて、多くの人に、「朝鮮語の台詞がよくあれだけ入ったな」

と言われた程、全体的には本当によくやってくれたと思っている。

留年して私のクラスに入ってきたNさんは、前年度は寝坊して演劇の発表会に出られなかった。このことは前年度の彼女の学校に向かう気持ちを象徴的に示していたのだが、今年は化粧を入念にしながら出番を待っていた。彼女は、捕われの身となり拷問に苦しめられている崔鉉培の気丈な妻の役を演じてくれたのだが、なかなかエンジンをかけてくれず心配していたが、家でも練習していたようで、演劇が終わった後、「学校の勉強を家でも頑張ったのは南葛三年目にして初めてだよ！」と彼女にとっては貴重な経験を披瀝していた。少し自信がなさそうな小さな声のセリフではあったが、なんとか朝鮮語のセリフを言い切ってくれた。気に入ったチマ・チョゴリも着ることができて、それが又舞台にとっても映え、似合ってもいた。彼女にとっては思い出深い舞台になったに違いない。その後、学校生活でも少しずつではあるが、良い方向に向かって歩んでおり、人間関係をつくるのが上手くない生徒にも色々と働きかけ、クラスでは一番重要な位置に座れるようになってきている。

逮捕され拷問で痛めつけられている朝鮮語学会員の妻の役を演じたKさんは、「セリフが朝鮮語でむずかしかったけど、毎日頑張って一生懸命覚えたので良かった。朝鮮語でセリフを言うなんて初めは絶対無理だよって思ってたけど、練習していくなかで少しずつ自信がでてきた。でも、発表の日までに覚えられるか不安もあったし、心配もあったけど、本番では自分なりに頑張れたのでよかった」と言っていた。

彼女には積極性に欠ける面があり、また、全日制の高校を友達から仲間はずれにされて転入してきたので、一人で判断したり、行動することが恐くて、常に誰かが側にいないと不安になってしまうようなところがあった。そこで、みんなが朝鮮語でやるならやってもいいという判断の出し方をしないように、私の方から積極的に、折角朝鮮語を勉強してるんだから、演劇でもやれば、朝鮮語の力もついてくるし、今まで朝鮮語の演劇をやった人もいないのだから、初めてのことに挑戦して南葛の歴史を切り拓くのもやりがいのあることではないか、何事も前向きに挑戦していくことが人生には必要なんだし、等と言って説得していた。そういう中で、初めは「無理、無理、無理、絶対そんなの無理だよ！」と言っていた彼女が、朝鮮語のセリフで演じる決断をしてくれたのである。これによって二つの場を朝鮮語の台詞でやるという私の腹も決まった。もちろん、Kの朝鮮語は発音もいいし、大丈夫だという李さんからの情報もあってのことであるが――。

決断はしたものの、朝鮮語の台詞に初めは自信がなかった彼女が、色々な不安や心配をのりこえ、綺麗なチマ・チョゴリで身を包み堂々と朝鮮語の台詞で演じきった事実は限りなく重要だと思う。

尹東柱のアボジ役を演じた生徒は、演劇の感想を次のように書いている。

「ぼくは、『チョソンマル、わがいのち』でアボジ役をやる事になりました。先生にセリフは朝鮮語でやると言われた時は、おどろきました。朝鮮語のセリフを覚えるのは結構大変でなかなか言葉になりませんでした。セリフも大体覚えてきたころ本番もたぶん大丈夫だろうと思いましたが、実際人前に立つと上がってしまいセリフを間違ってしまいました。すごく悔しかったです。でも、演劇全体が成功して良かったと思います。自分でもいい思い出になったし勉強にもなりました」。

次に尹東柱の役を引き受けてくれたNさんの感想を見てみよう。

「二年になって初めてづくしだった。演劇の授業ももちろん初めてだ。小学校の時は学芸会はあったけど、重要な役ではなかったし、あんな大量のセリフを覚えたのも初めてだった。最初、台本をもらった時、本当にこれをやりとげられるか不安だった。しかも尹東柱をやってと言われた時、さらに不安になった。」

定時制の生徒達のほとんどは、義務制の学校では光が当たらない位置にいた。彼女も例外ではなかったし、中学の時にはいじめがあって学校には行かなくなっていた。しかし、「南葛の先生は、卒業しても面倒を見てくれると中学の先生から聞かされていた」ことと、勉強したいという意欲が強く、「中卒では絶対に終わりたくないという気持ちから」南葛に入学してきたが、人間関係がうまく作れず、というより、ほかの生徒に声をかけることもできなかったし、挨拶された時にはかろうじて蚊の泣くような声でしか返せないでいたのである。二年生になってもなかなかこういう自分から抜け出せないでいたが、少しずつ自分を変えていこうと努力は続けていた。そういう彼女に自信をもってもらいたいと思い、今回の演劇の主役である尹東柱の役をやってもらおうと考えた。

ところで、「私としては、大成功とは言えない」という厳しい自己評価を下しているが、私が見る限り大成功であった。一番大切で大変な役を彼女にやってもらったわけだが、見事、期待通りに役をこなしてくれたのだ。このことは私だけの見方ではなく、全ての観客にとってもそう見えたはずである。しかし、誰よりも一生懸命練習してきたと思われる彼女自身にとっては、その練習の成果が十全に発揮できず完璧にはできなかったということである。しかし「あそこまでやれたというのはある」と彼女は話していた。私はそのことが彼女の自信になると確信している。「うぬぼれないように自戒しなければ」という謙虚さを持ち合わせているのだから大丈夫だと思う。これからは自分の生き方をそのような態度で追求してくれればと願ってやまない。

もちろん彼女は、この演劇を通して朝鮮問題の理解を深めている。例えば「過去の日本は朝鮮からその国の文化である朝鮮語を奪ってしまい日本語を強制したことや、それに対して朝鮮の人達はどういう思いで闘っていたのかという内面のことまで学んだ気がするし、この劇をやらなければ尹東柱さんの存在どころか、朝鮮語研究者を弾圧した事件のことすら知らないでいたと思う」というように。

彼女は又、「尹東柱のように恥なきように生きたいが、それは難しくて、自信はない」とも言っている。それは誰にとっても難しいことだ。大切なことは、そのように生きる努力を怠らないということだと思うのだが、彼女にはそれはできるだろうと思うし、やってくれるに違いない。

二年生の終わりの頃に、「私の人生はいつも曇り空なんです」と彼女がポツリと言っていたことがある。その時私は、次のように返していた。

「私の人生、晴天続き、という人は誰もいない。あのホリエモンも、晴天続きから一転して集中豪雨にみまわれているではないか。今は曇り空が一番かも知れないよ。曇り空から晴天を垣間見られるように自分で努力すればいいことだし、それは君にもできることだからね。まずは自信をもとう。自分を卑下してはいけない。自分の力を過大にも、過小にも評価してはいけない。いつも等身大の自分をしっかり見つめることができればいいなと思うよ」と。

イジメに遭い、自信を喪失してひきこもっていた自分から、背伸びせずに少しずつ離陸しようと努力している彼女は、まもなく自分の道を見出して着実に自分の道を歩いていくことだろう。

とまれ、これからは二度とないであろう演劇のような経験が、生徒達一人ひとりのこれからの人生の中で活かされていくことを念願してやまない私である。

終わりに

今回の演劇もまた、菊地信吾さん（竹内演劇研究所・市民講師）をはじめ、手弁当で助力を惜しまなかった菊地さんの関係で駆けつけてくれたスタッフのみなさん、それに南葛のみなさんの熱い協力があって、はじめてできあがったものである。そういう意味で、あらためて演劇の素晴らしさを実感したところである。

しかし、残念ながら、菊地さんは私達の知らない世界に急がれてしまった。この冷厳な事実は、私達にとってはまことに大きな痛手となってしまったが、菊地さんに叱られないようにこれからも努力あるのみである。

（二〇〇六年十一月）

補論として——なぜ必修朝鮮語か

朝鮮（人）に対する根深い差別と偏見を、過去百年以上にわたり身につけてきた私達は、朝鮮民族の魂とも言うべき朝鮮語を学ぶことによって、朝鮮人の心、民族的な生活感情・生活感覚、あるいはその言葉によって育まれてきた朝鮮の思想や文化、そういうものを理解し、私たち自身が意識的に、あるいは無意識的に受け入れてきた誤った朝鮮認識を殺ぎ落とし、朝鮮（人）を朝鮮（人）として、真っ当に見ることができるようにならねばと思う。そのことは同時に、他ならぬ私達自身の存在の有りようを見つめ直し、人間としての歪みを問いただしていくことに繋がると思うからである。

この様な理解のもとに、私達は八〇年度末、朝鮮語必修を決定した。

様々な重い足枷《あしかせ》を引きずりながら、ある場合は生と死の狭間で呻吟しながらその歴史を刻印してきた朝鮮人生徒やその親達との関わりを深めていく中で、私達の生の時空では想像すらできない不可知の世界が次々と眼前に展開され、私達の朝鮮認識があまりにも薄っぺらであることに気付かされてきた。他方、圧倒的多数の日本人生徒は、全くの無関心、無頓着、それ故に本人の自覚と痛苦とが欠如したところで朝鮮人を傷つけている。

このあまりにも絶望的な溝の深さを埋めていくひとつの重要な方途として、朝鮮語を在日朝鮮人教師による必修の授業として開講したわけである。つまり、公教育の重要な一環としての価値を付与した形と質とで、否応なしに朝鮮語に向き合わせ、生徒の朝鮮に対する偏見をとりのぞき、在日朝鮮人を包囲している苛酷な状況を打破していかねば、という課題がようやくにして見えてきたということである。

予期していた如く、周到な事前指導を行ったにもかかわらず、授業は反発の噴き出る中で始まり、授業ボイコットや差別的言辞が朝鮮人教師に投げつけられるということが続いた。そこで私達は、問題が起こるたびに、他ならぬ朝鮮語授業の中で、朝鮮人生徒を針の莚《むしろ》に座らせてはならないという強い意志を抱いて、HRや学年で丁寧な話し合いをもち一つひとつ解決していった。

おかげで生徒達は、確実に当初とは違った柔らかな表情を見せてくれるようになり、今までの自分の歪んだ朝鮮観と葛藤し、朝鮮に対する向き合い方を問い直し、実は、歪んでいるのは自分自身であることに気付いていく。そして自分の生き方そのものを見つめ直していくのである。

ところで、とりわけ背筋を伸ばして授業に臨んでいるのが、部落出身生徒や「障害」をもった生徒であり、朝鮮人と暴力で渡り合ってきた「不良」の生徒達であるが、たとえば、かつて「不良」でならし、朝鮮人とぶつかってきたある生徒は、「朝鮮語をやる学校なんてここぐらいだと聞くが、まじめにやれば心が通じ合える。少なくとも『朝鮮』という語感に、二年前と今とではちがった感情を持つようになった」。「朝鮮という言葉を前よりは自由に使えるようになった。李先生のおかげだ。後輩達のためにも、李先生が朝鮮語で生徒とむきあうことをやめずに頑張ってほしい。／俺の朝鮮は李先生。朝鮮語、みんなやれ」と書いて卒業していった。

一方、朝鮮人教師は次の様に述べている。「ぶつかることとは、人間として誰だっていやなことだ。しかし、ぶつかることなしには私は相手に近づけない位置にいやおうなく置かれている。英語で生徒の前に立つ時、生徒にとって目の前にいる私は、朝鮮人としてはあまり意識されなかった。でも、朝鮮語で教壇に立つと、私は朝鮮人そのものと感じられるようだ。朝鮮人のことを少しでもわかってもらう為に、しつこく注意し、むきになってしゃべる私は生徒にうとましく感じられる。他の教科の先生は、私ほど一人の人間の中に踏みこもうとしないで済まそうと思えば済ませられると思う。生徒は、『朝鮮人はしつこいから嫌いだ』『しつこいのは朝鮮』とよく言う。その他私をいじめる為に、低いもの、いやなもの、汚いものとしての朝鮮観を前面に押し出してものを言ってくる。もろに差別的なことばもでてくる。いやになる。が、それを逃さず、相手の本音にふれようとすると衝突してしまう。そのようなつきあいの中で、相手が変容していく姿を見、私自身の生き方、人間観が問われ、少しずつ私も変わってきたと思う。そんな中に朝鮮語設置、朝鮮人教師の存在の意義を感じる」。

日本人生徒達が、素直に朝鮮語の授業に座れるようになるには、この様に朝鮮人教師が、朝鮮人としての自分を丸ごとさしだし、その思いを生徒達に伝えようと必死で教壇に立ち続けている姿があってのことに違いないであろう。

とすれば、日本人教師も、その朝鮮語の授業の質に繋がるＨＲや授業を創造していくことがなければ、無責任に朝鮮語を設置したという謗《そし》りを免れない。そもそも必修朝鮮語の授業そのものが、現在の日本の学校教育の変革を、その根底から問うものであるが故に、ＨＲや朝鮮語以外の授業もまた、その変革を促しうる質を獲得していかねばならない。にもかかわらず、この問題は依然として私達の課題として残されている。

（出典・『南葛の演劇』パンフレット、都立南葛飾高等学校定時制発行、同和教育委員会編集、二〇一〇年三月）

8　「一朝鮮人」として生き抜いていきたい
——民族名を名のり在日を生きることの難しさ——

在日朝鮮人生徒との出会いを原点として

私は、三十年来、在日朝鮮人生徒と深く関わってきました。その仕事を通して朝鮮問題を身体感覚で少しは理解できるようになりましたが、それが教育の仕事にたずさわる私自身のエネルギーの源になり、羅針盤にもなってきたことは、紛れもない事実です。

私が初めて出会った在日朝鮮人生徒が李《イ》昭《ソ》君です。彼との出会いを契機にして、朝鮮問題に関わる様になったのですが、彼は日本名で入学してきました。その彼に私は、朝鮮人として生きることを強く求めていました。そして、その為には、厳しい差別の現実の中を生き抜いてきたオモニ（お母さん）の在日の歴史に繋がらなければだめだとも、執拗に言っていたのです。

当時、朝鮮人であることを必死に隠していた彼は、「どこに自分の子どもを捨てる親がいるんだ！」と、幼い頃より養護施設で育ち、やり場のない怒りを小さな胸に抱えながら生きてきた、その思いの丈《たけ》を投げつけてくるのでした。施設の子だということで学校で差別をされる。学校から帰ればその施設でも朝鮮人ということで差別され、それに反撃すると、集団リンチに遭う、という様な話をまくしたてながら、私に激しく反発していたのですが、私は、そういう彼と向き合いながら、彼のこと、彼のオモニのことを必死で考えることで、この李君親子の在日の歴史の現実と、今まで単なる知識でしかなかった日本の朝鮮に対する侵略と植民地支配の歴史とが結び合わされ、朝鮮問題が私の中で深刻で重たいものとして垣間見えてくるようになったのです。

彼のオモニの記憶の中には、親の面影はその痕跡さえも残されてはいませんでした。幼子の時から天涯孤独の人生を歩み、小学校の門すら一日たりともくぐることはなく、本当は自分が何歳なのか、そして、自分は朝鮮人なのか、中国人なのか、一体何人なのかも実はわからないのだと言うオモニは、読み書きも、計算もできないみじめさと、朝鮮人であるが故に差別されてきた口惜しい数多の体験をひとつひとつ飲み込むことで、自分自身に生命力を吹き込みながら必死で生きてきたのですが、彼女にとって一番悔しいことは、オモニが何度も夢に現れるのに、決してその相貌を現さないということだったのです。そういう彼女にとって息子が愛おしくて仕方なかったであろうことは容易に想像できるのですが、生きていく為にやむなく施設に彼を預けざるをえなかったのです。そして十数年の時を経て、やっと我が子を引き取るために会いに行くのです。しかし、一人の在日朝鮮人少年李君にとって、幼少年期の十年を超える親子関係の空白は余りにも長く、絶望的な重さになっていたのです。ですから、両者の「再会」は、わずかの時間で破局を迎えざるをえなかったのです。

その深い傷を負った彼と出会い、彼のオモニに対する拒絶と反抗につき合う中で私は人間的に随分鍛えられ、彼も又、自己変革への抗いに足を踏み入れていったのです。そして三年の歳月をかけて自分自身と正面から向き合い、オモニとの間に横たわっている深い溝を少しずつ埋めていく大変な努力を傾けて、オモニと出会い直しをしていくのですが、この事実があったればこそ、今日の私があるのです。もし彼との出会いがなければ、朝鮮人を朝鮮人として大切にできる日本人の私はいなかったであろうし、人間的にも今よりずっと冷たい、頭でっかちで薄っぺらな人間であったに違いありません。

とにかく、李君との出会いから、この様な世代を貫いて朝鮮人親子の当たり前の関係を切り裂いてきた本質的要因は、近代天皇制国家によってつくられた侵略と差別・抑圧の歴史の中にあるという事実を突きつけられた私は、日本人の一人としてその責任の一端は引き受けなければならないと考え、以後在日朝鮮人生徒と真剣に関わり、彼や彼女が差別に潰されないように、朝鮮人であることを隠さずに、堂々と、いや、堂々とでなくとも、朝鮮人であることを決して偽らずに、その事実を大切にして生きて欲しいということを強く願いつつ共に歩いてきたのです。

それ故、起立して国歌を斉唱せよという職務命令を拒否したことは、自分のしてきた仕事から必然的に導き出される結論であったと言わなければなりません。如何に石原都知事及び都教委が取り繕うとも、朝鮮をはじめとするアジア・太平洋地域に今なお消えることのない侵略の爪痕を刻印した近代の日本にあって、「君が代」は、その日本国に君臨し続けた神聖不可侵の天皇の支配の永遠性を歌いあげたものであるという事実は、千代に八千代に消えないからです。

日本人と朝鮮人が繋がる為に

問題の卒業式の主役であった私のクラスの生徒達が学んできたことを振り返って見れば明らかになるように、私には職務命令を受け容れる選択は無かったのです。四年生の時、HRや「総合的な学習の時間」等に、朝鮮問題を主題にした討論を行っていました。この討論は、授業がなくなり、生徒達にとっては家で自由にのんびり過ごせる楽しい時間になるはずであった、卒業試験直後から卒業式前日までの一ヶ月も持続され、毎日、深夜に及び、頭がフラフラになるまで続けられていました。その過程で、自分自身が驚く程の変容を一人ひとりの生徒が遂げていったのですが、その流れの中に問題の卒業式はありました。

その討論は、生徒達自身の手で主体的に組織されていたのですが、それを提案したのは一年からの担任であった私でした。私は一年の時から討論できる力量を身につけさせたいと考え、それを念頭にいつもＨＲ等をやってきましたが、最後に、必修の朝鮮語を含め様々な角度から四年間朝鮮問題を学んできた、そのまとめの討論を企図したのでした。

それは、クラスに二人の在日朝鮮人生徒がいましたので、その事実のもっている意味の重さを、日本人生徒達が深いところで理解し、卒業後も朝鮮問題を自分のクラスの在日朝鮮人生徒のことを潜らせてしっかり考え、朝鮮問題が自分の人生の中で大切な位置を占めるようになってくれればという思いから考えたことでした。言うまでもなく、それと表裏の関係にありますが、当の朝鮮人生徒には、真剣に朝鮮問題を考えていくであろう日本人生徒達に拮抗しうる力、あるいは、朝鮮人としての確かな存在感を、一人ひとりの日本人生徒の脳裏に刻める様、自分に磨きをかけて欲しいという強い思いもあったからに他なりません。

朴成哲君との出会い

在日朝鮮人生徒の一人である朴成哲《パクソンチョル》君は、中学卒業後全日制の工業高校に進学したものの、勉強する気力もなく綺麗な制服を残して早々と退学していました。その彼を中学の担任が南葛に行くように薦めてくれたおかげで、私は彼と出会うことになるのですが、入学前の家庭訪問で民族名で勉強するように時間をかけて丁寧に話していきましたが、「日本人になれないと解っていても、少しでも日本という存在に近づこう」と必死に抗っていた当時の彼は、頑なに拒み、傍らのオモニ（お母さん）も決して首を縦に振ろうとはしませんでした。

それで結局「日本名」で入学してくることになったのですが、入学後も外文研（外国文化研究会の略で、外国人生徒達が集まって自分達の生き方を考えていく場）で話したり、個別に呼んで繰り返し話し込んでいった甲斐あって、五月の連休明けに、「朝鮮という存在をほりおこされることがむしょうにいやで」「母国と言う名の鬼からどこまでにげられるのかと、せいいっぱい」だった「今までの自分を変えるきっかけになると考えて」自らの意識をみごとに転換させ民族名に変えていきました。「それは、自分は朝鮮人だという事実を受け入れて、そして、朝鮮人として生きるという」彼にとっては、まさに心がふるえる様な決断であったのです。そしてその裏には、周りの日本人にも、日本人も朝鮮人も関係ない、同じ人間だという姿勢ではなく、自分を朝鮮人としてつきあってもらいたいという思いがあったのです。ですから彼は、次の様にも言っています。自分を「朝鮮人と認識することで両者の関係が成り立っていると考えています。相手の心の中に『朝鮮人だ』という存在を確立して初めて付き合いとして成立すると思います」と。しかし、「これから進む道のりは、安易なものではありません。楽して通れる道とは、思っていません」と、その厳しさも予感していました。

かくして、もたつきはあったものの、彼の南葛生活は好スタートを切ったのです。しかし、一年も経たずに早くも予感的中と相成ってしまいました。遊び惚《ほう》けて、やがて失速し、授業にも、外文研にも現れなくなり、進級不可という事態に陥ってしまったのです。その時の彼は、それはそれはもうひどい状態で、生気はまるでなく、目も虚《うつ》ろで、虚脱感に全身を支配されているという感じでした。

私はもちろん、もう一度やり直すことを求め、彼もこれが最後と思ってやり直してみると、留年の道を選びました。その彼を自分のクラスに入れた私は、彼が自分を卑下することなく、在日朝鮮人、パク・ソンチョルとして真っ直ぐに生きて欲しいと思い、その為の授業とHRを心がけ、朝鮮と日本の関わりを歴史的に考える時間、在日朝鮮人が現実におかれている問題を考える時間を多く創り出していきました。もちろんそれは、マイナスのイメージだけをもっていて朝鮮のことはほとんど何も知らない（この主たる責任は言うまでもなく学習指導要領で教えることを求めない文科大臣にあるのですが）日本人生徒達の朝鮮認識を変えていくことでもありました。

朝鮮認識をもっと鍛えよ

中でも、一番大きかったその学習の機会は、必修で行われている二年の演劇の授業でした。この授業の最後に上演する為のシナリオ、「海峡をつなぐ——安重根と千葉十七」は、私が生徒に伝えたいことを考えながら何度も何度も推敲を重ねて書きあげたものです。

これは、日本が朝鮮を植民地にしていく過程、その過程で安重根がどう生きてきたのか、また、何故伊藤博文を射殺したのか、その安重根に強烈な憎しみを抱いていた看守役の憲兵上等兵・千葉十七が、邂逅以来五ヶ月もの間、安重根と間近に接していく中で、安重根という人間に敬意を表す様になり、安重根の処刑後も彼を慕い、日本と朝鮮との不幸な関係の原点を見据えながら誠実に生きたということを、その内容としています（敬意とは強制するものではないということをこの演劇で生徒達は学ぶのですが、二年後の、「日の丸・君が代」に対する敬意を強制する卒業式でその意味を再確認することになるのです）。

この演劇で日本人生徒達に考えて欲しかったことは、安重根と千葉十七という無名の一東北人の人としての有り様を学び、その中から自分達の身近にいる朝鮮人生徒に思いをはせ、朝鮮とどう向き合ってこれからの人生を生きていくのかということでした。又、朝鮮人生徒達には、この演劇を契機に自らの父母、祖父母の歴史に繫がり、朝鮮人としての自分の生き方を真剣に考えて欲しいということでした。

そして、この問題の背景として、生徒達には、近代の日本が理不尽にも朝鮮に侵略を開始し、苛酷としか言いようのない植民地支配を行い、その植民地支配が崩壊した後もそれに対する誠意ある謝罪もせず、その責任もまともに取ろうとしない、それどころか、相変わらず朝鮮に対する偏見と差別の意識を抱いているという、過去から現在に至るおよそ百三十年余の歴史を理解してもらわなければなりませんでした。もちろん南葛では一年生の人権科の授業で朝鮮問題を年間を通して学ぶので日本と朝鮮との関わりについて生徒達はある程度は理解しているのですが、この不幸な日朝関係の本質については、演劇と併行して学ぶ必要がありました。

演劇は大成功で幕を下ろすことができました。上演後、突然私から指名され、クラスを代表して挨拶した彼は、「俺も安重根のことはほとんど知らなかったので、安重根の役をやらせてもらい、日本のこと、祖国のことについて学ぶ機会になってほんとによかったと思う。現在でも在日朝鮮人に対する差別が根強くあるので、どうにかしてその差別をなくしていきたい。また、安重根の気持ちを理解した偉大な日本人がいたことは、朝鮮人の自分としてはすごくうれしい」という趣旨の話を、気持ちの高揚を押さえながら、全校生徒の前で一語一語嚙みしめるように語っていました。

「安重根の気持ちを理解した偉大な日本人がいたことは、朝鮮人の自分としてはすごくうれしい」という彼の言葉は、私にはとても新鮮な言葉として響いてきたのですが、その言葉は私の中で、「日本人生徒の朝鮮認識をもっともっと鍛えよ」という言葉に、瞬時に置き換えられていたのでした。

今のままの俺ではダメなんだ

四年生の時には沖縄修学旅行がありました。この時、摩文仁の丘の韓国人慰霊塔を訪ねたり、渡嘉敷島に渡り沖縄に強制連行された朝鮮人の軍夫や慰安婦のことを学びました。事前事後にも朝鮮問題を重視した学習を行い、沖縄戦時の重たい差別の重層構造を学んだのですが、彼にはこの修学旅行が自分を見つめる絶好の機会になったのです。「沖縄修学旅行記」の中で彼は、「韓国人いれいとうに行って、いれいとうのまわりを歩き、碑文を読んだとき、何だかすいこまれるような感じがした。無念をのんで散っていった同胞が俺に何か言いたそうな感じがした。今のままの俺ではダメなんだと言ってるような気がした。その通りかもしれない」と書いていました。一学期の彼を見ていて真剣に生きているというふうには見えませんでしたから、私は、自分を見失っていない彼に少し安心すると共に、こういう文章が書ける彼に感心していました。それで私は、次の様に通知表に認《したた》めておいたのです。

「祖国に帰ることの出来なかった冤魂《えんこん》が自分をみつめている、自分に期待をしているという関係性を見ている君は、確かに朝鮮人の『孤独な霊魂』を慰める立場にいることの自覚を認識しているのだと思いますが、その自覚は、朝鮮人としてどう人間らしく生きていくのか、という課題をしっかり背負っていくということにほかならないと思います。

今の日本の状況は、朝鮮人が朝鮮人として堂々と生きていくことは容易ではありませんが、あえてその道を進んでもらいたいと思います。朝鮮人が人間らしく生きることを拒否された君の祖父母や父母達の時代に思いをはせて。

そのためには、まずクラスのなかで自分の生き方をしっかり出していく、そしてクラスの人達の朝鮮認識をもっと深めていく努力が必要だと思います。云々」と。

二学期からは、元気な彼に戻って、授業中もしっかり座り、手応えを十分感じさせ、授業者を喜ばせていましたし、生徒会長として元気に文化祭を仕切っていました。

民族名を名のり在日を生きることの難しさ

そして、長期のHR討論へと繋がっていくのですが、彼は一月の始業式の直後に行われたHR討論の中で、葬儀に出ることさえ拒んだ程怨んでいたアボジ（お父さん）の見方がだいぶ変わってきた話をしてくれました。

「今まで俺は、アボジが死んだ後も、まわりの誰にも、アボジが死んだって言わないで、隠してたんです。でも、何かアボジのことを知らなきゃ今までの自分がないんじゃないかって思うようになって、で、オモニからも少しは聞いてるんですけど、実際、その、アボジがいないわけですから、今となっては聞いときゃよかったかなって思ってます。

小さい時からアボジをうらんでて、高校に入ってからも変わらず思ってて、死んだ後もずーっと、俺はうらんでて、家に迷惑をかけて、家庭をかえりみないで勝手に死んでいったんじゃないかって、一人で思ってたんです。だから葬式も俺一人家族の中でいかなかったし……。けど、自分を知るっていうことを考えた時に、アボジがどうやって生まれてきて、育って、生きてきたんだろう、差別の中をどう生きぬいてきたんだろうって思って、生きてるうちに聞いとけばよかったかなって、アボジに対する見方もだいぶ変わってきたんです、自分の中で。

これから卒業して日本の社会を生きていくんだけど、年をとるにつれ、自分を本当に知るってどういうことかなって少しずつ考えていくと思うんだけど、アボジのことを知り、オモニのことを知り、歴史を知って、これからの自分があるって思います。

でも、名前は、ちょっと抵抗があって仕事場では日本名（註・しかし実はこれが本名なのですが、何故そうなったのかは不明）を使ってるんですよ。だから名前のことではすごく逃げてる自分があって、でも、社会に出てからはどうしようかと考えてるんですけど、今は行動にうつせない臆病な自分がいます」。


それまでの彼にとってのアボジは、否定すべき存在でしかなかったので、そのアボジに対する見方の変化は、彼にとって非常に重要な変化でした。何しろ、アボジが、病に臥して入院生活を送ることになっても見舞いに行かず、闘病生活の果てに亡くなっても、その葬儀に参列することすら拒否した彼ですから、そのアボジに対する憎しみの程がわかろうというものです。この変容を勿論知っていた私から見れば、彼の話は、全く期待外れの内容でした。沖縄修学旅行で自分を見つめ直し、元気を取り戻していた彼であったのに、朝鮮人としての自分に自信がなく、揺れている姿が明確な輪郭を描いて浮かび上がっていたからです。

しかし、クラスで一番存在感のある生徒でしたし、実力派生徒会長として全校生徒が一目おく存在でしたので、クラスの生徒達は、その様な彼がそんなに深く思い悩んでいるのかということから、本名、あるいは民族名を名のり朝鮮人として在日を生きることがいかに難しいかということを、肌で敏感に感じとっていたのです。このことは、非常に重要な事実でした。

朝鮮人として生きて欲しい

卒業後の本名問題で揺れていた彼は、卒業試験後の討論では、ただ一人正当な理由もないのに遅刻をしたりして、初めは中途半端な座り方をしていました。当然、討論の中でそういう姿勢を厳しく批判されていくことになります。しかしその批判を受けとめ、その真剣な批判に応えていく様になった彼の姿勢に、生徒達は自分の立場を見据えながら「朝鮮人として生きて欲しい」と精一杯の温かい励ましの言葉を贈ることができるようになったのです。

それを受けて彼は「今回の時間を費やした朝鮮問題や卒業式の議論を通して、俺が朝鮮人であるんだなと再認識できたことにクラスのみんなに多大な感謝の気持ちがある。今までの自分にとって、朝鮮人でありながら朝鮮ということから逃げていた自分がいた。名前のことにしても中途はんぱな自分だった。話し合いの場での日本人からの率直な意見というのがこれからの俺にとってかなりの糧になる。『日の丸、君が代』についても、当の日本人が朝鮮を考える授業やこのＨＲ討論で学んだことをふまえて反対という意見を言ってくれたことも、ああみんな考えてるんだなと素直に言える。俺もこれからもっともっと考え、深くなやみ、もがきながら、日本社会を生きぬいていこうと思う」と返していきます。

今まで変わりきれずにいたその他のクラスの生徒達も、朝鮮のことを考えることで自分自身を見つめ直していく中から、それぞれが、クラスのみんなを信頼し、自分の心を開いて確実に変わり、自分自身が驚くほど変容していきました。そしてこのクラスの一員であったことに喜びを感じ、この南葛で学んだことを大切にして生きていこうと決意していったのです。

そういう生徒達の姿は、外形的なものにも美しさを見せてくれます。それを強く感じたのは、送別会でバレーボール大会が行われた時です。クラスの生徒達は、試合の合間にトレーニング・ルームで全員が集合して練習しているのですが、部屋いっぱいに広がり、実に綺麗な円形を作って大きな声を掛け合いながら楽しそうにやっているのです。今まで決して見ることのなかったこの光景は、「エッ！　こんな光景があり得るの！」と、とても新鮮な驚きを私に感じさせてくれたのです。

「一朝鮮人」として生き抜いていきたい

討論がようやく終わり、翌日、憲法第十九条違反、教育基本法第十条違反の「国定」ならぬ「都定」という前代未聞の卒業式を迎えることになります。しかも都教委の厳重な監視の下で。

クラスの代表として答辞をやったのは、クラス討論の中で一貫して中心に座っていたのでみんなから推薦された柴谷さんです。「今日はお風呂に入れるかな」等と心配する程討論が連日続く中、なかなか時間がとれず、彼女は寝る時間を割いて頑張って書いてくれましたが、脱稿したのは卒業式前日の深夜で、「家に帰ってからもう一度見直してみるよ」と言いながら、ふらふらした足取りで家路へとついたのでした。

翌日その答辞の中で彼女は次の様に述べています。

「南葛では、朝鮮問題・部落問題・その他さまざまな人権問題など、他の学校では教えてくれない、人として生きていくうえでの大切なことを教えてくれています。しかしクラスに、朴成哲がいなかったら、在日朝鮮人がいなかったら、教えてもらっても、理解するにはほど遠かったかもしれません。卒業する今、まだまだ不十分だとは思いますが、人権問題に対して私自身いろいろと考えられるようになってきました。

クラスでは、総合（註・HRと学校行事を合わせたもの）の時間で人権問題に取り組むことが多く、ほとんどの総合の時間を人権問題について学んでいたような気がします。でも最初の頃は、どこかで自分とは関係ないと思いこみ、ただ時間が過ぎていくのを待っていただけだったと思います。しかし、四年の卒業試験が終わったあと、毎日夜中まで朝鮮問題について、クラスで話し合ってきた中で、たくさんの大事なことを学びました。

自分自身の、知らないあるいは見ないようにしてきた問題を考えるようになって自分自身一回りも、二回りも成長することができました。また、お互いの心の奥底に踏み込まなかった自分がいたことに気がつきましたし、それによってみんなの本心を聞けたことは、成長への第一歩であり、さらにクラスのみんなとの仲も、うわべだけではなく、本当の友達になれたような気がします。

朝鮮問題についても、特に、先生が招いてくれたいろいろな個性をもった在日朝鮮人の生き方をじかに聞いて、今までイヤなこと、めんどうなこと、辛いことから逃げていた自分を恥ずかしく思えるようになり、きちんと自分の問題として朝鮮のことを考えていかなければならないと気がついたのです。

クラス討論の中でこのような大切なことを学んだおかげで、卒業後も、朴成哲として生きていけるかどうかを真剣に悩んでいた彼に、私は朴成哲として生きていってほしいと言えたんだと思います。

クラスの一人一人が、ちゃんと自分自身と友達に向き合って真剣に考えはじめたのが、背景にはありますが、前の私だったら、それは本人が決めることなんだからと思って、何も言わなかったと思います。」

確かに二年生に編入してきた彼女は、名前なんか本人次第で他人がとやかく口出しするようなことではないと言っていましたが、この時の彼女は、緊迫した討論の中で、自分の離婚の話をして、離婚後の名前のことで悩み苦しんだ経験を話しながら、そのことと朝鮮人の名前のこととは重みが全然違うけど、「朝鮮人として、朴成哲で生きて欲しい、成哲ならやれるはずだから、ぜひそうして欲しい」と力強く要求していきました。その気迫に気圧《けお》されている彼の姿はなんとも印象深いものでした。

その彼は、外文研代表としてパヂ・チョゴリでその長身を包み答辞に臨みました。

「四年の総合的学習の時間のテーマは朝鮮問題。その成果が出たと思ったのが三学期の卒業試験が終った後に一組で朝鮮問題に関する討論が行われた時。時間は延べ四十時間に及ぶ。その長い時間をかけて行われた議論で、普段みんなが朝鮮をどう思っているのか、また南葛を通じて何が自分自身の中で変わったのか。クラス皆の今まで持っていた朝鮮に対しての意識は、大半が『知らなかった』などの意見だった。けれど、知らなかったから知った後『自分では何を考えたらいいのか』等の心の葛藤を聞くことが出来たと思う。

また、俺自身も、この議論を経て今までは目を背けてきた朝鮮という現実に今一度目を向けるいい機会だったのではないかと思う。名前に対して今一つ勇気がなかった俺だけど、手始めに大学でも『朴成哲』で行こうと決めたし、バイト先でも『朴』を名乗ろうと思っている。（中略）卒業した後、新しい世界に飛び立っていくわけだが、朝鮮人として恥じない生き方をしていきたいと思う。まだまだ日本の社会で、在日朝鮮人の立場は非常に苦しい。だが、その苦しい社会を『一朝鮮人』として生き抜いていきたいと思う」。

悩み抜いた末に朝鮮人として生きようと決意する彼の背中を叩き朝鮮人生徒の変容を促していったのは、紛れもなく柴谷さんや、帰化をめぐる議論の中で「朝鮮人として生きることは確かに差別があって生きづらいのが日本の社会なんだけど、俺は生きにくくても、人間らしい生き方がいいと思う」と話していた日本人生徒達でした。生徒達の中では、差別に直面することがたとえ不可避であっても、民族の魂を大切にし朝鮮人であることを隠さずに生きることが人間らしい生き方であるという認識が育っていたのです。

私は、HR・学校行事の活動を通して、一人ひとりの生徒が自分自身としっかり対峙し、周りの他者と真摯に関わることを通して生徒同士がお互いに鍛え、磨き合い、そして支え合うことで、人としてより豊かな自分をつくっていくことを目標にクラス形成を考えてきましたが、最後の最後になってようやく、その小さな可憐な花を咲かせることができた様に思います。

そして、その中心には常に、本質的には日本人の問題である朝鮮問題を据えてきましたが、そのフィナーレに相応《ふさわ》しく「卒業式の歌」として、朝鮮語の授業でみんなが歌って大好きになった「アチミスル（朝露）」という歌を、朝鮮語の李政美先生と一緒に、朝鮮語と日本語とで、元気に歌いましたが、この歌は卒業生達が心の底から歌いたいという気持ちをもって歌っていましたし、また、歌の一節にある「私は行く　荒れ果てた荒野へ／悲しみ振り捨て　私は行く」という言葉を、自らのこれからの人生を歩む決意として歌っていた様に思えて、私は心を揺さぶられるものを感じていました。これで「日の丸・君が代」がなかったら、卒業生達に相応しいとても素晴らしい卒業式になっていただろうと思うと、返す返すも残念に思えて仕方ありませんでした。

南葛で学んだものを否定するな、そうだ、私の仕事も否定するな

クラスの在日朝鮮人生徒達のことを考えてきた、その論理的実践的帰結として、「日の丸・君が代」に反対し

た生徒達の卒業式に、はたして「日の丸・君が代」強制が不可欠かと問えば、都民の良識はかならず否と答えるでしょう。柴谷さんも成哲君も、それぞれの立場から「日の丸・君が代」強制を批判する答辞を読んでいます。

柴谷さんは、クラスで卒業式の在り方を考えてきた経緯を踏まえて、次の様に述べていました。「今、都の教育委員会は、反対する先生達を処分してまで全都一律に『日の丸・君が代』を強制しています。このことは自分達にふさわしい卒業式とは何か、ということについて一生懸命討論してきた私達には、とても理解できません。教育がこのような処分を振りかざした命令で行われるということは、民主主義の国ではありえないことだと思います。とくに『日の丸・君が代』の問題は、一人ひとりの思想・信条にかかわるものですから、よけいに強制・命令とは無縁のはずだと、私達は考えます。ぜひ、来年度の卒業式には『日の丸・君が代』の強制をやめていただきたいと強く訴えたいと思います」と。

成哲君も「俺たち朝鮮人にとって、『日の丸・君が代』は三十五年にも及ぶ日本の植民地支配の象徴です。その『日の丸・君が代』を俺たちの卒業式に強制してほしくなかったと思います。それは今まで南葛で学び、得たものを否定することにもなるからです。／在校生のみなさんも、たくさんの外国人と共に学んでいるのですから『日の丸・君が代』について真剣に考えてほしいと思います」と、力強く後輩達に語りかけていたのです。

生徒の教育権を守るために職務命令を出したのだと主張している都教委に対して、当の生徒達は、「日の丸・君が代」の強制はやめて欲しい、「今まで南葛で学び、得たものを否定する」な、と都教委に異議を突きつけていたのです。しかし最高裁は如何なる論証もせず、生徒の教育権を守る為の「配慮」と主張する都教委を擁護し、私の主張に鉄槌を喰らわせてくれたのです。このことは生徒の学びが否定され、私の仕事も完全に否定されたことを意味しています。

それはともかくとして、この様な頼もしい、愛すべき生徒達がいるのに、何故私が起立して「君が代」を歌わなければならないのか。ましてや、私はすでに李君との出会いを契機にして、「日の丸・君が代」を絶対認められない思想・信条を身につけ、その様な自分をクラスの生徒達に語っていたのですから。にも拘わらず「君が代」を歌えという、思想・良心の自由を侵害し、教育の条理を著しく逸脱した職務命令を認める最高裁の知性は腐乱していると言わなければなりません。

勿論、南葛で学び、それぞれの「荒れ果てた荒野に」向かって旅立っていく生徒達一人ひとりにとっても、「日の丸・君が代」は、決して似つかわしいものではないのです。

（出典・『日の丸・君が代』最高裁判決批判――教育の本質に照らして」、雑誌『ひとりから』編集室ふたりから、二〇一一年十一月）

9 「障害」を持った生徒に教師自身が変容を迫られて

対郵政局不合格撤回闘争

卒業をひかえた手塚君は、教師に一切知らせることなく「郵政外務員」の試験を受けた。受験前には郵便局に相談に行き、手に障害がある事を伝え、「差し支えない」との確認をしていた。そして、当時勤めていた会社を退社し試験に備え、受験した。だが、結果は不合格だった。

そのことを聞いた私たちは「何故不合格なのか」東京郵政局を相手に何回かの交渉を持った。その過程で手塚君は「郵政局は『障害』者のことを考えようとしていないし、先生がこれ程までにやってくれるとは思わなかったので、これ以上迷惑をかけられない」と、闘争から降りる宣言をする局面があった。

これに対して私たちは、「納得のいく闘いをした上で敗北したなら仕方がない。しかしまだ全力を出し切ったとは言えないから、もう一度頑張って欲しい。それにこの取り組みは南葛で初めてのことで後輩たちにも重要な意味を持つはずだ。彼らの中にも『障害』者はいるし、朝鮮人もいる。また部落出身生徒もいるだろう。彼らにとって自らの進路を切り拓いていくのは至難の業である。今ここで諦めずに闘い切っていくことは、そういう後輩たちを励ますことにもなる。教師のことは考えるな」と、もう一度やってみるよう決意を促し翻意させ、交渉の最終局面においては、本人自身が自分の思いのたけをぶつけていくテーブルを設定させたのである。そして結果合格になったが、教師の側には課題を残した。

この闘争で浮き彫りにされたことは、今までの南葛の教育は、生徒の仮の姿を相手にしていた教育でしかなかった、ということである。このことはまた、都高教（東京都高等学校教職員組合）最強の分会と自他共に認めていた南葛定時制分会の労働運動の内実を鋭く問うものでもあった。

つまり、郵政外務職員の試験を受けて失敗した報告を受けて、私たちが「障害」者に対する就職差別であると判断し、不合格撤回闘争に取り組み始める時点から、彼の実像を少しずつ捉えていくていたらくぶりであり、進路保障の明確な視点をおさえ、彼の生きる営みに寄り添うという関わり方が、一年生の時から出来ていなかったのである。それ故、田舎から上京しプレスの仕事について、片手の指四本を切断してしまった彼の思いを到底知る由もなかった。そんな教師であってみれば「先生がこれ程までにやってくれるとは思わなかった」と言われてしまうのも、無理のない話であった。

以後の南葛は、彼の言葉を胸に、連続的な就職差別反対＝不合格撤回闘争を、不当な差別の重圧を、命を懸けてはね返し生きてきた当該生徒の、その姿を軸に据えて組織し、勝利していくことになる。

（出典・『南葛の教育――生徒の魂と出会う』パンフレット、都立南葛飾高等学校定時制発行、二〇〇八年三月所収。「南葛定時制の歩み～被差別の若き魂との絶えざる出会いを求めて」二〇〇〇年九月）

私が初めて進路の係になり経験したこと

手塚君に対する就職差別反対・不合格撤回闘争は、東京における進路保障の闘いの原点になるものでした。当時の都立高校における進路指導は、企業の要望に応えて生徒を育て送り出していたので、差別的な選考がしばしばあったにも拘わらず、企業の差別性と闘うという姿勢はありませんでした。もし企業に抗議でもしたら次年度の求人が来なくなると考えていたのです。

しかし、理不尽な差別により生徒の進路の道を閉ざされて良い訳がありません。ただでさえ求人票もほとんど送られてこない差別的状況に置かれている定時制の生徒達は、就職差別反対・不合格撤回闘争にうってでて初めてその進路が保障されることに気がついていくのですが、その闘いの経験は、闘いの質が高ければ企業の差別的な体質が変えられるという事実に気がつくことでもありました。そして、その質は教師が生徒と関わったその質に規定されるということに他ならなかったのです。

差別は許せないという純粋な怒りから始めた初めての取り組みの時は、手塚君とは問題が起こるまで全く関わりがなかったので、彼を知ることから始めねばならず、やはりその点が大変でした。しかし、次年度の取り組みとなったのは、郵政省が行った障害者を対象とする特別選考に応じて不合格にされた岩崎君の場合ですが、彼とは授業での出会いがあり、しばしば話もしていたので良く知っていましたから、そのことが不合格を撤回させる大きな力となりました。

不合格理由を質《ただ》すと、東京郵政局は、筆記試験や作文の点数が悪かったと説明してくるので、それに対置したのが、彼を丸ごと評価せよということでした。彼が今までどの様な思いで、どのように生きてきたのか、想像力を豊かにして考え、彼の生き方のなかで蓄えられてきた人間的な本質的な力を見て欲しい、それは仕事に向き合う場合の力にもなる筈だということでした。又、交渉の席では、授業に取り組む彼の真摯な努力を教科担任が語っていくなかで、単なる知識の断片の多寡で一体彼の何がわかるのかと、郵政省の薄っぺらな試験内容を批判していったのですが、この東京郵政局に対する闘いを嚆矢《こうし》として、南葛は差別を許さない進路保障の取り組みに大きく踏み出していくことになりましたが、その為には、不当な差別に立ち向かえる主体的な力量のある人間に生徒を育てていかなければなりませんでした。私達の考える進路保障は、ただどこかの会社に入れるように指導することではなく、卒業後差別の渦巻いている社会を、自分を見失わず、自分の課題から逃げずに、どの様に生きていくか、ということを考え、実践していける力を保障していくことだからです。

ところで、この南葛の進路保障の取り組みは、都教委が生徒の進路問題に真面目に取り組む契機となっています。何しろ、手塚君の時には、私が都教委に支援の要請に行っているのですが、門前払いを喰らったのですから——それは我々の仕事ではない、と。

丸ごとの評価を

岩崎君は母体のなかで手足が臍帯にからまって発育異常となり、手足に障害をもって太陽の下にその生を受けたのですが、入退院を繰り返すことになります。自力で歩けない彼は、小学校へは、幼児が乗る三輪車に乗せられて母親と通学していました。しかし、小学校四年の頃、手術をしてようやく松葉杖で歩けるようになるのですが、退院してきた時は、脳溢血で倒れた母親は、自分の足で立つ喜びに満ちた子どもの姿を見ることなくすでに他界していたのです。その衝撃から家に閉じこもる様になり、学校へも行けなくなってしまったのです。しかし同世代の子ども達から一人取り残された寂しさは将来への不安となり、十五歳の頃、父親に「自分の行ける学校を探して、学校に行かせて欲しい」と必死で頼むのですが、「今さらチイチイパッパを歌ってもしょうがない」とはねつけられます。その父は、仕事もせず、ギャンブルと酒に明け暮れる毎日で、生活費がなくなると彼を親類の家にお金を借りにいかせたりするので、どちらが殺人者になってもおかしくない異様な関係におちいり、彼は家を出ることになります。

それで製靴業を営む家に住み込み、一日中働く生活を始めます。その頃夜間中学の存在を知り、この学校に行けたら自分の道は開けるかも知れないと思うのですが、小遣い程度の給料で、起きてから寝るまで働かされるので学校どころではありません。そこで通学できる会社を探すのですが、障害者を雇ってくれるところはなく、現実の壁に打ちのめされた彼は、自由も青春もない、仕事に追われるだけの生活に戻るしかなかったのです。

それからあきらめの日々が五年も過ぎ、やはり夜間中学が忘れられず、意を決して靴屋の仕事を辞め、職場を転々としながら、二十二歳になってやっとの思いで夜間中学にたどりつき、もっと学歴を身につけて自分にあった仕事を見つけたいと不安をかかえながらも南葛に入ってきたのです。松葉杖を小脇に抱え自転車を器用に乗りこなし毎日休まず登校し、教室の一番前に陣取り授業に集中している姿は四年間変わることはありませんでした。

「今までは人に押さえつけられて生きてきたんで、自己主張もできずに、何事も我慢々々できたんですけど、先生の歴史の授業を受けてるうちに、状況を変えていくのは、問題意識をちゃんともって、問題を抱えてる自分自身が立ち上がんないとって、考えられる様になってなんだか勇気をもらったみたいです」と話してくれたことがありましたが、その頃福祉工場で働いていたこともあって、自分自身の問題、障害者の問題をしっかり考えなければと意識し始めていました。

都が障害者を雇用するモデル工場として民間に委託して作られた福祉工場は、労働者に一切の不平・不満、批判を許さず低賃金で過酷な労働を強いていましたが、その抑圧されていた怒りが爆発し労働組合が作られ、労働条件や職場環境の改善が勝ち取られていくのですが、この闘いに連なったことは、今まで社会からも家族からも抑圧され、邪魔者扱いされてきた現実に屈服してきた彼にとって、実に画期的なことであり、その後の人生に大きな力を与えたことは確かです。

この様な彼の生きてきた道筋を辿れば、生半可な生き方をする筈がない、いい加減な仕事をする筈がないということは十分得心できることであったのです。それで東京郵政局は彼の不合格を事実上撤回したのです。

この様な生徒との出会いは、教師の方がはるかに多くの大切なことを教えられ、否応なく教師自身が変容を迫られるのです。そういう意味では、教師は生徒によって鍛えられると言わなければなりません。

生徒を権力的に選ばず、権力的に追放しない学校を創ってきた事実

私は、南葛で働き始め、信頼できる仲間と出会い、「同和」教育を核にした全国的に見ても希有な学校を創造してきました。それは部落出身生徒、在日朝鮮人生徒、「障害」のある生徒等、日本の社会において、あるいはほとんどの教育現場において理不尽にも被差別の側に追いやられている生徒達と真剣に関わり、又、その教育の質を拠り所にして一般の日本人生徒達とも同様に関わり、一人ひとりの生徒の叫び、あるいは声にならない呟きのなかにその生徒の教育の課題、あるいは人生の課題を見出し、その課題に向かって生きていく生徒の歩みに寄り添っていくことを大切にしていく教育を目指してきました。

この生徒と共に歩く地道な実践の積み重ねによって南葛は、必然的に他の学校から切り捨てられた「不良」の

生徒や、地元の学校から入学を拒否された「障害」者が多く集まる学校となり、定時制であるにも拘わらず、二時間以上かけて通ってくる生徒も少なくありませんでした。ですから、定員の三倍の生徒を入学させ、都教委の認可学級の倍の八クラス編成をしてへとへとになった経験もあります。もちろんそれは来る者は決して拒まず、南葛で学びたいと望んでいる全ての人に入学してもらい、去ろうとしている生徒には可能な限り説得を試み、退学を思いとどまらせ、又、どれ程暴力的であったり、教師に反抗的であったりしても、決して退学させないという学校を目的意識的に創造してきた結果でもありました。

その様な営みは、過重労働を敢えて自らが引き受けていくことでしたから、率直に言って非常に大変であり、苦しみの連続でもありました。ですから南葛は、「普通の先生」にとっては都立高校で最も過酷な職場であり、喜んで異動してきた教師は全くの例外に属する人であったのです。しかし、そういうなかで生徒達と人間的に激しくぶつかり合うことを通して私は（そして仲間の職員もですが）、私という柔《やわ》な人間を鍛えることができたのです。自分という人間を磨き、鍛え上げていかないことには、私よりもはるかに大変な人生を歩くことを強いられ、時には背負わされた重たい課題に押し潰されそうになりながらも必死で生きている生徒達と決して関わることができなかったのですから。

又、そのおかげで、生徒達の心の奥底に降りていかなければ決して見えない、その輝きと出会うことができたのです。

（出典・「南葛卒業式不起立一円裁判」控訴理由書、二〇一〇年五月。「南葛定時制の歩み」前掲）

〈証言〉開き直って生き抜くことを決めて

岩崎　眞

こんばんは、岩崎です。二日前に急に先生から進路について、生き方についてしゃべれなんて言われたんで、まとまらないんですけど、恥をかきながら自分のことをしゃべってみたいと思います。

ぼくは、二十二・三歳のときに、やっと中学、双葉中の夜間中学ですけど、そこへ行って、三年で卒業するのがふつうですけど、と中ではいって、勉強したのは丸々二年くらいなんですね。それで南葛にきて、大学へ、ということで今にいたってるんですけど。なぜ二十歳すぎて勉強しようと思ったか、なんていうことは、時代をさかのぼって、家のことをふくめて話さないと理解してもらえないんじゃないかと思うんですね。だからそのことを話しますと、ぼくの兄弟は六人いて、ぼくはそのすえっ子で、生まれたときから小児マヒで、身体に障害もってて、ずっと病院がよいをする生活で、おふくろにいつもつれていってもらってたのね。だけど小学校へあがるときは、もう、身体のほうはあきらめてたんだよね。ところが四年のときに青砥《あおと》病院からなおる可能性があるっていうんで、よろこんでおふくろはぼくをつれていって、それから入院して退院して、入院して退院してっていう生活が続いたわけ、ここでちょっとぼくの障害のていどを話しておくと、生まれてからその病院に入院するまでは、自分の足でたつこともできず、赤ん坊がハイハイするようなかっこで、家の中でも外でもはいずりまわっていたんですね。だからいつもズボンのひざのあたりにはつぎがしてあったんです。そのことをよくおぼえています。小学校にかよっていたときは、子どもののる三輪車にのって、親とか近所の子どもにおしてもらってかよってたんですね。ところが病院から退院してからというものは、何か歩けそうな気がして家の人に、そこらへんの木材をみつけてきて杖らしきものをつくってもらい、毎日々々歩行の訓練をしたのがみのって、松葉杖で歩けるようになったんですけど、それは赤ん坊が、柱につかまりながら、しょうじをやぶりながら、生まれてはじめて立って歩きはじめたのに似た、とっても感動的なものでした。ところが、そういう自分の姿をまったく見ずおふくろは他界してしまった。その前に、おふくろは、ぼくのことをはじめ、いろいろな心配があって、つかれきってしまい、持病の脳いっ血で死んでしまったんですね。

それでのこされた兄弟は、みんな中学を卒業して働きにでたり、あるいは定時制にいって働きながら勉強するっていうふうに、自分たちのことは自分たちでやっていく、ということでみんな外へ出ちゃって、自分は一人だけ学校にも行けず家にいて、おやじといっしょだったわけ、で、だんだん大きくなって、まわりの子はみんな小学校出て、中学校出てっていうふうになって、自分だけがとりのこされてしまったようなかんじがして、それで、がんばらなくちゃとりのこされちゃう、と思っておやじになんとか学校へ行かせてほしいと言ったわけ、そしたらおやじは「いまさらチーチーパッパ歌ったってしょうがねぇじゃねぇか」って言ったんだよね。そんときはもうカチーンときちゃってね、で、親を自分からうごかしていかなきゃだめだと思って、まず自分から福祉事務所や教育委員会なんかへ行ったんだけど、そこでなんていうかというと、親をつれてらっしゃいって、いつも言われたのね。だからおやじに、行ってくれって言うんだけど「着てくもんがねぇ!」とか言われて……、ぼくのおやじは子どもの教育のことなんか、あんまり考えていなかったのね。でまた、当時おやじは不動産業やってたんだけど、昔から働くことがきらいで、金さえあるとかけごとと酒をくらうことでむちゃくちゃだったのね。それで金がなくなっちゃうと、親せきや兄弟のところへ金を借りにいくんだけど、ぼくがそれをやらされていたんですよ。そんなんでお金のことで親子げんかがたえなかったわけ、だからぼくは、こんなおやじに不満と憎しみとをもってたし、殺意をいだいていたこともたしかにあるんですね。だけど根深く、執念深くうらんでたんではないわけ、親の理解もあるていどできたしね。

まあそんないろんなことがあって、十五歳のころ、そんな家にいてもしょうがない、おやじにたよることはできない、ということで家をとびだしてしまったのね。で、くつをつくっているところで、そこは個人でやっているとこなんだけど、住みこみで働くようになったわけね。で、そこにいたときに新聞に広告が出てて、夜間中学生募集のね。そこには先生と生徒が給食をいっしょにたべてるのが出てたんだけど、あーこんなところへ行けたらなぁー、なんて思ってね。当時は昼間働いて、夜学校へ行くのはすごく大変だったけど――まあ今も大変だけど――ぼくはもっとそれ以上に大変だったのね。障害もってるからね。だけどそんな学校があるんならなんとかして行きたいなぁーと思ったわけ、だけどそのくつ屋さんは、朝から働いて夜ねるまで働かなければならなかったのね。昔からの習慣っていうか、そういうのがあって……それで夜中に行きたいなんていいだせなかったのね。なんとかして行きたかったけどね。他の職場をさがしても小学校も出てないし――小学校卒業の形式的な免状すらないしね。身体も悪いではだれもつかってくれない、という不安が自分におそいかかってくるでしょ。だから十五歳のそのころは、ぼくにとってあまりに孤独なたたかいだったわけなんです。

で、結局、夜中（夜間中学）へ行きたい、双葉中の夜間へ行きたい、と思いながら、とうとう二十歳すぎちゃった。それでいろいろなことを考えたけれど、生きていくには苦労がつきもの、苦労が当然なんだ、というかんじで覚悟して、兄貴たちにめいわくかけないで自分のことは自分でやらなきゃいけないと思ったり、子どものときからおやじを見てて人にめいわくをかける人間、だらしない人間になりたくないなんて思ってたけど、そういうのを教訓化していこうと思ったりしてたんですよね。それから、将来の夢をもったんだけど、それは、どうせ苦労はつきものだから、その苦労に流されてなにものこさないで生きていくのはつまらない、ということでさ、将来は小説家になろうと思ったのね。で、そのためにはあるていど勉強しなきゃならないし、あるていど学歴もなきゃならないと思って、で、もし自分が有名になって世に出たばあい、恥ずかしいや、なんて思って、ということでなにがなんでも自分の人生をかける小説家になりたいな、と当時思ってたわけ、だから夜中になにがなんでも行きたかったけど、夜、学校へ行けるような職場じゃなかったし、なかなかできなくて、思っていることと、やっていることが全然ちがってて、ジレンマっていうかな、そんなのがあって、とうとう二十歳すぎちゃったわけ。だけど、男が思ったことを何もできないんじゃだらしがないじゃないか、って思って、で、当時友だちで、それならやるべきだ、といういいやつがたまたまいてね、ぼくもそうだなぁーというかんじで、とうとうそこをやめちゃったわけ、そんで手に職もってるといってもくつの仕事しかないから、同じくつの会社へ行ったわけ、で、こんどは個人でやっているんじゃないから八時から五時まで働くようになってて、そこにはいったのね。そこで夜中へやっとはいれたわけ、ぼくは十代のとき自分の生き方をあるていど想像してたんだけど、それは三十歳になるまでは小説を書ける力をつけようということでいたわけなんだけど、まあ夜中へはいれて一応そのことがかなったわけなんです。

そのころの双葉の夜中は、一クラス二十二〜二十五人でわりと多かったのね。で、どういう人がきていたかというと、おとうさんの商売が失敗して一家離散にあって、中学へ行けず、どうしても働かなければ、ということできた人とか、三十五歳から四十歳くらいの女の人で、兄弟があまりにも多くて弟や妹のめんどうをみなくちゃならない、家のことをやらなければ、っていうことで学校行けないままこうきちゃって、やっと自分が解放されてきた人とか、朝鮮の人が一人、それから日本で生まれたんだけど、事情があってパラグアイ、ブラジルの方へ行って、やむをえず帰ってきた人もいたし、もうきてる人は千差万別だったね。千差万別だからかえって活気があったんだよね、ぼくがはいったときは、校舎はボロボロで、ろうかの電気はこわれてつかない、床は穴だらけで歩くとガタガタってゆれるんだけど、そんな中で先生も生徒も活気をもって生きてたね。今はたまに遊びにいくけど、ぼくのいたころと生徒のようすはかわってるみたいだね。

そんでまあ、そこをなんとか卒業して南葛にきたんだけど、南葛では、大学へ行きたいというのを真剣に考えてて、それなりに努力して、授業のほうもなんとかついていけるようになり、クラブでも文芸部の部長なんかやってかなり活発にやってたんだけど、そんな学校生活のなかで、たまたま自分と同じような考え方をもってて、文学に関心のある友だちができて、いっしょに本をつくろうじゃないか、ということで、それで原稿用紙五十枚くらい書こうじゃないか、っていうんで、内容はなんでもいいということで、みんなで二十万円くらいだしあって、本格的に印刷屋さんの手でつくったのね。それで本屋さんにおいてもらってけっこう売れたのね。そういったような経験がある高校時代で、学校の友だちもいたし、外の友だちもいたけど、そんななかでいろんなことを考えたなぁ、で、十代に思ってたことを実現できたし……。

だけど、いろんな苦しいことなんかあったけど、ぐちをこぼすのがきらいで表面的には明るいと言われていたけど、常に、なんていうかな、不満があって、何かおもしろくない、だけどやはり生きていくには勉強しなくちゃならん、学力もほしい、と思ってて、そんななかで生活しておもしろくない、そのときに自分が障害者なのに、ほかの障害者の生活、障害者の社会における立場をまったく知らないでいたんだけど、ほかの障害者なんかと話し合いながら、ともに生きていきたいなぁーなんていうかんじがあったわけ。で、高校にはいってからのちのちの話になるけど、東京都が「福祉モデル工場」としてたてた、金町にある障害者福祉工場にはいったのね。すごく悪条件で、ふつうの企業よりも賃金がひくいわけ。だけど自分は障害者のことを知らないし、だからそのことを知りたいと思ったし、ということでこの工場にはいったわけ。そこではくすりをのみながら働いている人がいたり、労働条件が非常にかこくで、そんでたとえば、生活が苦しいから経営者に要求をつきつけるでしょ。そうするとさ、「ほかにうつっていいんだよ」って平然として言うんだよね。障害者がほかの職場に行けないのを知ってて言うんだからね。これが障害者の世界では「エリート」がはいれる福祉工場なのね。障害者っていうのは大変なところにおかれているんだなぁって、その工場にはいって思ったね。障害者が社会的にまったく低いところにおかれている現実にたいしてがくぜんとしちゃったんだよね。それで現実の障害者の問題から逃げるわけにはいかない。何かしなくちゃ、というふうに思いはじめてきたのね。

だけど物心つきはじめた小さいころから、自分はふつうの人とちがう、という劣等感があったわけ。だからなにがなんでも大学へ行きたいなぁ、と思ったわけ。一方で前に言ったような現実があったんだけど、でもそのころは、今自分のやることは、大学へ進学することだと考えていたわけ、で、ぶじに大学へ行けたんだけど、長年あこがれていた大学だけど、思っていたほどの大学でなかったというのかな、そんなかんじだったのね。でまた、ぼくと同じ年令の人たちで、学校卒業してなんとかして障害者にたいする差別を解決しなくちゃいけない、ということで運動していた人たちがぼくのまわりにいたわけね、で、自分とそういう人たちをくらべると、勉強々々というのは必要だけど、自分はあるていど大人だから、社会的になんか、たとえば障害者の問題なんかだれもやってくれないわけね。それで自ら障害をもっている自分がたちあがらなければどうしょうもないというのがあって、勉強なんかもういい、大学へ行くだけがすべてじゃない、そういう問題をやろうということで、大学へははいったけど、行ったり、行かなかったりで、とうとう今行ってれば三年なんだけど、今年休学しちゃったんだよね。来年大学どうしょうかっていうのはまだ固まってないんだけど、ただ大学へ行って講義をきいて帰るというのではなくて、障害者の問題を運動しながら考えていくなかで、どうしたらよいのか、はっきりした展望がみえてないが、みえてくるんじゃないかな、と思っているのね。

で、今は、全障連（全国障害者解放運動連絡会議）っていう全国的きぼで障害者の解放をめざしてたたかっている組織にはいって、車イスにのっている人とか、いろんな人たちと手をむすんで運動しているわけね。全障連っていうのは、まだ組織は未熟なんだけど養護学校義務化反対の問題で、社会的にはけっこう名前が売れてるんだよね。ぼくたちは、どんな子どもでも地域の学校へ行かせるのがいいんだ、子どもの教育にとってたいせつなんだ。障害者だからといって、地域の学校へいれないで、二時間も三時間もかけて行かなければならない遠くの学校へ行かせるのは、子どもにとってよくないと思ってんのね。だけど今年度から養護学校が義務化されて、教育委員会のほうが、君はふつうの学校へ行きなさい、君は「特殊」学級へ行きなさい、君は養護学校へ行きなさい、なんてきめちゃうんだよね。学校は一生の問題なんだから、そんなかんたんに片づけられないと思うんだけど、本人や親の意志を無視しちゃってやっちゃうんだよね。で、そんなのおかしい、子どもはみんな地域の学校へ行くべきだっていうんで、全障連で養護学校義務化反対の運動をしてるんだよね。東京でも去年の七月ころから都教委をあいてに話し合っているけど逃げられちゃってんのね、都教委に。具体的な例だと、今足立区に金井康治君という子がいて、車イスにのってて、今小学校三年生なんだけど、地域の花畑東小へ行きたいって言ってて、本人も、親もね。それで、地域の子どもたちといっしょに学び、遊んでいきたいということで、就学闘争やってて、ぼくはそれを支援する運動をやってるんですね。

そんなことで、昔をふりかえると自分はいっしょうけんめい生きてきたけど、当時考えていたことと、今考えていることとは、だいぶかわってきたんだなぁというかんじがするね。それはなぜかと言うと、やはりあまり社会が、ぼくらが生きていくのにおもしろくないからね。で昔は、子どものころは、けっこうデリケートだったから、こんな社会だったら死んだっていいやなんて思ってたわけ。それで自転車なんかのってたんだけど、自動車なんかいっぱいで、すごい混雑してるところへ、衝動的に道路のまんなかをへいきで走ってるんだよね。で、クラクションならされても平気でね、死にとりつかれたみたいに……そういうときがあったんだよね。ひかくてき昔だけど。まあそんなことがあったけど、やはり生きていくには、自分が満足する生き方を自分でつくっていかなくちゃいけないと思うようになったね。「すわって死するよりたたかって生きる」という言葉があるんだけど、ああこれだ、と思ったね。やはり自分が小さくなってしくしく生きているとおしつぶされちゃうというかんじがあるわけ。で、そんなことよりひらきなおって、自分を満足させる生き方、それは何か問題にぶつかって立ち上がるわけね。で何かこうやっていかなくちゃ……そういうふうにこうかわってきたっていうかな、うまく言えないけど、以上です。

(註) 以上の話は一九七九年六月に、母校（都立南葛飾高校定時制）の後輩のために、あるクラスで話したものである。「当日は他人には話したくないような自分のつらい過去の歴史をさらして語ってくれたために、その重たい話がみんなにも伝わったと思う。」そして「自分の進むべき道を歩んでいこうとするときに元気づけられた」という感想に象徴的にあらわれているように、すくなからぬ者に、きびしい人生を生きていくうえでの〝はげまし〟をあたえたことはたしかだと思う。

※岩崎眞君は郵政省の「障害」者枠の雇用に応募し就職、郵便局に勤務。また、「南葛定時制卒業生の会」（南定会）の「会長」を務め、卒業式・入学式の祝辞で自分のことも伝えながら後輩を鼓舞し続けた。

10 鄭萬模母子記――嗚呼、マンモも逝ってしまった

鄭萬模《チョンマンモ》（정만모）とは、三十四年間に渡る浅からぬつき合い
彼が南葛定時制に入学して二ヶ月ちょっとで私の長男が生まれた
息子は太陽の輝きを受けてからすぐ入院していたので母親も新生児と同室での生活に
この愛しの母子をさしておいて、私はマンモ、マンモと動き回っていた故
彼が十五年かかって南葛を卒業したことも彼女は即座に言い当てた
一事が万事、だから未だに連れ合いには頭が上がらない私

入学後すぐ、朝鮮人ということがわかり、早速朝文研（朝鮮文化研究会＝朝鮮人生徒が朝鮮人を隠さずに
　在日を全うに生きる道を求める場）に呼ぶ
小柄でちゃらちゃらした感じの、しかしどこか可愛げのある少年であった彼に
日本名でなく、本名で生きることを考えてみないかと迫る
「差別されたらどうするんだ！　責任とってくれんのかよ！」と反発する彼

「日本名で生きること自体、差別されて生きていることではないのか?」
「差別されたら勿論差別者の歪んだ朝鮮人認識、朝鮮認識を糺《ただ》していく」
「軽い気持ちで話しているのではない、君とのつき合いは一生だからね」と答える私
能弁な彼は言葉巧みに必死に抵抗していたが、最後は学校だけならいいよと了解した
ところが、その夜、家で暴れ回った末に布団をかぶって泣いていた
本名を名乗る際の葛藤、彼もまた、その重苦しい葛藤から自由ではありえなかった
しかし、名前のことは覚悟して、チョンマンモで通い続けた
時たま、「やっぱり日本名の方がいいよ、先生」と笑いながら言ってはいたが……
仕事についたかと思うと遊びほうけて辞めてしまう彼の仕事を本格的に探し始め
夏休みに日本橋の酒屋さんに応募した
面接に行く前に、履歴書を前にして、会社でも本名を名乗って頑張って見ろと言うと
最初はあゝでもない、こうでもないと拒んでいたが、履歴書に本名を書き込んだ
面接には、担任のA先生と私が同道し
在日朝鮮人が本名で働く意味、生きる意味を話し是非採用して欲しいと話してきた
無事採用されたが、ここも長くは続かなかった
相変わらず、「不良」の一端に連なり
シンナーに手を出したり、パーティー券を買わされたりしていた
勉強とは無縁の、遊びの世界に吸い込まれていた彼は留年を繰り返し
やがて精神を病み、仕事もできなくなり、一時は休学もしていた

オモニは、「もういいかげんにしろ。どうせつづきゃあしないよ！」と怒っていたが

南葛をやめたいとは言わなかった彼

「シンナーすいすぎて、この子はあたまがおかしくなっちゃったんですよ。」

と、退学させるしかないと主張するオモニ

やめるのはいつでもできるから本人の意志を尊重するよう説得する私

この様な場面が何度あったことだろう

「めいわくのかけどおしで、なにからなにまで、ほんとにすいませんね。」

「さいごはせんせいにおねがいするしかないんですよ」とオモニ

私は強制人事異動で上忍定（都立上野忍岡高校定時制）に飛ばされていた間も、折を見て会いに行っていた

再び南葛にもどり、再赴任後初めて卒業生を送り出すことになるクラスに彼を迎え入れた

巡り合わせが悪く、ようやく私が担任になったその時、彼はまだ三年生

だから、修学旅行で一緒に沖縄にも行けた

初めは行かないと頑張っていた

オモニも、「せんせいもごぞんじのように、いけるわけないでしょ」と反対する

自分自身の身の回りのこともろくにできないのだから、みんなに迷惑をかけるだけだ、と

確かにその通りだが、クラスのみんなが参加する修学旅行を是非経験させたかったのだ

旅行というものを経験したことのなかった彼にとって、楽しい三泊四日の旅となった

卒業試験後、卒業までの一ヶ月、仕事で疲れた体を家でゆっくり休ませたいであろうに
クラスのみんなは、卒業記念に何かをしたいと考えていて、演劇へと雪崩《なだ》れこんでいった
彼を含めクラスに三人の朝鮮人生徒がいたので、私は、「海峡をつなぐ」を書いておいた
安重根と、千葉十七という憲兵の人間的関わりを主題にしたシナリオだ
二年生必修の演劇の授業で舞台に立てなかった彼も、全校生徒の前に立つことができた
そして、漸《ようや》くたどりついた高校卒業
この世紀末が、彼の人生のなかで一番穏やかで幸せな時期であったかも知れない

しかし、南葛という場から離れていった卒業後の彼は
己の世界にのみ下降し饒舌に言葉を発する度合いがひどくなっていった
自分の欲求を何一つとして手にし得ない日常への苛立ちも
仕事もだめ、空手もだめ、ワードプロセッサーもだめ、結婚生活もだめ……
高齢のオモニの、死後の不安に怯えパニックに陥る頻度も多くなった
しかし、彼の背負っている苦悩の重さを些《いささ》かでも軽くしてやる手助けは叶わなかった
私のできたことは、彼やオモニからのSOSに応答して堀切の家まで行くことだけ
SOSがなければないで気になって家に足を向ける
そういう意味では、すまないという思いでいっぱいだ

二〇一七年五月二十五日、その彼と突然相まみえることのない関係に

南葛入学以来、三十四年に渡る彼とのつながりが信じられない形で断ち切られ
深い哀しみの感情に襲われ、虚脱感に打ちのめされてしまった
二〇一三年十一月十九日、オモニが逝ったばかり
わずか三年半をおいて、食べたおにぎりが喉につかえての窒息死
嗚呼、マンモも逝ってしまった
ひたすらオモニの面影を追っていた年月にもあっけなく終止符が打たれ
わずか半世紀の生に幕を下ろした
きっとオモニに早く会いたかったに違いない
オモニが亡くなってから
後見人のY弁護士の骨折りと
実生活においては、RさんとMさんの世話になり彼は生きてきた
特に、オモニが亡くなったあとの彼の精神状態が危惧されたが
幸い、二人の支えがあってこの五月二十五日まで元気で過ごすことができた
そしてまた、彼の最後を看取ってくれたのもRさんとMさん
本当に有り難いこと、と言わなければ
彼には人の話を聞かず、自分の言いたいことを一方的に喋りまくり
終わるとプイといなくなる、という癖があったが
そういう意味では、とても彼らしい最後ではあった

小一の時、アボジが脳血栓で倒れ寝たきりの体を病室に横たえるようになってからは
病院を転々としていた訳だから、オモニとの二人暮らし
オモニはナムピョン（夫）と彼の世話、そして仕事にと振り回されて疲労困憊
オモニと二人の生活で、さんざんオモニに苦労をかけてきた彼
彼の行動一つひとつにうんざりしながら、顔をしかめて大きな声で咎めていたオモニ
そんなことを全く意に介さず、マイペースの彼
半世紀近くにわたる喧嘩ばかりの二人三脚人生
彼が煙草を吸うようになると、オモニは本当に火事を恐れていた
度し難い喫煙マナーでテーブルは焦げ跡だらけ、畳の其処《そこ》彼処《かしこ》にも黒い小さなクレーター
オモニに悪たれをつきながら甘えるだけ甘えてきた
その何よりも大切な存在であったオモニとの永訣
悪夢が現となり、茫然自失

オモニの死後、家で生活するのが恐いよ、とRさんとMさんの家に転がりこんでいた
自宅をリフォームして帰るようになったのはずいぶん経ってからのこと
チョンミ（李政美）と三人でオモニの納骨の為、松本の神宮寺に行った時
オモニの遺骨と再会した後、突然激しく泣き出した
松本へ向かう車中を共にしたが、相変わらずの饒舌に辟易していた私は驚いた
「先生！　オモニが死んだら、俺どうなっちゃうの？　もう生きていけないよ！」と

パニックになる彼をしばしば見てきた
けれど、「オモニ！　オモニ！」と慟哭する彼を初めて見た
彼の帰るべきところは、やはりオモニの細い腕のなかであったのだ
オモニが自分を手招きする夢をよく見ていたと話していたが
夢が現となり、彼の胸中はきっと穏やかに違いない
これで、息子の行く末を案じていたオモニも、やっと安堵できるだろう

私たちをおいて、さっさと勝手にオモニの懐へと旅立ってしまった彼
でも、勝手にさっさと行く彼を
優しく見送る人達が沢山いたことは何とも幸いなこと、と言わなければならない
彼は実に十五年をかけて粒々辛苦《りゅうりゅうしんく》の末、南葛を卒業した
これは彼が自分の努力で手にした立派な最高の勲章
その彼と二十年前、一緒に卒業した仲間達や先輩・先生達もかけつけてくれた
通夜（旅立ちの前に）にては、チョンミと高橋導師のコラボレーション
チョンミの「祈り」は、場の空気と相まって、「世尊偈《せそんげ》」と自然に共鳴し合い
音楽会では決して聞くことのできなかった、どこまでも清澄な深い祈り
頭は意識することもなく、チョンミの歌声のままに自然に垂れていく
葬儀式（旅立ち）にては、「朝露」と「般若心経」のコラボレーション
マンモの卒業式の時に、チョンミが多忙の日程をかき分けて卒業式に来てくれて

卒業生と一緒に歌った「卒業の歌」が、「朝露」であった
この時の「朝露」も、「君が代」では決して味わえない感動、心の震えを経験した
この卒業式に参列したY君のお母さんも二十年の時を経てこの時の感動を語ってくれた
しかし、マンモの為に歌われた「朝露」は、また格別であった
俗世間の垢にまみれた彼の心身が、限りなく浄められていく様が
眼前に浮かんでくるような錯覚を覚えた
そして、出棺の見送りに際しては、「セノヤ」
チョンミのアカペラ、それも非日常の空間に佇立する会葬者の
心、心に、静かにしみ通っていく
チョンミの「セノヤ」に送られて彼岸に向かったマンモは幸せだ
髪の毛をちょっとつまんで微笑んでいるマンモの顔が脳裏に甦ってくる
なんとも羨ましい葬送のひと時
オモニの温もりのある懐に再び抱かれ
不安に怯えることなく
己の欲求を潰されることもなく
ただただ、安らかにマンモは眠っていることだろう
高橋住職から連絡が入り、七月二十日が納骨の日に
チョンミと二人で松本の神宮寺に向かう

頭が焼けるような強い陽射しを受けながら、バス停「浅間温泉」から十分程歩く
オモニの骨壺の隣に彼の骨壺は置かれ、三年と八ヶ月振りの再会
墓碑にも、李三南、鄭萬模と上下に刻まれてあった
この世に生きた在日朝鮮人母子、二人の生きた紛れもない証だ
日本の植民地支配の時代、そして解放後の時代と
民族の苦難の歴史の重さに押し潰され
植民地朝鮮の最底辺の社会を飢餓の恐怖に震えながら少女時代を生きたオモニ
解放後二十年を超えても根強い朝鮮人差別の生きていた時代に生を受けた彼
二人にとって終の棲家となった日本という国は
未だ韓国という国、朝鮮という国を正視し得ないまま狼狽《うろた》えている
これでは二人の魂は、本当には安息できなかろう
二人の為に、まだまだやるべきことがあるようだ
健康に気をつけて、できることを誠実にひとつずつ
そうすれば、あの世でも喜んで私を迎えてくれるかも知れない

何はともあれ、心の平穏を満喫して欲しいと願うばかりだ

とうとう、マンモオモニは逝ってしまった

爽やかな秋が足早に駆け抜けつつあった十月下旬、ベッドに座ったオモニは
「せんせいとしりあって、なんねんになりますかねえ」と、感慨深そうに言う
今まで聞いたことのなかった言葉に、私は少し淋しさを感じた
それは、死を覚《さと》ったことを暗示する言葉だったから
でも、顔はいつもの顔

全《チョル》羅《ラ》南《ナム》道《ド》宝《ポ》城《ソン》郡《グン》宝《ポ》城《ソン》邑《ウプ》で生を受け、葛飾区堀切で最後の旅立ちを迎えるまで
オモニの人生に、心の安まる穏やかな一日というものがあったのだろうか
腹の底から笑えたことが、はたして何回あったことだろう
そう思う程、過酷な九十一年という長い日々を刻んできた一生であった
オモニの深い溜息を三十一年間聞いてきた私は、ただそれだけの存在でしかなかったが
オモニの精神の強靭さというものを、確かに学んだ
ただただ息子のことが心配で、死ぬにも死ねないという、オモニの尋常でない気の張りよう
そこから生み出されてきた精神の有りよう

オモニを九十一歳まで生かしてきた源だ
亡くなる十一日前、その緊張した固い糸が切れて、宙に舞った
「あのこが、かわいそうでかわいそうで、しかたないんだよ」と、人前で初めて涙を流したのだ
その一週間後(十一・十五)、それまでは、やつれたとはいえ普通の顔であったのに
頭髪も極端に少なくなり、後戻りのない死者のような顔に一変していて驚かされた
「オモニ、木川ですよ、私のこと、わかりますか」と言っても、目は虚ろで応答もなし
水を口に含むだけのオモニに、生きなければ、という気力は、最早失われていた

それから三日後
この日は反応してくれたが声が出ない、何を言っているのか必死で理解しようとするも
皆目わからず、もどかしさが募るばかり
帰りがけに、オモニは痛そうな顔を見せ何かを求めていたが、わからなかった
かろうじて「みず」と了解できたので、マンモに水を飲ませてあげるように促した
マンモが部屋を出た後は、私が飲ませてあげた
何度かストローで水を口にしたが、痛みが襲っていたようであった
しかし、私には細い枯れ枝のようなオモニの腕を擦《さす》ってあげることしかできない
オモニの大きな手を握るとびっくりする程冷たい、額に手を当ててみると平熱のよう
元気であった頃も「じゅうなんキロしかないいんだよ」と言っていたオモニは

ほんとうに骨と皮になってしまった
きれいな肌も皺くちゃだ
しばらくして落ち着いてきたなと思ったら、突然「せんせい」と呼ばれハッとした
「せんせい、いつまでいられるんですか」と、小さい声ながらはっきりと
今思えば、最後の力を振り絞って全身の力で語りかけてきてくれたのだ
それから少しして又眠りに就いたので、私は帰った
それから九時間程の仮眠を取って、翌早朝、オモニは永遠の旅路へと出立していった
二〇一三年十一月十九日

私の長男が生まれた年の四月以来のことだから、およそ三十年と七ヶ月
オモニの愛おしい息子、マンモは私立高校を退学し、十六歳で南葛に入学してきた
卒業は三十一歳の時、担任は巡りめぐって私
強制人事異動の為、一時上野忍岡高校の定時制に追いやられていたが
都教委に元の鞘《さや》に収めさせ南葛に戻り、初めての卒業生を送り出した
その中の一人が留年・休学を繰り返していた彼だった
卒業式前のある日の夜中
「マンモがやっと卒業だよ。結局何年かかったのかなあ」と言いながら数え始める私
側にいた連れ合いが、「十五年よ」とすかさず断言した
私は一瞬びっくりしたが、「あっ、そうか」と納得した

長男は六月十日に奇跡的な緊急手術で太陽の恵みを与えられたのだが
退院してすぐまた「ブドウ球菌熱症様皮膚症候群」で入院する事態になった
黄色ブドウ球菌の毒素が皮膚全体を侵し、熱傷様の表皮の剝離を起こす危険な疾患である
しかし私は遊び呆けていたマンモの仕事保障等に忙しく、家庭を疎かにしていたのだ
連れ合いは子どもに付き添って、冷房のない西日の当たる病室に泊まり込んでいた
「あなたは子どもが大変だというのに、マンモ、マンモだったんですから、忘れようもありませんでしたよ」と、一撃を喰らってしまったという訳だ

マンモが入学して最初の朝鮮文化研究会
本名で生きる意味について、話し合いをもった
彼は必死で抵抗していたが、不承不承ながら、わかったと言って帰っていった
しかし、後輩のことが気になった朝鮮語のチョンミ先生が家庭訪問をしてくれた
「昨日の夜は本名なんて嫌だ、と言って布団かぶってわあわあ泣いてたそうですよ」
という彼女の報告は今でも鮮明に覚えている
このようにしてマンモ親子との浅からぬ長いつき合いが始まった

オモニは昨年と一昨年の夏、暑さで倒れ、危なかったので、今年は随分心配したが、大丈夫だった
しかし、九月の終わり頃から寝込むようになってしまった
肝臓癌に蝕まれた体は、余命数ヶ月

病院が嫌いで終《つい》に入院せず、自宅で最後を迎えた
最後を看取ったのは、マンモとチョンミのオッパ（兄さん）
彼は何日も泊まり込みでオモニを看てくれた
おかげで大いに助けられたが、精神的安定を保てたマンモが一番助けられたに違いない

オモニの人生を想う時、やり切れない複雑な思いが頭をよぎって仕方ない
慢性的飢餓状態で、遊び回る気力さえなかった子ども時代
もちろん、それは日本による苛酷な植民地支配の時代だ
アボジを追って日本に渡り、家族一緒の生活が始まり、ようやくひもじさから解放された
ある時、オモニの人生で楽しかったことは何ですか、と問う私に、次の様に答えてくれた
「しいてあげれば、しろいごはんをたべられたことだね」
「おいしくて、おかずなんかいらなかったよ」
「なにしろ、にほんにくるまでたべたことなんかぜんぜんないんだから、おいしかったよ」
「そんなものあるわけないでしょうよ、せんせい」と言いながら、探してくれた言葉だった

朝鮮の故郷では、極貧のオモニにとって、学校への道程は余りにも遠すぎた
日本でも親の仕事を手伝わなければならず、学校どころではなかった
嫁いでも平穏な家庭とはほど遠く、夫の女遊びと暴力に泣かされてきた
夫が半身不随になれば、夫の介護に全てを犠牲にしてきた

夫が亡くなり息子と二人の生活になると、今度は息子が精神を病む
幻聴に苦しむ息子は昼夜を逆転させて暴れ回る
酒を飲んでオモニに暴力を振るったり、パトカー・救急車出動騒ぎを起こしたり
更にさらに
「遺産を〇〇に取られちゃうよ、遺留分はどうにかならないのか！　なんとかしてくれよ！」
「オモニが死んだら俺どうなっちゃうんだ！　生きてけないよ！　なんとかしてよ！」
などという恐怖心に囚われ騒ぎまくる息子との日々
心の安らぎとは無縁な生活環境に叩き込まれてしまう
無論、息子が一番苦しんでいることも理解している、が、それにしても……

オモニの居なくなった部屋の押し入れを開けて魂消《たまげ》てしまった
なんと、夜間中学に通っていた時の日本語のドリルが、綺麗にうず高く積まれてあった
それも、いくつものドリルの塔を作って保管していたのだ
ああ、オモニはこんなに学びたかったのだ
オモニと出会った当初から、よく聞かされていた
「にほんごがわからず、いやなおもいをたくさんしてきたから、ふたばちゅうでべんきょうしてたけど、さっぱりおぼえられないんだよ、せんせい」と
それで、オモニに日本語の勉強を一緒にやりましょうと、やったこともある
私が忙しくてできなくなると、チョンミが代わって教えてくれていた

その時已《すで》に押し入れには、ドリルの塔があったのだが、全く気づかなかった
日本語がわからず悔しい思いをしてきたオモニは、晩年までそのことによって苦しめられた
その最たるものは、「遺言公正証書」が勝手に書き換えられていたことだろう
これには私も信じられない程びっくりしてしまったし、不気味なものを感じていた
もちろん、オモニ本人は、計り知れないショックを受けていた
遺言書は、昔、私とチョンミが証人になって公証役場で作成していたのだが
オモニが書き換えたいというので、その手続きを去年から始めていた
その過程で、ある者の手によって書き換えられていたことが判明したのだった

文字を知らず、他人に依存せざるをえない生活の惨めさを嘗《な》め続けてきたオモニ
だからオモニは、人の手を借りるのが嫌いであった
他人は信用できない！
福祉関係の人、ヘルパーの人が来るのも嫌った
看護師が来るのも嫌った
しかし、嫌われた人達の温かさに包まれてオモニは逝った
「オモニ、苦笑いしてるでしょ？」

遺品のなかにあった、たった一枚の写真
マンモのアボジと一緒に撮った写真に釘付けとなった

長身でふくよかな美人であった若き頃のオモニ
私がつきあい始めたオモニからは全く想像すらできない顔であった
並外れた苦労の連続が顔を変えてきた、ということだろう
しかし、人に会う時は、常に身だしなみを整え、髪の毛も綺麗に梳《す》かしていたオモニ
そのオモニに相応しく、納棺師に丁寧に化粧され
苧麻《ちょま》の壽衣《スイ》（수의）を身につけたオモニの顔は、威厳に満ちていた
オモニが自分の人生のなかでつくりあげた、自分自身の顔だ

「なまいきなこむすめなんだから」と、気の強いオモニに言われても
「くそばばあ」と冗談半分に反発していた娘時代の気の強いチョンミが
出棺に先立ち、「セノヤ」（세노야）を朗々と歌いあげてくれた
「オモニ、可愛い小娘の円熟した歌声に、心の芯まで温まって満足したでしょ？」

遺骨は、骨壺の半分位は埋まるのかなと思っていたが、ちょうど一杯になった
九十を超えると普通の人は半分位にしかならないが故人は骨がしっかりしているので
と、葬祭場の人は、驚いていた
丈夫な骨のおかげで転倒することもなく、死の直前まで元気でいられたのだ

何の心配もせず心の安まる世界にやっと身を置いているオモニを瞼に浮かべると

目は自然と潤んでくる
オモニ、これからは自分のことだけを心配してください
さようなら
今はただ、謹んでマンモオモニの冥福を祈るばかりだ

李三南オモニの骨を拾って二週間後
二〇一三年十二月八日

木川　恭

（出典・「緑苔先生気紛通信——霧のひとしずく」、二〇一七年七月／
「キルタスの会」報告資料、二〇一四年五月）

11　韓国にルーツをもつ子ども達と関わって——南葛と大久保の子ども達

1

私は、途中一度、強制異動で他の定時制高校にいましたが、あとはその前後三十年間、都立南葛飾高校定時制（以下「南葛」とする）で働き、日本の社会のあらゆる矛盾の吹きだまりのようななかを、差別と抑圧の重みをその一身に受け懸命に生きてきた様々な生徒達と出会い、絶対少数派の側に位置するその生徒達を大切にする学校を、仲間の教師達と共に創ってきました。それ故、定年後も再任用で南葛の教壇に立ち続けたいと思っていましたが、「日の丸・君が代」問題で処分された者は教師として失格であるという烙印を石原都知事及び都教委に押され、南葛の教壇を追われてしまいました。

高校・大学時代の私は、日本の近代史を比較的よく勉強していたので朝鮮のこともそれなりに理解しているつもりでしたが、いわゆる「朝鮮問題」に関わる認識は当時の私にはありませんでした。しかし、教員になって五年目に、初めて在日朝鮮人生徒と出会うことで否応なく朝鮮問題と向き合うことになり、このR君との出会いがその後の私の教育実践、更には今日の私の生き方をも規定することになったのです。

彼と出会うことで在日朝鮮人の抱えざるを得ない差別の現実というものを初めて知った私は、自らを恥じ、彼との関わりを通して自らを捉え返し、その恥を雪《すす》ぐ生き方を探ってきたと言えるでしょう。

R君は、親がいないことで差別され、朝鮮人であることで差別される日々を送ってきました。その天涯孤独の中学二年生の眼前に突如として現れたオモニ、そのオモニも又、両親はおろか親類縁者を誰一人として全く知らない天涯孤独の少女時代を送っていたのですが、この朝鮮人少女が学校で学ぶことを手助けしてくれた大人は誰一人としていなかったのです。その為、天涯孤独であるが故に差別され、字の読み書きができないことで差別され、朝鮮人であることによって差別される日常を強いられていました。この親子にとって生きるということは、日本という国、日本人のつくった空間での、ある意味では強制された生を生きることであったに違いありません。差別され、痛めつけられても、朝鮮人であるが故にその仕打ちを甘受しなければならないという過酷な生……。このR君親子は、私と同じ時空を生きながら、それまでの私の人生経験では到底想像し得ない世界を必死で生きていたのです。

「俺が朝鮮人だってことをクラスの奴らにばらしたらぶっ飛ばすぞ、この野郎！」という荒々しい言葉を投げつけられることから始まったR君との厳しいつき合いの中で、そういう生を強いている日本とは何か、その国民の一人である私は何をしなければいけないのか、自分の生き方をどう定めていくのか、という重たい問いを私は問われ続けたのです。そして、その後、多くの在日朝鮮人生徒達と出会い、朝鮮人生徒達が日本社会の同化の圧力に押しつぶされ、日本名を名のり、日本人らしく在日を生きる途を選び取ってきた生き方を捉え返し、それを反転させていけるように、朝鮮人生徒と誠実な関係を創造していかなければ、と実践してきた私にとって、「日の丸・君が代」を受け入れるということは、その自らの実践を否定する行為となる本質的で深刻な問題であったのです。しかし、このように「日の丸・君が代」の職務命令を拒む論理を教育実践のなかから獲得してきたことによって、私は戒告処分を受け、再任用まで拒否されるという屈辱を受けたのです。そこで、余りにもはらわたが煮えくり返った私は、定年退職後、南葛の教壇に立たせよと、教育の論理を軸にして裁判闘争を始めました。

同時に、南葛外文研（都立南葛飾高校定時制外国文化研究会、三十六年前私が三人の在日朝鮮人生徒と立ち上げた。当時は朝鮮文化研究会＝朝文研）のボランティアとして週一回南葛に通い、授業前は韓国から来たばかりの生徒達に日本語を教え（昨年と今年は教えていない）、放課後は外文研に参加していました。また、丸三年闘った裁判闘争に敗北した後、新宿の大久保とその周辺で生活している韓国にルーツのある子ども達の勉強や生活をサポートするボランティア活動も始めました。

2

南葛外文研のボランティアとして、今現在は、Kさんと、卒業生で南葛の朝鮮語の講師をしている李春花《リチュナ》さんが頑張っているのでたいしたことはしていませんが、Kさんが来る前は南葛の専任教師達がやらなければならない仕事を李春花さんと一緒にやっていましたので、その一端を述べておきたいと思います（ここはフィリピン人生徒の話だが、本稿の主題とその本質は通底している）。

かなりひどい暴力事件をひきおこし（二〇一〇年十月）逮捕され（二〇一一年一月）、南葛の教師達から見捨てられてしまったフィリピン人生徒がいました。彼女は、教師達に五ヶ月間も冷然とほったらかしにされたあげく実質的な退学処分になり、学校を追い出されてしまいました（二〇一一年三月）。これは実に悲しい出来事でした。生徒のための南葛を創ろうという一念で、三十年以上コツコツと働いてきた私には全く有り得ない、有ってはならないことが起こってしまった訳ですから。

そもそも本事件の場合であれば、当事者・保護者と徹底的に話し合いを積み重ね、最後は当事者が憎しみを飲み込み、和解していける道を追求すべきであったのです。そして、事件を機に、当事者達が人間的な成長を獲得していけるような教育が求められていたのです。そうでなければ、何人にとっても、価値的なものは何も残らない不幸な事件としてのみ記憶されてしまいます。勿論、当事者の心の傷が深く刻印されたまま……。

私は、退学してもらうしかないという学校の雰囲気を知るに及び、居たたまれない気持ちに急かされて、何としても彼女を取り戻し、後戻りできない途に足を踏み入れさせてはならないと、久方ぶりに生徒の為に全力疾走するのでした。家庭訪問をし、鑑別所、家庭裁判所、弁護士事務所へと駆けずり回り、嘆願書を書きあげました。幸い審判の結果は保護観察処分となり少年院には行かずにすみました。しかし、大事なのは、この後のことに違いありません。彼女自身が事件を惹き起こした自分自身と真剣に向き合い、再生への途を自ら探し求めなければならないからです。以後およそ半年間、毎週のように会って、この重要な課題に立ち向かう彼女につき合ってきました。その甲斐もあって、一時は違法薬物にも手を染めていましたが、今は落ち着いて仕事の日々を送っています。

荒れることでしか自己を表出しえない生徒も、かけがえのない一人の生徒であり、教師との心の出会いを渇望しているのです。これまでに様々な挫折を経験し、強い人間不信、教師不信を味わってきているのに、その傷を自らの意志と努力では容易に癒すことができず、呻吟し心の奥底で涙しているのです。表面的な言動からは決して見えない、この真実をこそ私達は凝視しなければならない筈です。

事件が起きてから警察にもほったらかしにされていた彼女から、事件のことがどんどん遠くなっていた頃のある朝（事件後三ヶ月）、彼女は突然逮捕され、かつてない衝撃と不安に襲われ、自己回復の途を探し求めもがき苦しんでいたのです。とすれば、彼女に寄り添い、自分自身と深く向き合う思索の機会を保障し、彼女が立ち直れるように全力を傾けることこそが教師の本分であり、問題を起こした生徒を退学させるということは、教師自らの責任の放棄と言わなければなりません。

外文研の生徒は、「彼女の居場所は私たちの中にある」と書いているのですが、その「私たち」の中に教師は入っていないのです。入ろうとすらしていないのです。生徒は、先生達もこの「私たち」の中にしっかり入って欲しいと、言外に言っているのに……。

彼女は鑑別所の面会室で私を見るなり、「えっ、先生だったの。おい、先生がきてくれたぞって職員の人に知らされたんで、担任が来てくれたと思ったんだけど」と寂しげに言いました。二度目に面会に行った時、「こんどこそ担任だって思ったんだけど……」と苦笑いを浮かべながら話す大きな体の彼女が、妙に小さく見え、切なくてしかたありませんでした。明らかに彼女は担任に助けを求めていたのです。しかし、その手を振り払い、担任と学校は自主退学を突きつけていたのです。

それにしても、担任や南葛の教師達に見せたかった彼女の忘れられない姿がもう一つありました。それは、保護観察処分決定後に、彼女、お父さん、Cさん、私の四人で金町の喫茶店で会い、今後のことを話し合った際に、嘆願書（これはCさん、外文研の先輩、お父さんの話を聞いて、私が書いた）を読んでもらったのですが、周りにお客さんが何人もいるのに、鼻水をたらたら垂らしながら、おいおい泣きじゃくり、止めどなく涙を流していた彼女の姿です。

全入無退学処分を高く掲げていた私が現役の時代の南葛は、他校を追われたり、入学を拒絶されたりした生徒を沢山迎え入れていました。ですから外部から見れば、柄の悪い怖い学校と見られてしまう側面もありました。しかし、警察の手にかかる生徒がいてもクラスの生徒達は彼や彼女を自分達のクラスに取り戻そうと、真剣に考えていました。実に生徒達は温かかったのです。生徒を見くびることは教育にとっては致命傷ではないかと思います。人間的な温もりは、絶対的な価値であり、皮相的な人間関係では決して見いだせないのです。生徒を学校に取り戻す為に必死に駆けずり回ることで生まれる信頼関係が、彼や彼女の自らの力で再生しようとする強い支えになっていたのです。ここにこそ教育があり、本来あるべき人間の関係が芽吹いていたのです。学校は教師の為ではなく、生徒の為に存在しているのです。本末転倒の現実は早急に正されねばならないでしょう。

3

i

大久保での活動体の名前は通称「チャプチョ（雑草）教室」と言いますが、立ち上げてから三年と八ヶ月になります。私は最高裁に提出する上告理由書を書き上げてから「文化センター・アリラン」でボランティアを始めていたのですが、その時たまたま、旧知のYさんが、あるオモニ、このオモニ、Mさんがチャプチョ教室の大黒柱ですが、彼女と教室の会場探しに来て、実はこうこうなんだがと誘われた訳です。私は在日朝鮮人生徒と長年関わっていたので、「アリラン」でボランティアをしながら、「アリラン」の活動として、識字とか、子どもに関わる活動等ができないものかと考えていたところだったので、一緒にやることにしましたが、それはチャプチョ教室が開かれる三ヶ月程前のことです。

チャプチョ教室に来る子ども達の多くの家庭は経済状態が不安定であったり、離婚問題を抱えていたりと、生活に追われて子どものことを考える余裕がありませんし、日本語力が不十分で子どもの勉強を見てあげられない等、様々な事情を抱えています。そういうなかで出された、日本語の力が弱い子ども達の日本語の力をつけて欲しいという要望と、学校生活になじめない子どもや、教師と衝突したりする元気な子どももいたりするので、そういう子ども達の居場所をつくって欲しいという要望に応えて教室を開きました。

ただ、始まると、やはりオモニ達からはいろいろな要望が出てきて、英語もやって欲しい、数学もやって欲しいということになり、今では日本語、英語、数学（算数）を中心にやっています。来ている子ども達は、時期によって数が変動しますが、出発時点では八人、一番多かった時は十六人、今現在は十二人で、一番下は小学二年生、上が高校三年生と、学年はバラバラです。場所は高麗博物館の上階にある「文化センター・アリラン」ですが、「アリラン」は在日朝鮮人の故朴載日（박재일）さんが私財を投じて蒐集したものを中心に約五万点にのぼる韓国・朝鮮関係の文献・資料を所有する図書館ですが、ここを週一回借りてやっています。

私は、時間割の作成、オモニ達に提出する学期毎の授業報告書の作成、学校に問題があれば出向いて先生達と話し合う等の役割を担い、授業も担当しますが、時間割に穴があくことも多いので、小・中・高校生の全ての子ども達と勉強をしています。そして自分が日本語をやる時は、なるべく韓国の民話、尹東柱の話、現代の日韓関係等、韓国に関わる教材を使うように心懸けており、自分で創作した在日朝鮮人問題を主題にした短編小説なども使って授業をしています。また、何かにつけて韓国の歴史とか、日韓関係の問題を取り上げ、そういうなかで強制連行、「従軍慰安婦」、ヘイトスピーチ等も子ども達と一緒に考えています。

ii

チャプチョ教室ですから当然、韓国のことを学べる機会を設定しなければなりません。しかし、様々な事情で週一回しか活動日が確保できないことと、一年目は活動を軌道に乗せるのが精一杯でしたのでなかなかできず、一周年の集まりでようやく初めて、子ども達が自分自身のルーツについてしっかり考えられるきっかけになることを願って、共にチャプチョの活動を支えている在日韓国人二世の青年、Pさんに、アイデンティティを求め、悩みながら必死で在日を生きてきた話をしてもらうことができました。その時は目の前に置かれたお菓子に手を出さずに、初めて聞く話にじっと耳を傾けていた子ども達の姿がとても印象的でした。

そして、二年目からは学期ごとに一回、かならず韓国のことを学ぶ特別授業を設定し、例えば在日韓国人の結婚差別、本名問題、安重根、朝鮮通信使、古代日韓関係史、金素月《キムソウォル》（※一九〇二―三四、詩人）などのことを学んでいます。これには子どもだけではなく、ボランティアやオモニ達も参加して学ぶようにしています。オモニ達の多くは夜も働いているのでなかなか参加できませんが、参加したUオモニは、「韓国の文化の香りがする文化センター・アリランで、木川先生を始め、たくさんの先生方から、普段は触れることも学ぶことも出来ない大切なことを学ばせて頂いたことは、娘だけでなく私にも人生で宝物になりました。感謝しています。これからもたくさんの愛情を子どもたちと分かち合えるチャプチョ教室になりますように」という感想を書いてくれました。彼女は日本人ですが、韓国人との結婚を親に反対されながらもゴールインに漕ぎ着けた人で、韓国人からも褒められる流暢な韓国語を身につけている素敵なお母さんです。

iii

今都立高校二年生のT君は、推薦入試で合格しました。彼は小さい時から、毎日夜遅くまで仕事に追われているオモニと時間を共にすることができず、勉強できる環境もありませんでしたから友達と遊び歩き、夜はひたすらゲーム三昧で寂しさを紛らわすしかなく、勉強嫌いになってしまうのも当然でした。学校に行くようになってもろくに教室に入らず、ふらふらしていて授業にはちゃんと座っていませんでした。しかし親としては勉強させなければと、強制的に塾に行かせるのですが、学校ではまともに授業を受けていない彼ですから、自分に合ったレベルで教えてくれない塾に行っても難しくてわかりません。しまいには苦痛になり塾なんか嫌だとさぼり始め、それに気づいたオモニもあきらめて彼は塾から解放されます。ところが、ほっとしていたのも束の間、チャプチョができることになり、今度はチャプチョに行けとオモニは強制する訳です。

彼は、「頭にきたんだけどしょうがなく、週一ならまあ我慢するかって、嫌々チャプチョに来たんだ」と言って、来るようにはなりましたが、自分で勉強しようという気が更更《さらさら》ありませんから、遅刻もしばしばで、初めは授業にちゃんと取り組むようなことはありませんでした。チャプチョに来ても、いつもゲーム機を持ってきていてなかなか授業に入りません。スタッフがしまえと言ってもなかなかしまわないので、結局雑談で終わってしまう、というようなこともよくありました。しかし、彼にとってチャプチョは次第に居場所になっていきました。チャプチョには初めから来ていて、それが中学一年の終わりからですから、すぐ二年になり二学期の終わる頃からだんだん勉強するように変わり始めたのです。本人は、「中三から勉強も少しはおもしろいなって思うようになって、今までつまんねえって思ってたけど、チャプチョへくることで自分に何ができるかわかったように思う」と言っていました。小学校でも中学校でも勉強をしていませんから、成績も悪く、これでは高校も難しいと、遅ればせながら本人もだんだん自覚し始めて勉強するようになり、私とPさんが、定例日以外に週二時間ずつ勉強につき合い、彼の小さい頃から、多忙なオモニに成り代わって何かと世話をしてきたオモニ会のMさんが様々なサポートをしてくれて、その結果推薦入試で都立高校に無事入れたのです。ある先生と三回もトラブルを起こしていたこと等もあって、「彼が合格したの!?」と、中学ではずいぶん驚かれたようです。この三回目のトラブルについてはMさんも私も中学へ行って、先生と話したことがありますが、先生が温かい眼差しをもって彼と関わっていれば何も問題は起こらないのに、という印象を強くもちました。

ところで、チャプチョでは、このような先生の問題で子どもが被害をこうむったらその学校へ赴き、問題点について冷静に話し合い、子どもの人権の回復をはかる取り組みもしていますし、学校では相談できないようなことに耳を傾けたりししています。そういう意味でもチャプチョは、街中に溢れている塾とは違うのです。

今は、大学へも行きたいと、とても勉強に対して前むきになっている彼ですが、韓国のことも中学生の頃は、「自分は日本で生まれたんだし、それに韓国語もできないし、別に何とも思ってないですよ。差別を受けたわけでもないしね」と、かなりそっけない態度でかわされていました。「ヘイトスピーチは差別ではないの？　君も死ねとか、韓国帰れって、言われているんじゃないの？」と問うても、「自分が直接言われてるわけでもないしねえ」と答えます。「自分が言われた訳ではないとしても、あんなひどいこと言われて何ともないの？」と問うと、「そりゃー頭にきますけどね」とは答えるものの、自分自身の問題としてしっかり考えられていませんでした。

高二の今年は、日韓国交回復五十年という節目の年なので、高校生には是非この問題を考えて欲しいと思い、一学期に一緒に考えてきましたが、その中で尹東柱のことを考える場面がありました。最初は初めて聞く名前と言っていましたが、そのうち、中三の時に、高校の教科書に載っている茨木のり子さんの「尹東柱」（『ハングルへの旅』所収、朝日文庫）を一緒に勉強したことは思い出してくれました。しかし具体的な内容については残念ながら忘れていました。その時は「まあ、思い出してくれただけでもとりあえずは良しとしなければならないか」と思っていました。

ところで、尹東柱のことでは、次のような問答がありました。

K（木川）　尹東柱の人生についてどう考えたらいいんだろう。

T　いい生き方ではなかった。獄死しちゃったから。自分だったら死にたくないから、日本語とか受け入れると思う。

K　だけど、できることなら？

T　自分の生き方なんて考えたことないもん。今が精一杯で何にも考えられないよ。

K　なる程、でも、それは危険だよ。芯がないと、人間は流されやすいからね。それは、精一杯と感じている時が一番危ない。だから常に自分の生き方は考えていかないと駄目なんだよ。

T　俺は、自分が自分でありたいだけなんだけどね。

K　ところで、彼は何で朝鮮語にこだわったんだろう。

T　韓国人としての誇りがあったから。

K　うん、そうとも言えるし、自分が自分でありたいからではないのかな。自分の人生を生きる上でそのことがすごく大切なんだよ。でも、実はそれが難しい、とても。だからそういう生き方ができれば素晴らしいよね。でも、それを許さない色々な状況がいつの時代にも人間にはある訳です。矛盾だらけの社会を矛盾だらけの人間が生きて行くんだから、それはそれは大変なんです。尹東柱も、自分が自分でありたいと思って、強制される日本語ではなく、危険を覚悟で朝鮮語による詩作にこだわった訳でしょ。その結果が、逮捕・投獄です。でも彼は、彼の人生を生きたことを後悔していないと思う。もちろん、もっともっと沢山の朝鮮語の詩を書きたかったという悔いはあったに違いないけどね。

T　今みたいに説明してくんないと理解できない。理解はできたけど、理解だけっていう感じ。

なかなかすっきりはしませんでしたが、もう少し考えてくれれば「自分が自分でありたい」という生き方を摑み取る途を見出してくれるのではないかと期待しています。

二学期には、二重被爆した朝鮮人を描いた私の小説『老大工』を勉強したのですが、このなかで彼が学んだことは、在日朝鮮人差別のリアルさ、核や戦争のリアルさだと言います。そして次のようなやり取りがありました。

T　本当にあったことなの？　そうだとしたらほんとに悲しいひとつの出来事だと思うから戦争なんて起こすもんじゃない。自分が経験してないから大工の気持ちはわからないけど、事実はこうなんだって学んだから知ったわけだけど、身近な問題ではない、だから別に考える必要もない。

K　一生背負っていく問題じゃないの。

T　問題が起きたらその時考えますよ。今まで差別とか嫌な思いしたことないから考えることもなかったもん。

K　Iさんの友達の結婚差別の話も聞いてるじゃないか。君にもそういう経験が十分起こりうるんだよ。だから、そういうことが起きても自分で解決できる力をつけておかないと惨めになるのは自分なんだからね。

この数日後、沖縄修学旅行が終わってまもない頃だったので、沖縄と朝鮮人問題を皮切りに、彼とずいぶん長い時間話し込みました。初めに、『老大工』の作者が私であったことを知らずに勉強していたことを咎《とが》めました。それは、チャプチョの一四年度の授業報告書『自分を見つめて』に掲載してあるので、まじめに読んでいればわかることであったからです。またチャプチョと塾の違いについて、在日を生きる韓国人のあり方等々について話し合いました。

このなかで、差別されたことはないと言っていた彼が、「ちょっとくらいはある。でも、俺は気にしない」と言うのです。さらに、私が「本名や民族名を名乗らせない見えない空気が、日本の社会には渦巻いているんだよ」

と言うと、「韓国人だから差別するふんいきとか、韓国人ってわかって、態度変えるやつとかいますからねえ」と合わせてきます。また、「差別したくてやってるやつもいるし、そいつらは、自分は絶対正しいって正当化して、相手の意見を聞かない、ヘイトスピーチがそう」等と話してきます。私は、「ヘイトスピーチの連中が騒いでいるのを見ると、心の中は穏やかではないよね。これだって差別でしょ。ヘイトに遭ってこんちくしょうって思うのは、差別されてるからでしょ」と聞くと、「そう、確かに」と答えてきます。

また「学校のなかでも、いやなことある。本気で言うやつと、じょうだんで言うやつと二種類いるけど、本気で言うやつは減ってるけどね」と話してくるのですが、更に以下のように続いていきます。

K　どういうことを言ってくる訳？

T　普通に話してて、意見なんかちがったりすると、お前韓国人だからな、とか、出たよ、出たよ、韓国人だからな、とか、何かというと、韓国人だからって言ってくるんですよ。

K　君はどう反論していくの。

T　そういう言い方、やめてくれよ。俺が韓国人だからなんなの？　俺の気持ちも考えろよって、そうすると、俺がおもしれえんだからいいじゃんって言ってくるんですよ。そういうの聞くと、ぶっ殺したくなりますよ。

K　そういうことを言う奴は、明らかに差別意識をもっている奴だから、きちんとわからせ、変えていかなきゃ。

T　俺は言ってる。

K　言ってるけど、相手は？

T　かわんないよ。

K　それを変えていかないとだめなんだよ。その為には、勉強しないといけないね。勉強して、自分だったらそんなこと許さないぞ、と言える沢山の武器を身につけていかないとね。で、その勉強は本を読むことでもあり、親から話を聞いていくことでもあるんだけど、親からは聞いてないでしょ。

T　聞いたことない。話す時間ないもん。小学校入る前から独りだし。幼稚園から自分でフライパンとほうちょうもってやってたから。計算もそこそこできましたからね、コンビニに買いに行ったり……。話すとしたら勉強のことだけ。

やっと差別があることをはっきり話すようになりました。また、そういうことがあっても周りの生徒達でT君の立場に立てる人は皆無だということも。とすれば、彼の課題ははっきりしています。自分のクラスを変えていくことです。ここで私は、自分が現役時代にクラスの生徒達の朝鮮認識をどう変えていったのかの話をしていきました。もちろん、彼にとってはとてもしんどいことですが、少しずつでもやって欲しいと願わずにはいられません。

最後に私は、「自分が自分でありたいだけって言ってたけど、君は韓国人なんだから、韓国人である自分が自分らしく生きるということを考えて欲しいんだけど」とTに言いました。すると彼はにっこり笑って「そうですね」と答えてくれました。私はさらに、「韓国人である事実は消せない訳だから、その韓国人である自分についてしっかり考えていくことは大変なことだけど、人生は楽しくなるよ。何も考えない人生なんて寂しすぎるからね。何も考えないいってことは、その時は楽でいいかも知れないけど、自分は何をしてたんだろう、俺の六十年、七十年は一体何だったんだろうって、振り返った時、何も無い訳だから、それはそれは寂しい人生になるでしょ。

決して寂しい死に方を選ぶもんじゃない」と言いました。すると彼は、「俺もそれはいやです」と、きっぱり答えてくれて、いつになくすっきりした表情を見せてこの日の話し合いは終わりましたが、これからは韓国のことを今まで以上に一生懸命学び、韓国人である自分自身を問う勉強も真剣に追求して欲しいと思っています。そして、「ある日、心が萎えていた私の夢枕に凛としたアボジの姿があった」と、オモニ会の中心に座っているMオモニが語ってくれたアボジのような人になって欲しいと願わずにはいられません。

日本の社会で生きる韓国に根を持つ子ども達は、大きな試練の山を幾度も踏み越えていかなければなりません。深い霧が立ちこめて分岐点を見失ったり、恐ろしい雷と風雨に襲われるかも知れません。あるいは峻厳な絶壁を登攀する必要に迫られるかも知れないのです。とすれば、この茨の道を試行錯誤しながら自力で歩める力を学ばなければならないでしょう。こういう本質的な勉強の手助けは少しも惜しまない、これが老境にあっても持続する私の心なのです。

（出典・全国人権・同和教育研究長野大会分科会報告、二〇一五年十一月）

II　自作シナリオ集

創氏改名

明治維新によって近代資本主義国家としての道を歩みはじめた日本は、同時にとなりの国、朝鮮にむかって侵略《しんりゃく》を開始した。そして悪逆《あくぎゃく》非道《ひどう》のかぎりをつくして、およそ四十年の歳月をかけて一九一〇年に朝鮮を植民地にし、以後三十五年にわたってむきだしの暴力支配をおこなっていくようになる。朝鮮の人びとは、日本の侵略と植民地支配《しょくみんちしはい》にたいしてさまざまな抵抗闘争《ていこうとうそう》をこころみるが、一九一九年には、朝鮮全土において独立万歳の歓声をひびきわたらせた。武器をもたず素手《すで》ではじまったこの独立運動に恐怖感をいだいた日本は、大量の警察と軍隊を動員し、各地で虐殺《ぎゃくさつ》をくりかえし、徹底的な弾圧《だんあつ》をおこない植民地支配をまもった。

ところで、日本の朝鮮支配の根幹《こんかん》には朝鮮人の民族性を抹殺《まっさつ》するねらいがあった。これは日本の中国侵略戦争が全面的に展開される一九三〇年代のおわりから、天皇のために喜んで命をささげる皇国臣民《こうこくしんみん》をそだてるという、いわゆる皇民化政策として強制的におこなわれていった。朝鮮語をうばい、日本語を強要する。神社参拝や「皇国臣民ノ誓詞《せいし》」の斉唱を強要するなど。そして創氏改名《そうしかいめい》……。

「皇国臣民ノ誓詞」

1　私共ハ、大日本帝国ノ臣民デアリマス

2　私共ハ、心ヲ合セテ、天皇陛下ニ忠義《ちゅうぎ》ヲ尽《つく》シマス

3　私共ハ、忍苦鍛錬《にんくたんれん》シテ、立派ナ強イ国民トナリマス

第一場　朝鮮総督府

朝鮮総督《ちょうせんそうとく》南次郎が、創氏改名の実施《じっし》を居丈高《いたけだか》に宣言する。

南総督　昨年より、その趣旨《しゅし》の周知徹底《しゅうちてってい》をはかってきた創氏改名を、本日、すなわち、昭和十五年

二月十一日、紀元節というこのよき日をもって施行《しこう》する。なお、本年八月十一日までに、すべての朝鮮人は、創氏改名に応じなければならない。これは、いうまでもなく朝鮮人の幸福のためにやるのである。

第二場　京畿《キョンギ》道庁総力第一課の中

総力第一課は、皇民化政策の第一線で活躍している部署であり、今は創氏改名で朝鮮人に日本名を強制することに、課長以下すべての者が血眼《ちまなこ》になっている。

谷は、はじめのうちは順調であったがこの頃ふるわず、課長から注意をうけている。他の職員たちは、それぞれ各自の机にむかって仕事をしながら、このやりとりを聞いている。

課長　おい、谷君、ちょっときてくれたまえ。（大きな声で呼ぶ）

谷　はい。（返事をしながら席をたち課長のところへいく）なんでしょう、課長。

課長　「なんでしょう」じゃないよ、君。成績ががたおちじゃないか。

谷　ええ。（気の抜けた返事）

課長　はじめの調子でやってくれたら、今頃百％達《たっ》成《せい》だぞ。

谷　課長、創氏改名なんていうやつは、そう一《いっ》朝一夕《ちょういっせき》にはできませんよ。

課長　「創氏改名なんていうやつは」とはなんだ。口のききかたに気をつけたまえ！

谷　あっ、はい。

課長　それにしても君は、いったいどうしたんだ。君より成績の悪かった連中にどんどんぬかれてるじゃないか。

谷　そりゃー課長、彼らは強制的にやるからですよ。

課長　ばかを言っちゃいかん。強制しなければ朝鮮人のやつらは言うことをきかんのだよ。言いわけせずにがんばってくれんと困るよ、君。

谷　わかってますよ。（気分が重そうな口ぶりで返事をしながら自分の机にもどる）

自分の椅子にすわったうかぬ顔の谷に向かって、同《どう》僚《りょう》の声がとぶ。

加藤　おい、谷。課長のおっしゃる通り、強制しなきゃだめだぞ。なにも俺たちは、悪いことをしてるんじゃないから、自信をもってやればいいのさ。

小早川　そう、そう、そうですとも。世界の最強国であるわが大日本帝国の臣民として、朝鮮人も、われわれのように胸をはって歩きたいんですよ。

細川　それなのに現実は、名前からすぐ朝鮮人だってことがわかるから、あいもかわらず差別、差別だ。創氏改名でこんないやなことも解決さ。

毛利　朝鮮人の願いにこたえた総督府の、まさに英断だよ。朝鮮人は皇国臣民として、俺たち日本人となんらかわるところはなくなり、万々《ばんばん》歳《ざい》じゃないか。

谷　君らの言ってることは、もちろん俺もわかってるよ。これまであまりにも不当にあつかわれてきた朝鮮人を、幸福にするこの仕事をもらったときには、感謝したくらいだからな。

加藤　それなら問題ないだろう。

谷　うーん。でもな、この頃、なんかおかしいなって思うことが、ときたまあるんだ。

自分の仕事にとりかかっていた課長は、間髪《かんぱつ》を入れず谷をしかる。

課長　谷君！　つまらんことを考えるんじゃない！　自分の職務に忠実でなければならんぞ！

谷　ええ、もちろんそのことは心得てます。（不承不承に）……それにしても私の担当している水原《スウォン》郡には薛鎮英《ソルチニョン》がいるからなあ。（嘆息してぼやくように言う）

小早川　ほ、ほう、薛鎮英ですか。

毛利　たしか、二年前だったたな。朝鮮軍司令部に献《けん》納《のう》したのは。

浮田　そうそう、貨車でつぎつぎと運ばれてくる米俵をみて、さすがの井原参謀長も腰をぬかさんばかりに驚いたそうじゃないか。

毛利　それはそうだ。なにしろ二万石《ごく》だからなあ。

谷　薛《ソル》が反日的なら話はかんたん。それこそ強制

小早川　的にやるしかないんだ。ところが彼は、そのように大の親日家なんだよ。

谷　ほう。それでなぜ日本の名前にかえないんでしょうね。

小早川　自分の代で薛家をつぶしてしまったら、先祖にたいしてもうしわけない、こう言うんだ。朝鮮では、長男が家を継ぎ、その長男が一族の婚姻《こんいん》とか生死、官位などを丹念《たんねん》に記録し、族譜《チョッポ》というものをつくっていくらしいんだけど、薛一族のそれは、なんと七百年もの歴史がきざまれているそうなんだ。

いままで一人だけ仕事にはげんでいた鍋島が、「七百年」ときき、びっくりして仕事の手を休めみんなのやりとりにくわわる。

鍋島　へぇー、七百年もねぇ、それはまたすごいな。私のまわったところにも両班《ヤンバン》の名家があったけど、足元にも及ばないな。

谷　七百年もの間、連綿と続く族譜、またこれからも書きつがれていくだろう未来を思うと、薛一族ばかりか、朝鮮民族というものが不思議と偉大なものに感じられ、薛を説得しなければならない自分が、どうしてもたじろいでしまうんだよ。

第三場　薛家にむかう谷と長岡

谷はまた薛家《ソルけ》に創氏改名のために訪《おとず》れることになる。今回は長岡と一緒である。二人は薛家にむかう途中、田舎道に腰をおろして一服する。

下手《しもて》のほうから二人が歩いて登場する。

谷　長岡君、ちょっとここらで休もうか。

長岡　そうですね。

谷　よし、そうしよう。

長岡　（辺りを見回して）このへんにでもすわりましょうか。

谷　そうだな。

二人は、すわり心地のよさそうな道端の石の上にすわりこみ、一服しながら話し込む。

谷　「薛にうんと言わせるまで帰るな！」って課長にどなられたが、俺にはどうしても自信がわいてこないなあ。

長岡　でも、やってみなければわかりませんよ。課長は総督府のえらい人たちに事情を話して、上のほうから圧力をかけてるみたいですからね。

谷　圧力ね。（つぶやくように）

長岡　ええ。なにしろ相手が悪すぎます。

谷　そうなんだ。そういう相手にむかう俺ときたら、あれこれくだらんことを考えずに、京畿道庁の忠実な役人に徹しろと、この瞬間も自分にいいきかせているのに、次の瞬間にはもうそれがくずれさってしまうんだよ。

長岡　谷さんはまじめに人のことを考えすぎるんですよ。もっと自分のことを大事に考えたほうがいいですよ。

谷　そうかもしれんな。

長岡　とにかく課長ときたら「強制あるのみだ！」の一点張りですからね。それにしても、もし創氏改名に応じないと、薛鎮英はたいへんな不幸をまねくと思うんですがね。

谷　うん、そうかもしれない。

長岡　なんだか今日の谷さんはおかしいですね。

谷　そうか？　うん、そうかもしれないな。

長岡は困った表情をみせながら、話をつなげていこうとする。

長岡　ところで谷さん。

そう言いかけたところに、ちょうど鎮英の村の書堂《ソダン》の先生、朴哲人《パクチョリン》が書物を小脇にかかえて通りかかる。

哲人　いやぁ、谷さん。また私たちのところかな。

谷　今日は薛家ですよ。

哲人　むだですよ、いくらいっても。

谷　また、どうしてですか。

哲人　私たち村の人間は、創氏改名に応じないように、薛さんには十分話しているからね。

谷　それは逆でしょう。

哲人　とんでもない。じゃお先に。

と言って上手《かみて》のほうに足早に去っていく。

長岡　誰ですか。

谷　村の書堂の先生で朴哲人っていうんだよ。

長岡　書堂？

谷　うん、日本の寺子屋みたいなもんだよ。

長岡　ああ、そうですか。

谷　あいつががんとして名前をかえないんだよ。京都大学哲学科の秀才だったらしいけど、独立運動にかかわったということで退学処分になり、この村に帰ってきたそうだ。名前の通り村の哲人だから、なかなかてごわいんだ。

長岡　そうですか……。ところで谷さん、裕川仁《ひろかわひとし》のこと、ききましたか。

谷　ああ、少しね。なんでも李《り》なんとかいう男が、天皇陛下の御名前の漢字二文字の間に川の字をいれて、裕川仁に創氏改名したそうじゃないか。

長岡　ええ、なにしろあのびょうのついた憲兵《けんぺい》の革靴で、眉間《みけん》をわられて血だるまになったらしいですよ。

谷　（しばしの間をおいて「うーん」と言いながら立ち上がり）俺は京畿道庁総力第一課の人間なんだ。へたに同情するな。そう、そのほうが薛鎮英のためになるんだ。（自分にいいきかせるようにつぶやく）

長岡も谷のつぶやきの間に重い腰をあげ、二人はまた薛家にむかって歩き始める。心地よいやわらかな風を頬《ほお》にうけて。

第四場　薛家の舎廊房《サランバン》

鎮英はかぜをひいて床《とこ》にふせていたので二人はしばらく待っている。やがて鎮英は、娘の玉順《オクスン》にささえられながらあらわれる。

鎮英　大変おまたせして失礼いたしました。ちょっとかぜでふせていたものですから。

玉順　アボジは、五日ほど前に道知事によびだされ、道庁の寒い廊下で一日中待たされたために、かぜをひいてしまったのです。

谷　そうでしたか。で、おかげんのほうは。

鎮英　おかげさまでだいぶよくなりました。来月はいよいよ玉順の婚礼がありますのできっとかぜのほうで遠慮してくれたのでしょう。（玉順のほうをむいて）玉順もいつもよりはまじめに看病してくれましたから、アッハハハハ。（と笑ったかとおもうと急にせきこむ）

玉順　冗談がすぎるからですよ、アボジ。ハハハハハ。（谷、長岡も思わず笑う）

谷　（急にかしこまって）ところで薛さん、また課長にしかられてお願いにきたのですが……

鎮英　あなたがたがこられたときから、もう御用件はわかっていました。道知事にもこっぴどくしかられましたよ。アッハハハハ。

谷　今日はなんとしても考え直していただこうと思いまして。

鎮英　（急にきびしい顔になって）何度足を運ばれても、おことわりするしかありません。

谷　でも薛さん、創氏改名により内鮮一体《ないせんいったい》の実《じつ》があがり、内地人だ、朝鮮人だというちがいがなくなるのは、すばらしいことではないでしょうか。

鎮英　もちろん私も、日本人と朝鮮人とが仲良く生きられることを望んでいますが、そのことと創氏改名とは別のことだと思います。

谷　日本人と朝鮮人とは見た目には変わりませんが、ただ名前だけがまるっきりちがいます。このために朝鮮人はずいぶんみじめな思いをしているはずです。

鎮英　それは谷さん、私たち朝鮮人の名前のせいではなく、私たちをみる日本人の意識の問題でしょう。

谷　まあ、それはともかく、日本人の名前になるということは、日本人、朝鮮人の区別の意味がなくなり、朝鮮人ということで冷たい眼でみられることがなくなるのは、確かだと思います。

鎮英　いやいや、たとえ名前をかえたところで朝鮮人は朝鮮人です。名前を日本式にかえれば、中身は朝鮮人なのに日本人の仮面をかぶって生きることになります。それは、わが民族を愛するものにとって、とても耐えられないことです。

谷　薛さんみたいな両班の名家で、しかも人格的にもすぐれていればそうでしょう。しかし……。

鎮英　(谷の言葉をさえぎるように) 谷さん、それは違います。わが同胞《どうほう》はみんな、ウリ・ナラ (我が国) を愛しているのです。失われたウリ・ナラを。

谷　これからは過去にとらわれず、日本人と朝鮮人がともに手を取り合って、未来を見つめて生きていくべきだと思います。

鎮英　未来はしっかりと過去の糸に結ばれています。

谷　ええ、それはわかるのですが……とにかく薛さんのような方が、日本の名前にかえてくれたら、たくさんの村人たちも日本の名前にかえていくと思うんですが。

鎮英　そうかもしれません。しかし谷さん、そうすることは先祖に泥をぬることになり、子孫からは永遠にのろわれてしまいます。(激しく咳込む)

谷　いや、創氏改名は多くの朝鮮人も心から歓迎していることですから、むしろ子孫からはたたえられるはずですが。

鎮英　いやいや、わたしの代で族譜が空白になるということは、薛一族の七百年という歴史の重みに対する反逆になるのです。

谷　薛さんのお気持ちはわかりますが、それよりもなによりも、朝鮮人が日本名をなのるようになれば、朝鮮人と私たち日本人とが何のわけへだてもなく、同じ人間としてつきあえるようになるんですから、そのことも十分考えていただきたいのです。

鎮英　私は、献金でも何でも、今までどおり協力する意志に変わりはないのですが、しかし谷さん、創氏改名だけは、おことわりするしかありません……。玉順、ちょっと族譜を。

玉順　はい。(といって書架に他の漢書といっしょにおいてある族譜をとりにいきアボジにわたす)

鎮英　ありがとう。谷さん、長岡さん、これがわが一族の族譜です。

谷　ほー、これが族譜というものですか。

長岡　へぇー、はじめてですね、こういうものを見るのは。

はじめて見る族譜を、目を丸くしてくいいるように見つめている二人。やがて谷は族譜から目をはなし、姿勢を正して鎮英にむかう。長岡はまだ族譜をしげしげと見ている。

谷　七百年にも及ぶ系譜を断ち切られる苦しみはお察しします。しかし、創氏改名で朝鮮人と日本人とが名実ともに一体化していく歴史のなかで、薛一族の歴史も、新たな飛躍のときを迎えると思うのですが。

鎮英　（谷と長岡の顔をしっかりみつめて）谷さん、長岡さん。私の父も、祖父も一族の伝統と誇りにかけて、この族譜を守ってきました。私もまた、わが命にかえても守らなければならないのです。

谷、長岡とも、しばし沈黙を強《し》いられる。やがて長岡が口を開く。

長岡　しかし……しかしですね、創氏改名しないということで、どんな災難《さいなん》がふりかかってくるかもわかりませんよ。

鎮英　災難？　私にはどういうことかさっぱりわかりませんが、ゴホン、ゴホン、ただ私にいえることは、創氏改名に応じていくことが、私にとって、災難といえば致命的《ちめいてき》な災難なのです。ゴホン、ゴホン……、ああ、たびたびすいません。

谷　とんでもありません。おかぜのところを訪ねた私どものほうが、かえってすまないことをしました。お体にさわるといけませんので、今日はこのへんでおいとまさせていただきます。

鎮英　そうですか、それでは失礼させていただきます。（といって奥へさがる）

玉順　アボジは一徹者《いってつもの》ですから変わらないと思います。でもそれでいいのです。わたしはアボジを信じていますから。

第五場　薛家の門庭《ムンジョン》

谷らが鎮英を説得するためにやってきたことを、哲人より知らされた村人たちは、なりゆきを心配して薛家の門庭に三々五々集まっていた。村人たちは、彼らの間をぬって薛家をあとにしようとする谷らをつかまえて詰問《きつもん》し、思いのたけをぶつける。

花城《ファソン》 ねえ、谷さん。ちょっと待ちな。

谷 (ふりかえりながら)なんでしょう。

花城 もうあたしたちの村にはくるなっていいたいのさ。(実にとげとげしく)

村人たちは口々に、「そうだ、そうだ」「もうこの村に足をふみ入れるな」「創氏改名なんかぜったいゆるすもんか」などと言う。

谷 私の職務は法を守り、みなさんによろこんで創氏改名してもらえるように説得することにあるのです。ですからこないわけにはいきません。(ぶぜんとした表情を見せながら反論する)

先達《ソンダル》 じゃー、こんどは憲兵御同伴かな。それならそれでおもしれえじゃねえか。

谷 とんでもない。私は憲兵などとくる気はさらさらありませんよ。

先達 どうしてだ。

谷 誠意をもって話していけば、かならずみなさんに創氏改名の意味をわかってもらえると思っていますから。

先達 なんだ、つまんねえな。

花城 いいじゃないか。憲兵なんかあたしゃごめんだよ。憲兵に殺されたじいさまの供養《くよう》をする人間がいなくなっちまうからね。ハハハハハ。

先達 それもそうだな、花城《ファソン》おばさん。アッハハハハ。

一同笑う。

花城 ところで谷さん、あんたにいくら誠意があっても、あたしたちには通じないよ。

谷 そんなことはないと思います。

花城 やっぱりわからないらしいね。あんたたちのやっていることは、あたしたちに死ねって言ってることなんだよ。

谷 えっ? 奇妙《きみょう》なことを言わないでくださいよ。

花城 奇妙なもんかね、ほんとだよ!

先達 あんたには、なんにもわかってねえんだよ。

谷 何をですか。

先達　おれたち朝鮮のことがよ。いいかい谷さん。朝鮮人の血と汗のしみこんだこの大地が五千年の歴史をかけておいらを生み育ててくれたんだ。それがなんだ、えっ？　金田達郎《かねだたつろう》だって？　谷さん、あんたはおれになんて言ったんだ？

谷　たしか……、「金さん、あなたは金だから金田、名前は先達《ソンダル》の達と、男前《おとこまえ》だから郎の字をとって達郎、金田達郎、どうですか、まちがいなく日本式の立派な名前ですよ」って、たしか言ったと思います。

谷と先達のやりとりの中、花城はみんなを座らせ、自分も適当なところを見つけて座る。

先達　そうだよ。だがな、おいらはオモニの腹の中にいたときから身につけてきた朝鮮語を使うと派出所《はしゅつじょ》にひったてられ、こっぴどくやきをいれられてきたんだ。それでこのおいらがひるむと思うか。

谷　いいえ、先達さんならかえって。

先達　（谷が最後までいうのをまたずに）そーよ。そのたびにおいらの中の朝鮮は、太くたくましくなってきたんだ。おかげさまで、朝鮮の大地にいくらひっこぬこうったってひっこぬけねえ根っこがはえちまったよ。だからな、金田達郎なんてまっぴらだってことよ。金先達万歳！（といって座り込む）

参奉《サムボン》　（おもむろに立ち上がって）谷さん、おれはな、のどかで平和そのものだったこの村で生まれ育ってきただ。それがどうだ、三十年前、日本のやつらが強盗《ごうとう》のようにおそってきて、おれたちの村の生活をめちゃくちゃにしちまったのさ。そういうやつらと同じ名前にしろったって、くそくらえだ。おれは李参奉《イサムボン》という名前をぜったいかえんぞ！（といって座る）

クンニョン　（いきおいよく立ち上がってこぶしをふりあげて叫ぶように言う）トンニプマンセー！　朝鮮独立万歳！……あたしの一人息子はね、こう叫んだだけでお前たちの軍隊に殺されたんだよ。……（といって黙ってしまい泣きそうな顔になるが懸命にこらえている）

花城　クンニョン、殺されたこどものことを思い出すのはつらかろうが、日本人の前なんかで泣

クンニョン　くんじゃないよ。なっ、泣かねえでほれただんなのことも話してみろ。

ええ、花城おばさん。……夫は夫で、三年前、野良仕事にでたっきり行方《ゆくえ》しれずだったが、やっとこの春、九州の海の底からたよりがきたよ。強制連行《きょうせいれんこう》でひっぱられて炭坑《たんこう》でぼろぞうきんのように使われてるってね。（といってへたりこむように座る）

花城　わかるかい、だからあんたたちのいう「朝鮮人のために」なんていうせりふは信用できないんだよ。あんたたちも本心から口にしてるわけじゃないだろう。（と谷等にむかってきつく言う）

谷と長岡は顔を見合わせ、おたがいに、じつにこまったという顔をする。やがて谷がしどろもどろに答える。

谷　とんでもない。しかし……しかしですね……

花城　「しかし」どうしたんだい。

谷　ええ、みなさんの話をきいていると自分の頭はだんだん混乱《こんらん》してくるんです。混乱……

成根　「混乱」「混乱」って言ったって、ちっともわかりゃあしねえよ。はっきりいえよ、はっきり。

谷　それが、もうしわけありませんが……うまく言えないんです。

花城　言えないもんを、むりに口をこじあけてしゃべらすわけにもいかないねえ。ところであんたたちは、一九一九年の三月一日ってどういう日か知ってんのかい。

また谷と長岡は顔を見合わせるが、おたがいによわったなという表情はかくせない。しかたなく谷がまた答えるが、まったくようりょうをえない。

谷　ええ、少しは……つまり、その、朝鮮で……朝鮮で暴動が

敬愛《キョンエ》　（谷の言葉をさえぎるように）とんでもない、その日は私たちの独立運動が起こった日なんです。私を育ててくれた人もこの三・一《サミル》独立運動のときに妻子を日本兵に殺されてしまい、（と言って声がつまる）

哲将《チョルヂャン》　敬愛の育ての親はな、少しばかりもってた土

地も、日本語がわからなかったために日本人にだましとられちまったんだよ。それからというもの、わずかの土地を小作し細々とくらしていたが、とうとう敬愛をおいて玄界灘《げんかいなだ》をわたっていっただよ。

敬愛　それで長崎の造船所で働くようになりましたが、日本人の半分にもならない給料で朝から晩まで働きつづけ、ついに病《やまい》で倒れてしまったんです。それでも私に仕送りするために働くのをやめなかったんです。……しかし……やっぱり病気には勝てませんでした。（しだいに力のない声になっていく）

聖甲《ソンガプ》　八年前のさむーい晩だったよ。そっけない死亡通知がとどいたのは。小さいころから泣くことを知らなかった私も、さすがにおいおい泣いてしまったっけ。

哲将　自分を犠牲にしてまで朴鉄《パクチョル》は、敬愛のためにがんばっただよ。いいやつだった。

聖甲　うん、こどものときから、じつにやさしくていいやつだった。私にはできすぎた友達だったなあ。（感慨深そうに朴鉄のことを回想するうちに、その名前を力いっぱい呼んでみたくなり、力強くすくっと立ち上がって）パク・チョルー！（その場に立ち尽くす）

英植《ヨンシク》　（怒りを全身にあらわして立ち上がり）敬愛はな、実のアボジもお前たちに殺されたんだ。オモニも、たった一人のねえちゃんも。忘れもしねえ。あの年の四月十五日のことだ。日本軍の一隊がとつじょおれたちの村をおそってきたんだよ。やつらは三十人ばかりの村人を教会におしこめ、外から一斉射撃《いっせいしゃげき》をはじめたんだよ。ダッダッダッダッダーッってな。その上やつらはその教会に火をつけて丸焼きにしちまったんだ。（と強い調子で話していくが急に静かな口調になり）そんときにみんなやられちまったよ。

聖甲　そのころ、この水原《スウォン》郡全体では、千人ほどの人が日本人に殺されてるんだが、それはそれは、もう目もあてられない惨状《さんじょう》だったさ。

万弼《マンピル》　（すっと立ち上がって）おれたちは口ではいいつくせねえほど日本人にいためつけられてきた。だがな、それでもおれたちは絶対にへこたれねえんだ。

成根《ソングン》　うん、とりわけおれたちのような、ないない

づくしの貧乏人が、いつの時代にも体をはって侵略者《しんりゃくしゃ》をたたきだしてきたんだ。なあみんな。(と言ってみんなを見回す)

座っていた村人たちが「そうだ」「そうだ」などと力強く言いながら全員立ち上がる。

花城　いつもへいこらへいこらしてたら、御天道様《おてんとうさま》もあおげず青っちょろいもやし人間になっちまってよ、土地・財産だけでは足りず、あたしたちの魂《たましい》まで、へいきでうばいすてておうとする悪いやつらとたたかえないよ。アッハハハハ。(と腹の底から笑う)

村人一同も花城と一緒に笑う。
谷と長岡は、村人たちの話にうちのめされて声も出ず、首をうなだれて座っていたが、ようやくゆっくり立ち上がる。長岡は首をうなだれたまま。
谷のつぶやくような独白。

谷　朝鮮人の背負《せお》っている生活って、いったいなんなんだろう。彼らの人生って……。そこにはずっしりとした、歴史のたしかな重みがあるようなきがしてきたが、そもそも朝鮮人にとって日本ってなんなんだ、おれたち日本人ってなんなんだろう。今までのおれには思いもつかない疑問でこわい……。それにしてもあの快活《かいかつ》な笑いはいったいなんなんだ。貧しい生活をおくり、きびしい過酷《かこく》な生《せい》を生きている彼らの、いったいどこからあの笑い、腹の底からの笑いが生まれてくるのだろう。

第六場　再び道庁総力第一課の中

谷、長岡の薛鎮英にたいする説得が失敗した報告をきいて、課長は机をたたきながらどなりまくっている。

課長　谷！　いつになったら薛をおとせるんだ！　おとすまで帰るなと言っておいたはずだ！　長岡も長岡だ、おめおめと帰ってきて、なんのために谷につけたと思ってんだ！

二人は、課長のカミナリを覚悟《かくご》していたし、村びとたちの話のおかげで創氏改名にたいする疑問をもちはじめていたので、さしておどろいた様子は見せていない。

谷　課長、私はだんだんわからなくなってきたんですよ。

課長　何がだ。

谷　創氏改名のことですよ。

課長　な、なんだって！（驚愕して）いつから君はいったい、ひ、ひ、非国民《ひこくみん》になったんだ！

谷　この朝鮮では、われわれ日本人が支配者で、朝鮮人は奴隷的《どれいてき》な生活を強《し》いられている。私はこの単純な事実に今まで気がつかなかったんです。ただ朝鮮人はかわいそうだと思っていただけなんです。ところが、……

課長　谷！　やめろ！　つまらん話をしてると刑務《けいむ》所《しょ》送りだぞ！

谷　課長、私の言うこともきいてください。

課長　やめろと言ったらやめるんだ！

谷　課長！　きいてください！

課長は、谷の気迫《きはく》に驚いて声が出ない。

谷のけんまくにびっくりした他の課員たちは、谷を注視《ちゅうし》する。

それに気づいた谷も、課員全体に語りかけるように話していく。

谷　もちろん私も、創氏改名で文字通り、日本人だからどうの朝鮮人だからどうのということはなくなり、同じ人間として平等になるんだ、差別なんてくだらないこともなくなるんだ、そう話してきました。

鍋島　その通り、それでいいじゃないか。

谷　しかし、喜んで創氏改名をうけいれた朝鮮人はいない。この事実を君たちはどう思うんだ？　ええ？

鍋島　はじめはな、しかし、その意味を理解するにつれ……

谷　とんでもない。

加藤　とんでもないとはなんだ。

谷　ただ権力をふりかざして強制的に創氏改名させているにすぎないんだ。

加藤　谷はちょっとおかしくなったんじゃないのか。

谷　加藤、君こそおかしくないか。もしも君がだ、たとえば、寝込みをおそわれて北海道や樺太《からふと》の炭坑にほうりこまれ強制労働をやらされたらどうだ？　ええ？（強くせまるような口調で）仮定《かてい》の話なんか、まったく興味がないね。（はきすてるように言う）

加藤　俺が回ってる村にかぎらず、そういう話はゴロゴロしてるはずだ。

谷　おまえはいつから朝鮮人になったんだ。朝鮮人の味方《みかた》ばかりしやがって。（と、にがにがしげに言う）

毛利　おれはただ、事実を言ってるにすぎない。その事実を素直にみれば、人間として考えなければいけない大切なことがあるということなんだ。

谷　さっきからえらそうな口をたたいてるけど、いったい何を考えろって言うんだ。

細川　うーん、実は、自分でもうまく言えないんだが……

谷　小早川が仕事からもどってくるなり、谷の言葉をさえぎり口をだしてくる。

小早川　（谷をみつめながら、実にいやらしい口調で）おお、おお、また谷さんが正義漢《せいぎかん》ぶってるんですね。よけいなことを考えますと、ご自分のためになりませんよ。

谷　（小早川をにらみつけながら）話の途中でつまらん口出しなんかするな。……俺は少なくとも相手の身になってものごとを考えるべきだということに気づいてきた。するとどうだ、不思議なほどいろいろと疑問《ぎもん》やら矛盾《むじゅん》があとからあとからわいてくるんだよ。

毛利　そんなこと言ってたらきりがないだろ、いつの世も矛盾はつきものだからな。

谷　でもな、その矛盾が人の精神と肉体をむしばんでいるとしたら、他人《ひと》ごとだと言ってほってておけないだろ。

小早川　きれいごとをならべてもしょうがないでしょう、谷さん。（と谷にむかって言う。それから向きをみんなの方にかえて）他人のことなど考えてる余裕《よゆう》なんか、私たちにはたしてあるんでしょうか。ねえ、みなさん。（あごをなでなが

らバカにしたような言い方で）

「ないね」「ないない」「あるわけないだろう」などと、長岡をのぞいてみんな口々に答える。

谷　余裕？　とんでもない。私たちの生き方の問題なんだ！（語気するどくなってくる）

毛利　鎮英のところに婿《むこ》入りしたらどうだ、ええ？　谷。（からかうように言う）

毛利の言葉を聞いて、みんな谷をはやしたてるように、いっせいに笑う。

長岡　（その笑い声を消し飛ばすように）毛利さん！　そんなひどい言い方はないでしょ！

毛利　なーんだ、長岡は谷にかぶれてしまったのか。

長岡　失礼な言い方はよしてください！（怒りをあらわにした表情を見せて言う）私は朝鮮人の心からの叫《さけ》びにふれ、私という人間が問われていることに気づいただけです。

谷　おまえは明日から日本語をしゃべってはいかん、名前も谷でなく、李にしろ、自分がこんなことを言われて喜ぶやつっているか。（と、みんなを見回しながら話すも反応はないので谷は再びみんなに問う）ええ？　いるのか？

長岡　（みんなが応えないのでしかたなく沈黙を破る）怒りをおぼえるにきまってますよね。でも、この単純なことすら理解できなかった今までの自分が私はこわいんですよ。

谷　うん、朝鮮人にとっては、そういう俺たちがもっとこわいだろうな。こわいというより、人間として絶対ゆるせないという思いかな。とにかく俺たちには人としての温《あたた》かい心がまったくかけているんだよ。（自分に言い聞かせるように言葉をかみしめて話す）

第七場　玉順の許嫁《いいなずけ》、北万《プンマン》の両親が薛家を訪れる

京畿道庁の最高幹部は、憲兵隊《けんぺいたい》とはかって、薛鎮英の娘、玉順《オクスン》の婚約者である康北万《カンプンマン》を独立運動家にしたてて逮捕し、連日きびしい拷問《ごうもん》をくわえながらとりしらべをしている。

北万の両親、康南善《カンナムソン》（創氏改名して康本善太郎）、金成愛《キムソンエ》（創氏改名して康本愛子）の二人が、北万を助けてもらうため薛家を訪ね、あいさつをかわしたあと……。

南善　じつは、今日おうかがいしたのは、息子の北万のことです。

鎮英　北万君がどうかしたのですか。

南善　ええ、じつは一週間ほど前に、憲兵隊につかまってしまったのです。（大変気落ちした表情をうかべながら）

鎮英と妻の朴明姫《パクミョンヒ》と玉順は、驚きの声をあげ、たがいにみつめあう。

鎮英　それはまた、いったいどうしたというのですか。

玉順　北万さんは今どこにいらっしゃるのですか。

南善　もちろん憲兵隊司令部です。日本の植民地支配をくつがえし、朝鮮の独立を勝ちとるんだと、地下組織につながり活動していたというのです。

鎮英　それは本当ですか。

南善　とんでもありません。ただ、憲兵隊のほうが一方的に言ってるだけです。

玉順　それで、助かるみちはないのでしょうか。

南善　八方《はっぽう》手をつくしましたがだめでした。ところが昨日、確かな身元引受人《みもとひきうけにん》がいれば仮釈放《かりしゃくほう》してもいいと言われたのです。

鎮英　そうですか、それはよかった。本当によかった。

鎮英と玉順、明姫の三人は、おたがいに顔を見合わせて、よかった、よかった、というように何度もうなずく。

南善　（言いにくそうに）ところで、その身元引受人のことなんですが、鎮英さん、あなたにぜひなってほしいのです。もちろん、創氏改名していないと身元引受人として認めてくれませんが……。

鎮英　（ゆるんだ鎮英の顔にはまたきびしさがうかんでくる）創氏改名しないと本当にだめなのでしょうか。（念をおすように）

南善　ええ。
鎮英　それでは……（実にこまり切った表情で）それですと……、私としては北万君の身元引受人になることは……
南善　できないと……
鎮英　ええ……そうとしか……もうしわけありませんが……
成愛　なぜ息子を助けてくれないのですか。北万は独立運動家、共産主義者とみなされ、毎日毎日、憲兵の拷問に苦しんでいるんですよ。（と、必死で訴える）
南善　あなたの意志ひとつで助かるんですよ。
成愛　このままほっておいたら息子は殺されてしまいます。鎮英さん、どうか息子を助けてください。お願いします。
鎮英は視線《しせん》を床におとしてだまっている。苦悩《くのう》の色はさすがにかくせない。
成愛　玉順さん、あなたは許嫁の北万がどうなってもかまわないのですか。
玉順　まさか、そんなこと……（とは言ったものの、あとの言葉がみつからない）
成愛　明姫さん、あなたは北万のことを……
明姫　成愛さん、とんでもございません。（成愛の言葉をさえぎってこたえるが、あとはなんと言ってよいかわからずだまってしまう）
しばし、おもぐるしい無言の刻《とき》が流れる。たまりかねた南善《ナムソン》が口を開く。
南善　鎮英さん、だまりこくってないでなんとか言ってください！
鎮英　（重い口を開けて）私以外にだれか適当な身元引受人はいないのでしょうか。
南善　ええ、憲兵隊のほうは、息子の許嫁の父親以上にたしかな身元引受人はいないと言うのです。
鎮英　そうですか。それはほとほとこまりましたなあ。（と言って大きなため息をつく）
成愛　こまるのは私どものほうです。名前なんかどうだっていいじゃありませんか。
鎮英　南善さん、私が創氏改名をいまだに拒《こば》んでいるのは、七百年におよぶわが一族の歴史と伝統を守らなければならないからです。

南善　歴史とか伝統とか、そんなものは今を生きる上で何の価値もありません。現に私は、私一代の努力で、世間から一目《いちもく》おかれる財産家になりました。それでいいではないですか、豊かにくらせればそれでいいのです。

鎮英　人はお金だけで生きていくのではありますまい。もしそうだとすれば私の村の人たちはどうなるのでしょう。南善さん、実を言うと私は、村の貧しい人たちから教えられました。

南善　ごじょうだんを、能書《のうがき》ばかりならべて、なまけ者のあの連中から何を学ぶんです。（いかにもバカにしたように）

鎮英　とんでもない、真剣《しんけん》なのです。彼らは自分の生命《いのち》をかけて創氏改名に反対しているのです。

南善　生命をかけてなんて信じがたいですな。

鎮英　私も実は、その日暮《ぐら》しもままならぬ彼らを、内心《ないしん》ではバカにしていたのです。ところがどうでしょう。バカにしていた私のほうがかえって動揺《どうよう》してしまうていたらくぶりです。

南善　いやいや、今すぐ陥落《かんらく》してしまいますよ。彼らには失うものなんか、なんにもないんですから。

鎮英　いやいや、創氏改名によって私の失うものは薛一族の歴史でしかありませんでした。ところが彼らの失うものは、わが民族五千年の歴史であり、その歴史の中で育《はぐく》まれてきた朝鮮《ちょうせん》民族《みんぞく》の心とか、誇《ほこ》り、そういったものなのです。

南善　今のようにきびしい状況のもとでは、創氏改名もしかたありませんな。生きるためには。（はきすてるように）

鎮英　そのために失うものも、あまりにも大きすぎます。

南善　現実に息子の生命《いのち》は、創氏改名とはかりにかけられているのですよ。

鎮英　もしかしたらそうかもしれません。

南善　まさか、北万は死んでもしかたないと……

鎮英　南善さん、よしてください。ただ私は、いままでは薛一族のことしか考えず、朝鮮人として生きるということにかけては、村の貧しい人々にとうていおよばないと思い知らされてきました。ですから……

成愛　とすれば、結果的には北万は助かりません

明姫　わ！

成愛　成愛さん、助からないと決めつけるのもどうかと思いますが。うちの人が日本名にしないからといって北万さんを殺しても、彼らには何の得もありませんでしょう。

南善　しかし、明姫さん、息子の生命が、まさに風《ふう》前《ぜん》の燈《ともしび》であることも事実なのです。

成愛　北万の生命より鎮英さんのそのお名前のほうが大事だと言うのですか！

玉順は心が乱れて明姫の膝《ひざ》の上に顔をうずめて泣き崩《くず》れる。明姫は娘をいたわるような視線を玉順の背中に落とす。

鎮英　（妻子をみつめながら）どちらが大事ということを申し上げているつもりは、さらさらないのですが……。（今度は南善夫妻のほうに顔をむけて）ただ、人は、生命を絶《た》つときが、かならずあるのです。

南善　それはどういうことですか。

鎮英　いや、いや、ただ一般論を……

南善　今は北万をどうしたら救えるかを考えるときなんですよ。（語気するどくきわめて不満そうに）

鎮英　どうも失礼いたしました。しかし、その名案がうかばず……

成愛　（鎮英の意志のかたさにたまりかねて、鎮英につめよりながら叫ぶ）息子はどうなってもいいのですか！　北万を見殺しにする気ですか！

（と言いながらその場に泣き伏してしまう）

鎮英は、南善をじっと見すえながら、静かに頭を横にふる。二度、三度と——苦渋《くじゅう》の色を顔にうかべながら。

第八場　国民学校の教室

場所は六年生の放課後の教室。正面には額に入った宮城《きゅうじょう》の写真と「皇国臣民ノ誓詞《こうこくしんみんのせいし》」がかけてある。よこの壁には世界地図がかけてあり、日本が征服したところは赤くぬりつぶされている。

親が創氏改名《そうしかいめい》していないこどもたちがのこされてい

るが、その中の一人鎮南《チンナム》は薜鎮英の一人息子なのでいつも教師からなぐられているが、今日はことのほかはげしくやられ、ぐったりしている。他のこどもたちは、教室のすみにかたまってこわごわとみている。

伊藤　貧乏ったれのせがれをさきにやったらどうでしょう。これだけいいためつけてもいうことをききませんからね。

寺内　なーに、貧乏ったれなんか、こいつが創氏改名すればころりですよ。

伊藤　それもそうですね。ではこんどは寺内先生にまかせますよ。（と言って座る）

寺内　ええ、いいですとも。（と言って鎮南のほうをむく）

鎮南はあいかわらず言葉がなく、眼光《がんこう》のみがするどい。

寺内　おい！　鎮南！　いつまでだまっているきだ！

寺内　（それでも黙っている鎮南に平手打ちを食わせながら）なにか言ったらどうだ！

伊藤　（みんなにむかって）いいか、創氏改名はお前たちのためなんだぞ。それをお前たちの親をはじめ、ひとにぎりのやつらが、わけもないことを言って反抗《はんこう》しているんだ。

寺内　しかし先生たちとしても、これ以上お前たちを不幸にしておくわけにもいかないから、今日はお前たちのいいへんじをきくまで、たっぷりかわいがってやるからな。（と他のこどもたちにむかって言う。むきを鎮南のほうにかえて）それで、お前だ。どうなんだ。おい、なんとか言え！

鎮南はそれでも口をひらこうとせず、不当なきょうはくにはくっしないという、強い意志を顔に見せる。

伊藤　しょうがないなあ。鎮南にはかわいそうだが、またやってやるか。寺内先生、これでかわいがってやってください。（といって竹刀をわたし自分のいすにもどる）

寺内　そんなにいつまでもだまってるなら、ほんとに口がきけなくなってもこまることはないだろう、なあ、鎮南。今から先生の愛のむちで口をきけなくしてやろう。

鎮南と寺内は、にらみあったまましばし沈黙。その間、伊藤は、椅子《いす》にふんぞりかえって二人をみている。

寺内　（いらだっていきなり竹刀をふりあげ、鎮南をいくどとなくうちすえながら）このヤロウ、口をきけ、口を！

こどもたちはこわくなり、思わず朝鮮語で「アイグ　ムソウォ　ムソウォ」（こわいこわい）とつぶやく。親ゆずりの気丈な鎮南もさすがにたえきれず、うなり声をあげてのけぞりたおれる。それでも最後の力をふりしぼって叫ぶ。

鎮南　ナヌン　チョソンサラミダ。

寺内　こら！　なんだ朝鮮語なんてしゃべりやがって！　そんなきたない言葉の使用は禁止されているだろう！（とまた打ちすえる）

伊藤　（もう声もでず、ぐったりしている鎮南を横目でみやりながら）寺内先生、こいつはなんて叫んだんですか。

寺内　「僕は朝鮮人なんだ」って言ったんですよ。……ふん、伊藤先生、こいつはがきのくせになまいきですよ。（実ににがにがしく）

こどもたち一同いっせいに小さい声で言う。「ウリド　チョソンサラミダ」（ぼくたちも朝鮮人だ）

第九場　薛家の舎廊房

鎮英は、机の前に端然《たんぜん》と座って、族譜になにやら書き込んでいる。

幕《まく》の背後から、ごうもんをうけて叫び声をあげている北方の声が聞こえる。また、泣きながら「アボジ、アボジ」（お父さん）と言う鎮南の声が聞こえてくる。鎮英は筆をおき、族譜をじっとみつめてから、そのおわりの部分を重々しい口調《くちょう》で読み上げる。

鎮英　一九四一年九月二十九日、日本政府、創氏改名を強制したるにより、ここにおいて断絶《だんぜつ》。

当主《とうしゅ》鎮英、これをはじ、子孫《しそん》にわびて、族譜とともに自《みずか》らの命を絶《た》てり。

読み終えて族譜を静かにとじる。族譜との無言の対話がしばしのあいだ続く――。

それからおもむろに、そばに用意しておいた毒杯《どくはい》をあおぐ。

第十場　おなじく薜家の舎廊房とその庭

薜鎮英の死を聞いて、谷は葬儀にかけつける。愛する許嫁の北万の拷問《ごうもん》死、尊敬するアボジの自殺、くわえて、かわいい弟の入院と、立て続けの不幸に玉順は憔悴《しょうすい》しきっている。その玉順が谷に応対している。

谷　族譜とともに自らの命を絶って、創氏改名に抗議《こうぎ》したわけですね。

玉順　はい。鎮南の長期入院、そして何よりも北万さんが本当に殺されてしまったことがアボジをおいこんでいったようです。

谷　「薜のやつ、ついに陥落《かんらく》したぞ」って、まるで鬼《おに》の首をうちとったように課長がはしゃぐのを聞いて、もしやと思いましたが……

玉順　鎮南は学校からもどると、アボジの胸のなかにたおれ、はげしく泣きじゃくり、鎮南をだきしめたアボジの顔もさすがに涙で光っていました。……それにおいうちをかけるように北万さんの死が（声がつまって聞きとれず）……憲兵に殺されたという知らせが……（あとは声にならない）

谷　（はじめ、なんと言ってよいのかわからず、こんわくするが）北万さんの死はもちろん、いたいけな子どもまで……ひどい話だ。……あなたの愛する許嫁の死は、きっとお父様の胸を切りさいたんでしょうね。……そのようにあなた方を不幸におとしいれた連中は、京城《けいじょう》の歓楽街《かんらくがい》でよいつぶれているんですから、ひどいもんです。

玉順は谷をじっと見つめている。

谷　（玉順にみすえられてハッと気づいて）そ、そうです。そういう私も手を汚《よご》しているんですから、彼らと本質的には変わらないのです。なんとおわびしてよいのか……（と言って頭を深々とたれる）

玉順　いまさらあやまられても、愛するアボジも、北万さんも決してもどりませんわ。

谷　それは……

二人が話している時、三々五々葬儀《そうぎ》のために村人たちが集まってきていた。彼らが谷に気づいて、激しくくってかかる。

夏林《ハリム》　なーんだ、谷じゃねえか。どんなつらさげてここにいるんだ。てめえのくるところじゃねえだろう。

聖文《ソンムン》　薛の旦那を殺したのはお前たちだろう！　ええ？　違うのかよー！（と言いながら谷の胸ぐらをつかんで殴りかかろうとする）

玉順　やめてください！　聖文さん、谷さんを殴ってもアボジが悲しむだけです。（と言ってとめにはいる）

夏林　そうだ、手だけはだすんじゃねえぞ、聖文。

聖文　うん、わかったよ。（と不承不承手をおろす）

夏林　それにしても薛の旦那は、きさくでいい人だったのになあ、ほんとに悔しいよ。

麗実《ヨシル》　まったくだ。

基万《キマン》　俺は薛旦那の抵抗をむだにしないために、絶対に日本の名前なんか名のらんぞ。

丁順《チョンスン》　私もそう思うわ。創氏改名って、私たち朝鮮民族をこの朝鮮の大地から消してしまうことになるんだからね。

基万　そうだとも。もしそうなったら、俺たちの祖《そ》先《せん》の数えきれない屍《しかばね》が土に帰ってつくられているこの大地も、朝鮮の大地ではなくなるんだ。

基万の話している時、玉順のオモニ、明姫がでてきて、玉順の耳元でなにかささやき、二人で邸《やしき》の奥にひっこむ。

東里《トンニ》　谷さん、いいかい、よーく聞いてくれよ。たしかに俺たちの土地は日本に奪われてしまった。しかしだな、そこには俺たちの怨念《おんねん》がしみこんでいるんだ。あんたらも、奪いとった土地のうえにあぐらをかいて、安穏《あんのん》としていられることはあるまい。いったいいつ朝鮮の大地にのみこまれるかわからない、そんな恐《きょう》怖《ふ》の下にいるんだ。きっとそうにちげえねえ。どうだ。

谷　ええ、たぶん。

しばし話がとぎれるが、南《ナム》がすまなそうに、みんなを見回しながら口を開く。

南　みんなに悪いけどな、俺は創氏改名に応《おう》じてしまったんだよ。

一同驚く。

南　というのはな、オモニ危篤《きとく》のしらせをうけて、北海道の夕張炭鉱《ゆうばりたんこう》からいそいで下関《しものせき》についたんだが、日本名に変えてなかったもんだから、関釜連絡船《かんぷれんらくせん》にのせてくれない。しかたなしに南太郎にしたんだよ。

丁順　南太郎ね、なかなかおもしろいわ、でもそれでよく通ったわね。

南　うん、はじめはいきなりぶんなぐられたよ。「なんだ貴様！　朝鮮総督南次郎閣下をからかうきかっ！」ってね。

丁順　へぇー、それで？

南　俺は「ナム」だから「みなみ」としてどうしてわるいんだ。「みなみ」は朝鮮式の名前か、そんならなんで総督は朝鮮の名前を名のってんだ、と言ってやったら、「しかたないだろう」だってよ、ざまあみろってんだ。そして、俺はナム家のあととりだから、太郎もやむなし、となって南太郎だ。次男坊だったらもっとおもしろかったのになあ、アッハハハハ。

他の村人達も元気そうに笑う。その笑いを打ち消すかのように貞九《チョング》が口を開く。

貞九　創氏改名がはじまって一年と七ヶ月、薛さんは死においこまれ、ほとんどのわが同胞が南さんのように、やむをえず日本名をつかわせられている。きびしいなあ。（と嘆息する）

相和《サンファ》　本当にきびしい。でもな、俺たちは明日を信ずることができるように、一つひとつ闘《たたか》いを大事にしていく必要があると思うんだ。そうでないと、どんどん俺たちの生きる世界は息《いき》苦《ぐる》しくなり、狂《くる》い死にするだけだからな。

吉童《キルトン》 相和の言うとおりだ。ユーラシア大陸のはてにある俺たちの国は、いつも異民族《いみんぞく》の侵略をうけてきたんだ。だけどな、俺たちの民族は、そのたびに生命を投げ出して闘い、独立を守ってきたんだよ。谷さん、わかるかい。

谷 ええ、少しはわかるように。

吉童 ところがだ、ついに日本の植民地になりこのざまだ。しかしな、俺たちは民族の心まではとられてねえんだよ。

夏林 おいらが食うものも食わず、やっとの思いで白い米を作ったって、みーんな日本にもってかれて、作ったおいらの口には一粒《ひとつぶ》だってはいりゃーしないんだ。こんなんで、おいらが日本になびくと思ったらおおまちがいだよ、谷さん。

春花《チュナ》 あんたが私たちの立場だったら、どう思うんだい。

谷 はぁー、実は、正直なところ、みなさんと会うまで、日本が朝鮮を奪《うば》ってしまったという認識《にんしき》が、まるっきりなかったんです。

夏林 あんた、いくつだ。

谷 三十一歳になりますが。

基万 なぁーんだ、それじゃ俺たちの国がとられた年の生まれじゃないか。

谷 ええ、ですから「お前の生まれた年は、ちょうど日韓併合《にっかんへいごう》があって、国民がこぞって祝ったんだ。だから『お宅は二重の喜びでいいねぇ』なんて、近所の人たちからよく言われたもんだよ」なんて、親からよく聞かされていました。

麗実 赤ん坊の時から侵略者の思想《しそう》を叩《たた》きこまれていたって言うわけね。

谷 ええ。

東里 それで、俺たちを知るようになってどうしたんだ。

谷 はじめはもちろん、面食《めんく》らったんです。なんで創氏改名なんかに反対するんだろうって。しかし、だんだんあなたがたの拒絶《きょぜつ》の意味がわかるようになってきたんです。

明華《ミョンファ》 日本人といったらみんな鬼みたいな人なのに、

あんた、めずらしいね。でも、一人くらいあんたみたいのがいないと、日本人もうかばれないだろうよ。ねえ、みんな。（みんなを見回して言う）

本当だ、という感じで一同笑う。

谷　みなさんのおかげです。考えてみれば何もむずかしいことなんかなんにもないんですよね。要は、人の心をもてるかどうかだと思うんです。

明華　ぬくもりのある心だね。

谷　ええ、日本人は心にまで武装《ぶそう》しないと朝鮮人とむきあえないんです。自分たちのやっていることがいかにひどいことか、もしかしたら朝鮮人以上に知っている。だから逆に恐《こわ》いんですよ。そのために驚くほど居丈高《いたけだか》になり、いばりちらすんです。そうしてどんどん温《あたた》かい心をうしなってきたんだと思います。

東里　そういえばあんたは、はじめから他のやつらとはちがってたな。

谷　とんでもありません。

東里　あんたが初めてきた時は、石をなげつけてやったんだが、少しも動じなかったよな。

谷　初めていったのが東里さんの家でした。いきなり「日本人野郎《やろう》！　くるんじゃねぇ！」でしたからね。もうびっくりしてしまいましたよ。

東里　アッハハハハ、そうだったな。

谷　でも、みなさんの話を素直《すなお》に聞いてみようと努力するうちに、私は身のふるえるような思いに何度もおそわれました。明華《ミョンファ》さんの言うように、日本人はまさに鬼でした。もちろんこの私も。

明華　いやー、あんたは日本人にしたらめずらしい善人《ぜんにん》よ。

谷　いいえ、私も鬼でした。朝鮮というのはなんのとりえもない国で、これをわれわれが助け、守ってやるんだという頭でしたから。もちろんその時の自分は、鬼どころか、福の神だ、ぐらいに思っていたんです。でも、そう思っていたことが実は、朝鮮人のあなたがたにたいへんおそろしいことをしていたことになるわけですから。

夏林　うん、ところで、今はおいらの国のことをどう思ってんだ。

谷　みなさんから教えられた朝鮮は、まったく逆でした。日本よりも長い歴史と伝統をもち、日本の歴史に大きな影響《えいきょう》をあたえてくれた国だったんです。柳宗悦《やなぎむねよし》という日本人も二十年前に「日本の文明は朝鮮の美に温められて生まれた」と書いているんですね。しかも彼は、朝鮮が日本の植民地であることを認めないいんです。私はこういう日本人がいるのを知ってびっくりしたんです。

夏林　柳宗悦？……あー、書堂の哲人先生から聞いたことがあるわ。俺もびっくりしたけど、半信半疑《しんはんぎ》だったな、そういえば。

谷　私は、みなさんからはかれる一つひとつの言葉を、かろうじて受けとめることができて、つくづくよかったと思っているんです。それは、私という人間の欠陥《けっかん》が浮き彫《ぼ》りにされ、自分がどう変わらなければならないかということに、だんだん気づいてきたからです。そして、柳宗悦との出会いにも元気づけられました。

夏林　しかしいくら頭でわかってもな。

谷　そうだと思います。私が道庁の役人《やくにん》としてふみとどまるということは、あなたがたを苦しめる側《がわ》に立ち続けるということになります。しかし、自分の生活のことを考えると、なかなかふんぎりをつけられませんでした。なにしろ、学校をでてすぐ道庁に入り、ずっと飯《めし》を食っている身ですからね。

東里　そりゃー食わずには生きられまい。

谷　ええ。でもみなさん（と言ってみんなを見回して）、私はあなたがたの真実の姿にふれ、はじめて自分の生き方を真剣に考えられるようになったんです。そして薛さんの死……。これ以上道庁の役人を続けることは、自分という人間をいつわって生きることになるんだ、ということに気がついたんです。

東里　えっ？　やめんのか？

谷　はい。私は創氏改名に疑問をもつようになってからも、それを宣伝《せんでん》していく矛盾の中にいたわけですが、そうすると、自分でも苦しくなってしまい、わけのわからぬ言葉でも叫びたい衝動《しょうどう》にかられることが、しばしばありました。

した。しかし、最後は自分の安定した生活にしがみついてきたのです。

夏林　ほんとか？　でもあんた、やめる理由が理由だから、危険思想の持ち主ということで、一生警察につけねらわれるぞ。それでもできるのか。（逆に心配そうにたずねる）

谷　はい。夏林さんの言うように、今の職を投げ捨てれば、「非国民《ひこくみん》」のレッテルをはられるでしょうから、私みたいな意気地《いくじ》なしには大変な決断だったんですが、たとえ路頭《ろとう》にまよっても、の覚悟です。

夏林　よくそこまで決心したな。

谷　ええ、なんとか。私はみなさんから朝鮮人の魂《たましい》の叫びを聞いたつもりです。しかし、それに応えるものは、私の中にはまだなにもありません。しかし、みなさんの叫びに響《ひび》きあう、私の魂の叫びを見いだしていきたいんです。

夏林　あんたの回りにいる日本人が、おいらを差別と偏見《へんけん》の目でみていること自体わからない現実の中では、そう簡単にはできねえぞ。それでも大丈夫か。

谷　できるかできないか、頭の中でいくら考えてもしかたありません。大切なのは自分の逃げ道を断《た》ち切り、険《けわ》しくとも自分の正しいと信じた道を歩くことだと思います。私は一生、朝鮮から逃げないと自分に誓《ちか》ったのです。

（註）この作品は演劇の授業のために、梶山季之の『族譜』という小説を参考にし、視点を小説のように大両班ではなく朝鮮の貧しい農民にあてて書いたものです。

（出典・『人権科資料集Ⅱ』パンフレット、都立南葛飾高校定時制人権科編、南葛飾高校定時制同和教育委員会発行、一九九六年三月）

凍れるいのち——国家に棄てられた生命の再生を求めて

はじめに

私たちのクラスはうれしいことに国際色豊かなクラスです。日本人はもちろん、朝鮮人も中国人もいます。しかし、いまだそのめぐまれた条件を、クラスの一人ひとりが生かしているとは言えません。

つまり、日本人には日本人の歴史と文化があるように、朝鮮人には朝鮮人の歴史と文化があり、中国人には中国人の歴史と文化がそれぞれあります。そしてまた、この三者にはきわめて深い関係性があります。私たちはそれらのことを認識することによって自己を見つめ、私たち自身の生き方をより深く考えていくことができますし、また、日本、あるいは東アジアという社会、さらには「宇宙船地球号」の一員としての責任を初めてはたすことができます。

とりわけ、日本という国が、近代の歴史において、朝鮮を侵略し植民地支配を行ない、また中国をも侵略し「満州帝国」という名の植民地を中国の東北地方につくり、まるで虫でも踏みつぶすように朝鮮や中国の人びとの生命を踏みにじってきた事実は、日本の悪魔の手によって汚染された恐ろしい関係性をつくりだしたことを証明していますから、この自らの行為に目をそらすことなく、しっかりと認識し、その加害者としての責任をはたしていくことが、日本人の歴史的な課題だと思います。

にもかかわらず日本人は、敗戦後五十年も経過したというのに、いまだこの課題を自らのものとして積極的に考えていくようにはなっていません。朝鮮人や中国人に対するさまざまな差別がいぜんとして克服されていないという事実によって、あるいは、日本の侵略戦争の責任を問う、アジアは言うに及ばず、世界の声が発せられ続けているという事実によって、そのことは歴然としています。

もしこのようなことが、これからも続くとすれば、朝鮮や中国、あるいは日本の占領・支配に苦しめられた他のアジア諸国、さらには世界の人びとから、日本及び日本人はまったく信用されなくなるでしょう。ですから、そうならないように日本人一人ひとりが、真剣にその課題と向きあわなければなりません。そしてその第一歩が、自分たちの一番身近なところにいるクラスの中国人生徒や朝鮮人生徒のことを、自分のこととして考えられるようになることだと思います。

ところで、一九九三年九月五日、成田空港ロビーにひと晩籠城した人たちがいます。それは十二人のおばあちゃんたちです。おばあちゃんたちは警察につかまるかもしれないという恐怖心をいだきながら、中国から片道切符をもって日本にやってきました。日本国籍をもっているそのおばあちゃんたちの願いは、「私たちを祖国に帰してください」「私たちを祖国である日本で死なせてください」というものでした。戦争が終わって五十年も祖国にむかって望郷の思いを訴え続けながら、そのあたりまえの願いをかなえてくれない祖国にたいして、やむにやまれぬ気持ちから、おばあちゃんたちが必死の行動に訴えたのです。祖国日本が、敗戦の混乱の中、その意思に反してやむをえず中国に残らざるをえなかった人たちの問題を国の「責務」と認め、「中国残留邦人支援法」を公布したのが、おばあちゃんたちのこの闘いの翌年のことでした。

私たちはこのおばあちゃんたち、さらにはこのおばあちゃんたちに連なる多くの人々、たとえば私たちのクラスのフーチュェンのおばあちゃんの運命の意味を考えたいと思います。そして、このことを通して前述した課題にせまっていければと思います。

第一場

友子　天皇制の支配する近代の日本は、隣りの国、朝鮮を侵略し、朝鮮の人びとを抑圧して、きびしい植民地支配を行っていました。そしてさらに、中国にも侵略し、中国の東北地方に満州帝国という名の植民地をつくり、中国の人びとに対しても過酷な支配を行っていました。日本はこの満州に、たくさんの開拓団を送り込み、満州支配の永続をはかったのですが、一九三一年以来の中国侵略戦争がつまづき、アメリカなどとも戦争をするようになり、破滅への坂道をころげ落ちていきました。この瀕死の日本におそいかかったのが、アメリカの要請を受け入れて日本に宣戦布告したソ連だったのです。ソ連軍は一九四五年八月九日、国境線をいとも簡単に突破し、満州全土を制圧していきました。このために開拓団の私たちの悲劇が始まったのです。

と、こうのべてきましたが、もちろんこんなことを私が知ったのは、五十年ぶりに望郷の思いがかない、日本へ帰ることができてから、私の運命をもてあそんだものは何かということを、忘れてしまった日本語をとりもどしながら必死になって勉強してわかってきたことなんです。

第二場

開拓団の村では、みんなが夏祭りの練習に余念がない。太鼓や笛の音が心地よい。

団長が下手から現われる。

団長 やぁ、ご苦労さん。（と、上手《かみて》の方にむかって言う）

上手のそでから「ああ、団長」の声。そして副団長、松本、鈴木たちが現われる。

団長 みなさん遅くまで頑張ってますね。

松本 ええ、祭りの時くらいしか楽しみはありませんからね。信州の山奥にいたときもそうでしたが、この満州にきたらなおさらです。

団長 そういえば、私の田舎も唯一の楽しみは祭りだったよ。

鈴木 団長、残ってる人たちで一杯どうです。たまにはキューッと、いいでしょ。

団長 それもいいですね。私も近頃はめっぽう忙しくて、実はそろそろ飲みたいと思ってたところですから。

鈴木 やりましょう、やりましょう。

松本 そりゃあうれしい。

鈴木 じゃあ、今日の練習はこのへんにして、みんなでワアーッといきましょう。

松本 よし、さっそく準備だ。

副団長 それじゃあ私がみんなをよんでこよう。（と、言いながら上手に消える）

松本たちは準備のために下手に消える。
「今日の練習はきつかったあ」「酒だ、酒、酒」「太鼓のうちすぎで腕が痛くなっちゃたよ」「久しぶりの酒でうれしいな」などと言いながら、みんなうれしそうに舞台に登場してくる。
みんなでわいわい言いながら酒の用意が進行していく。やがて準備が整う。

団長　みなさんにお酒がまわったようですから、どうぞ遠慮なくやってください。

みんなは、「いただきます」「じゃ遠慮なく」などと言って飲み始める。

団長　ご苦労さま。さあ、一杯どうぞ。（と、一人ひとりについで回る）

みんなは、団長に酌《しゃく》をされて恐縮しながら「どうもありがとうございます」と、うけている。

松本　団長についでもらった酒は格別だね、アッハハハ……。

清水　うん、ほんとだ。おまえについでもらっても少しもうまくはないからな。
松本　相変わらず口が悪いな。
清水　いや、いや、おまえとどっこいどっこいだよ。……ところで、祭りまであと一週間もないな。
松本　そうなんだよ。だから明日からはもっと気合いをいれてかなくちゃ、なあ、みんな。
加藤　一番気合いの入ってないお前がそういうなら何の心配もいらんわ。

一同、同感という感じで一斉に笑う。

松本　みんな、人が悪いぞ。（と、バツが悪そうに言う）
加藤　冗談、冗談、冗談ですよ。
団長　そうそう、今までは、気合いがはいりすぎるくらい、あんたが一番頑張ってましたよ。他の人は今までさぼりすぎてたようだから、もっともっと気合いをいれてやらないと……
松本　（間髪を入れず）だめだって言うことですよね、団長。（団長が大きくうなずくのを見て）みんな気合いを入れろよ。（と、得意そうに）
一同　（口々に）団長、それはないでしょう。（と言っ

て、どっと笑う）

その笑いを打ち消すように県公署の役人があわてふためいてかけこんでくる。全員驚いて役人を注視する。

役人　団長！　団長はいますか！

団長　はい、ここに。（非常に驚いた様子で）

役人　木村団長、大変です！

団長　いったい、何があったと言うのですか。

役人　落ち着いて聞いてください！「ソ連が参戦し、国境線を突破したために治安が非常に乱れている。よってただちに牡丹江《ぼたんこう》へ避難せよ」、これが県公署の指令です。いそいでください。

団長　どういうことだ。もっと詳しく教えてほしい。

役人　私にもこれ以上のことはまったくわかりません。とにかくいそいでください。一刻の猶予もないということです。ではとなりの村に行かなければなりませんので、失礼します！（と言いながら、いそいで飛び出していく）

馬の蹄《ひづめ》の音がすぐ遠ざかっていく。

団長　ソ連がこの満州にせめこんできたということか。青天の霹靂《へきれき》とはまさにこのことだ。……しかし、おかしいと思ってたことはこのことだったのか。

副団長　おかしかった？　と言いますと？

団長　最近はまるで根こそぎ召集だったではないか。あちこちの開拓団では働き盛りの男がどんどんいなくなっていっただろ。

副団長　ということは、ソ連がせめこんでくるということを、関東軍《かんとうぐん》は知っていたということですよね。

団長　残念ながらそうとしか考えられん。我々に危険がせまっていることをぎりぎりまで隠していたということだ。

副団長　なんてことだ。世界に冠たる無敵の関東軍といばってたくせに。（と、悔しそうに机をこぶしで繰り返し叩く）

清水　ほんとうだ。「われわれがいる限り何の心配もない。大船に乗った気持ちでいろ」って、あんなに大口を叩いていたくせに。

松本　関東軍のためにうまい米とたくあんを精魂こ

めて作ってきたというのに、まったく。（はきすてるように）

鈴木　しかし、みなさん。まだ事情もよくわかりませんから、即断は禁物だと思いますが……。

団長　うん、今まで苦労を苦労と思わず、関東軍を信頼し、関東軍のために食料増産などにはげんできたのだから、そう思いたい……。

清水　いや！　俺たちは関東軍に裏切られたんだ！　間違いない！（と、言いながら立ち上がり）ちくしょう！　ちくしょう！（と、柱をはげしく蹴る）

団長　だとすると、私たちは、自分で自分を守らなくてはいけないことになる。ぐずぐずはしてられない。すぐ支度をして明日の朝六時に団本部に集合することにしよう。ただちに、団の全員に手分けして知らせてください。

一同、「はい！」「いそごう！」などと言って散っていく。

第三場

逃避行が始まってまもなく、開拓団は最前列と最後列の距離があきすぎてきたので本隊と後続集団とにわかれ、それぞれがまとまって逃避行を続けていたが、後続集団はソ連軍があらわれるのではないかという不安をいだきながら一休みしている。遥か彼方では大砲の音が、ズシーン、ズシーンと時折聞こえてくる。突然、監視員の叫び。

監視員　大変だ！　戦車隊だ！　ソ連軍が追撃してくるぞ！（と、見張り台から叫ぶ）

みんなが茫然とする中、副団長がおもむろに立ち上がり、

副団長　みなさん、聞いてください。今、私たちは進退がきわまり、ソ連軍の餌食になろうとしています。したがって、まことに残念ながら日

本に帰れる望みはたたれました。桜の花のようにみごとに散って玉砕するしかありません。あとはソ連軍に切り込みをかけるか、それとも、自らここで生命をたつか、二つに一つだと思いますが、いかがでしょう。

「いさぎよく自決しよう」という力のない声があがる。「しかたない」「この期《ご》に及んでじたばたするのはやめよう」などという声が続く。しばしの沈黙のあと清水が立つ。

清水 みなさん、早まるのもどうかと思います。森林地帯を逃げる手もあります。

副団長 あんな険《けわ》しい山なんて、とてもじゃないが……。

清水 たしかに険しくて大変ですが、私はかつて匪《ひ》賊《ぞく》の討伐に参加し、あの山々を歩いたことがありますから、迷うことはありません。

副団長 しかし、私たちは心身ともに疲れはてている上に、女の人がほとんどの集団ですよ。

鈴木 でも、その道をとって一人でも助かる見込みがあるなら、いかせてはどうでしょう。私は、とてもその自信がありませんから、ここで静かに自分の一生に終止符をうつつもりですが……。

副団長 （溜息をつきながら）そうですかぁ。それにしても厳しい山並みが続いているなぁ。

清水 たしかに。しかし、私は、自分の体力と精神力の限界まで生きてみたいんです。

副団長 よし、では清水さんと行動を共にしたい人は、遠慮なくすぐ出発してください。他の人は、ここでむざむざソ連兵に殺されるのを待つより、いさぎよく、散っていきましょう。

清水 ありがとうございます。それでは……。（と言って副団長の手をしっかり握りしめる）

副団長 日本に帰れたら、私たちのことを遺族に伝えてください。よろしく頼みますよ。

清水 はい、かならず。立派な最後だったと。（手を握りあったまましばし見つめあってから）それでは失礼します。

副団長 うむ。

清水は鈴木とも無言で固い握手をかわしてから、みんなにむかって「みなさん、さようなら」と言って、自分と行動をともにする人たちを誘いながら下手に消えていく。

自決を覚悟している人たちは、無言のまま立ち上がり、それぞれの死に場所を定める。

副団長 みなさん、いろいろと長い間お世話になりました。「美しく平和な世界」でまたあいましょう。それではお先に。（と言ってピストルで自決する）

続いて、銃の発射音が続く。見張り台からおりてきた監視員は狂ったように叫びながら走り回り銃を乱射し、最後に自分をも撃ち、どーっと倒れる。それとは対照的に、りんとその嫁は、衣服の乱れをただし、正座して静かに向き合う。

りん 私たちもみなさんとご一緒しましょう。

嫁 はい。

りんは、袖から口紅を取出して嫁に丁寧につけてやる。ニッコリ微笑む嫁がこんどは姑のりんに口紅を塗ってやる。りんも静かに微笑む。

嫁 お母さん、できの悪い嫁で申し訳ありませんでした。

りん いいえ、あなたは、本当に私のためにつくしてくれました。こんなときになって初めてあなたにお礼を言う私を許してくださいな。

嫁 とんでもありません。私の方こそ、お母さんに長い間親切にしていただき、感謝しています。

りん 隆にもずいぶんつくしてくれました。すみさん、ほんとにありがとう。

嫁 妻として当たり前のことをしてきただけです。……隆さんだけは、日本に無事帰れるといいのですが……。

りん あの子は生まれたときから運の強い子だから、心配はいりませんよ。

嫁 そうでしたね。（と言ってニッコリする）

りん （りんもニッコリして）それでは、すみさん、そろそろいきましょうか。

嫁 はい。

二人は、首に巻いてあった手ぬぐいをはずし、水たまりの泥水につけて、青酸カリの包みをおもむろに開け、飲む。
小一時間ほど経過した自決の現場。うつぶせになっていた監視員はかすかに意識を取り戻す。

監視員　（辺りをゆっくり見回して）えっ？　なんだ？　ソ連軍はどうしたんだ？　ソ連軍はこなかったのか？……ソ連軍はこなかったじゃないかぁ！　バカヤロー！（と、叫んで息絶える）

第四場

本隊も苦難の逃避行が続く。先頭が、とある河のほとりにたどり着くが、なんと橋が破壊されている。

声1　橋がないぞ！
声2　そんなばかな！
声1　爆破されてるんだ！
声2　なんてことだ！
声3　関東軍か？
声2　まちがいない。きのうここを通過しているはずだ。
声1　ちくしょう。自分たちだけソ連の追撃をのがれるつもりか。

河は連日の強い雨のため激しい流れである。一行は、この激流と破壊された橋を目の前にして茫然と立ちつくす。しかしすぐ団長の指示がだされる。

団長の声　みなさあーん、青年たちが対岸に命綱を渡しますから、しばらく休んでてくださあーい。命綱がはられしだい、順次渡ってもらいますが、河の流れが激しいので、十分気を付けてくださあーい。（大きな声で指示をとばす）

命綱を渡すのに手間取るが、やがて渡河が始まった様子。

声1　気をつけてくださあーい！
子供の声　かあちゃーん！（という絶叫）
母の声　まさるー！（という絶叫）
声2　あきらめてくださあーい！

一日がかりの渡河が行われている。夕闇が迫る頃、友子たちの渡河が始まる。

友子 明子ちゃん、里美ちゃん、しっかりつかまってね。（励ますように）

明子 ええ。

里美 （恐くて声もでない）

先に河に入った老人は渡河をあきらめて岸に戻る。

老人 ダメだ、無理だ。（と、つぶやくように言いながら岸にもどっていく。）

みんな老人を励ます気力もない。自分だけを守るのに必死である。また前方からウワアーッ！という叫び。もう少しだ、頑張れという声が後から聞こえてくる。

三人は懸命になって渡りきる。

友子 恐かった。（ホッとした様子で）

明子と里美は、うなずくだけ。

第五場

友子たちの開拓団ばかりではなく、他の多くの開拓団も悲惨な逃避行を続けている。ある開拓団では、日頃の恨みを一気に爆発させた中国人の襲撃を受ける。すさまじいかん声と叫び声が交差する。銃声も間断なく聞こえる。

山田たちはやっとのことで包囲網を抜け出て、逃げてくる。みんな肩で息をしている。

山田 （ハアハア言いながら、そして後を気にしながら）おい、江口。どうしよう。

江口 やっとの思いで囲みを破ってきたんだ。逃げるしかないだろう。

洋子 私はもうだめ、兄さんたちは逃げて。

江口 何バカなことを言ってるんだ。一緒に逃げるんだ！（と、強く妹を叱る）

洋子 いいえ。兄さんたちの足手まといになるわ。

山田　なあに、まだ私たちは元気だから洋子さん一人ぐらい平気ですよ。あきらめないでください。

洋子　強がりはいいです。山田さんは大怪我をしてるじゃないですか。

山田　こんなのたいしたことないですよ。

江口　一緒に日本へ帰るんだ、洋子。おまえがぐずぐずしていたら、また襲撃されて、こんどはみんな殺されちゃうんだぞ！

洋子　……ええ。

山田　よし、行こう。……そうだ、もう弾のないこんな銃を持ってたら、かえって危険だ。（と言って放り投げる）

江口はちょっと迷うがやはり銃を放り投げる。三人は下手に消える。

第六場

恐怖と不安と体力との闘いである逃避行の中、つぎつぎと途中で落後者がでる。友子たちも渡河してまもなく落後してしまい、死を覚悟しているが、一縷《いちる》の望みにかけ、お互いに励ましあいながら苦難の逃避行を続けている。

友子　このあたりで少し休みましょうよ。

明子　そうね、歩きづめでへとへとだわ。

里美　やっと休めるのね、ああ、うれしい。

三人は倒れるようにして座り込むが、里美は仰向けになって天を見つめている。

友子　明子ちゃん、こわいねぇ。

明子　何が。（と、虚ろな表情で）

友子　人間が。

明子　そうねえ。

友子　日本は絶対勝つ、関東軍がいるかぎり心配ないって言ってたのに。

明子　ええ。橋が爆破されていたけど、やっぱり私たちは関東軍に見捨てられたのね。

里美　そして団からも置いてきぼりだわ。

明子　でもそれは仕方ないわ、私たちにかまってたら団のみんなが死んじゃうもん。

友子　（薄笑いを浮かべながら）それはそうね。明子ちゃんは妊婦だし、私は肺を患っているし……。それに、里美ちゃんは明子ちゃんとはなれられないし、……ね。

明子　でも、なんか気が楽になったみたい。友子さんと里美と三人だけだから。

友子　そうね。私たちには見捨てる人もいないしね。死ぬときは一緒よ。

明子　うん。……でもやっぱり故郷に帰りたい。父さんも母さんもきっと私たちを待っててくれてるわ。うちの親はね、実は、私が開拓団に嫁入りするのを反対したのよ。

里美　そうなんですよ。父さんは、他人には決してしゃべるなって言いながら、日本は戦争に負けるって言ってたわ。負けたら満州は大変なことになるんだぞ、って。

友子　すごいお父さんね。

明子　そう、今思えばね。

友子　あら、今頃そんなことに気がついたの。

明子　うん。そうなの。……だって父さんはね、いつも飲んだくれてたのよ。一生懸命働いても働いても貧乏だったから、飲まずにはいられなかったのよね、きっと。でも故郷にいた頃は、それがいやでいやで、一日でも早く家を出たいって思ってたの。だから父さんの言うことなんか、まったく耳にはいらなかったわ。……父さんに謝らなければ死んでも死にきれない。

友子　そうかぁ、じゃあ、絶対生きて帰ろうね。

明子　うん。友子さんと一緒なら、きっと帰れるよね。

友子　でも、帰れるところのあるあんたがうらやましいわ。

明子　ごめん。

友子　ううん。いいのよ。お母さんはソ連軍の機銃にたまたまねらわれてしまったんだから。でも、息をひきとるまぎわ、友子と一緒でよかったって……言ってくれたわ。父さんがいなくてさびしかったけど、友子がいてくれたおかげでどれだけたすかったことか、って。

明子　良かったね。……そういえば、おじさんはどうしてるかしら。

友子　お父さんは関東軍に召集されたきり、どうなってることやら。……自分たちだけ逃げて、開拓民の逃げ道を破壊してしまうなんてことをしてなければいいけど……。

明子　おじさんはそんなことしないわ。やさしい人だもん。私もずいぶん可愛がられたなあ。（感慨深そうに）

友子　そう祈るしかないわ。お父さんと再会できる日を夢見て生きるしかないからね、私って。

明子　きっと大丈夫よ。

友子　ありがとう、明子ちゃん。でもいろいろ恐ろしいことを体験してしまったから、ほんとは何もかもが信じられなくなってしまったわ。自分の子どもでも捨ててしまう人、殺してしまう人……。

里美　そういえば、正子ちゃんが私にそっと話してくれたことがあったわ。

友子　どういうことを。

里美　「大人たちは自分が生きるために子どもを殺すんだ。あたしもお母ちゃんに殺されるかもしれない、……そう思ったんだけど、なぜか不思議と、だんだん恐くなくなって、そうなるのが当たり前なんだ、って思うようになったわ」、そう言ってた。

友子　十三歳の正子ちゃんがね。そうなの。恐ろしいことだわね。

明子　かと思うと、遠山さんみたいに、子どもたちだけでも助かってもらいたいと三人の子を必死でせき立てていた人もいる。

友子　そうだったわね。あの子どもたちの「おかあーちゃーん！」という絶叫は、絶対忘れられない。

明子　そうね。私たちにも遠山さんを助ける力はもうなくなっていた。そして今度は自分たちが同じような運命になってしまって……。

友子　偉い人たちが悪いんだって思っても、いまさらどうしようもないけど、でもしゃくだなあ、やっぱり。国にだまされたんだよ、私たちって。

明子　私なんか夢に踊らされて満州に嫁いできたけど、わずか半年でこんなになるなんて思いもしなかった。

友子　そうよね。……それはそうと、明子ちゃんの旦那はどうしてるだろうな。

明子　無事だといいけどなあ。あの人は根っからの開拓民で、大きな夢をいだいてこの満州にやってきたのに……。

友子　たしか満蒙開拓青少年義勇軍にいたのよね。

明子　ええ。村長さんや先生たちに夢を与えられて、義勇軍に入ったらしいの。でも、満州にやってきてその夢を打ちくだかれちゃったのよ。

友子　みんなそうなのよね。

明子　ええ。国策だ、国策だと言われ村をあげて送り出されたのに、きてみれば幻滅を感じさせることばかりが続いたのよ。

と、その時、飛行機の飛ぶ音が聞こえてくる。みんなとっさに「ソ連機だ！　危ない！」などと言いながらとうもろこし畑に逃げ込み、うつぶせになる。すぐ飛行機は消えていく。

友子　ああ、恐かった。私も機銃でやられるのかと思うと、恐くて恐くて。

明子　ほんとに、恐かったですね。

みんな、思わずため息をついて、ほっとした様子を見せながら起き上がる。友子と明子は飛行機が飛び去っていった方を見つめている。

里美　お姉ちゃん、むこうに人が。（と、びっくりして指を差す）

明子　友子さん、あれ。（と、驚いて指を差す）

友子　えっ⁉

友子は恐る恐る近づいていく。すると自分たちと同じような感じの日本人の三人が寝ているのがわかり、二人を手招きする。もしもしと言いながら三人で一人ずつ揺り動かすと、やっと気がつき、熟睡していた三人はびっくりする。

山田　やあ、ほんとにびっくりしました。みなさんも開拓団の方ですね。

友子　ええ。本隊から落後しちゃいましたけどね。

山田　そうですか、でもどうしてここに。

友子　たった今、ソ連機が飛んできたので、あわてて逃げ込んだら、あなたたちがまるで死んだように寝てたんですよ。

山田　そうでしたか。私たちは歩き通しでごらんの通り、靴はぼろぼろになってしまいはだしです。脚は棒のようになり、ばてばてになって、ねこんでしまったんです。

友子　そうでしたか。

里美　あらっ、ひどい怪我ですね。

山田　ええ、避難する直前に暴徒に襲われてその時にやられたんです。私たちも銃をもって応戦していましたが、すぐに弾がきれてしまったんで、なんとか囲みを破って、やっとのことでここまで逃げてきたというわけです。

友子　それはまた大変でしたね。私たちは幸いなことに襲撃されたりはしてませんが、しばしば雨に打たれたために、ひどいぬかるみに足をとられたり、増水した河の濁流の恐怖におののきながら、逃避行を続けていくうちに疲労困憊し、みんなから落後してしまったんです。

洋子　濁流の恐怖？

里美　ええ。それはもう、まるで、悪魔が大きな口を開けて待っているように見えました。関東軍が橋を破壊してしまったものですから、一本のロープを頼りに河を渡ったんですが、幼い子どもを背負ったり、ちっちゃい子の手を引いた母親や老人などは濁流に足をすくわれ、あっと言う間に、流されてしまったんです。

友子　……でも誰もどうすることもできない。自分だけは流されまいと必死だった。

洋子　そうでしたか。

友子　それに、始めから川を渡ることをあきらめた老人や病人は、今はこれまでと、自ら死んでいったんです。

山田　信じられない。天皇陛下の軍隊に裏切られるなんて、恐ろしいことだ。

里美　戦争なんてこりごりだわ。人を殺すのが戦争ですもんね。兵隊さんも一般の人も関係なく。

山田　私もつくづくそう思います。実は私たちは、満蒙開拓青少年義勇軍にいたんですが、まさに戦争の訓練、いや、人殺しの訓練だ。それをよくやらされましたよ。

明子　人殺しの？

山田　ええ。ほんとにバカだったな。こんな境遇になってやっとわかるなんて。

明子　えっ？

山田　そうでしょ。国策だから政府はもちろん、学校も、新聞も、「少年屯田兵《とんでんへい》」「昭和の防人《さきもり》」などとさわぎ立てて、私たちのような田舎の

江口　純朴な青少年をあおったんです。それで単純な私たちは、その気になってしまったというわけです。なにしろ宣伝のチラシもまだ暗記してるくらいなんですから。

山田　よく覚えてるな。そう言えば、ディック・ミネの歌もあったな。

江口　ああ、俺もよく歌ってたよ。古賀政男がつくったやつだろ。

山田　「どうせ往くなら　千里の荒野　男いのちの捨てどころ　どんな砂漠も　拓けばひらく　国に捧げたこの体」ってね。ははははは（自嘲気味に）。

明子　私たちの満蒙開拓青少年義勇軍は、関東軍のある部隊が移動したあとに補充兵力としてソ連と満州の国境の最前線に送られたんですが、そこではリンチが当たり前という雰囲気で、「国に捧げたこの体」はもうボロボロでしたよ。

江口　そんなにひどかったんですか。

ひどいなんて言うもんじゃありませんよ。俺の友だちは連隊の旗を倒したということで半殺しの目にあったんです。そのときは正直言って「何だ、こんちくしょう！　たかが褌《ふんどし》と同じ布切れで作った軍旗が、なんで人間様の生命より大事なんだ」って思いましたよ。

明子　まあ、そんなに。（と、ひどく驚く）

山田　「軍人精神をたたきこんでやる！」って、もうやりたい放題です。だから国民を捨てるのもなんてことないんですよ。

江口　満州国を牛耳ってた関東軍の将校も、日本人の役人たちも、お国のために役に立とうと、けなげに頑張ってきた俺たちをおいて、さっさと逃げてしまったというわけか。ふむ、バカだねえ俺たちは。

明子　死んでも死にきれませんよね、まったく。それにしても、いったいだれが悪いんだろう。

友子　お偉いさんたちでしょ。

山田　だまされた私たちもいけないんだよ。

明子　それはそうですけど、私たちにはむずかしいことはこれっぽちもわからないですからねえ。

友子　でも今はそんなことより、私たちみんなが無事に故郷に帰ることだけ考えればいいのよ。ここで死んだら文字通り野たれ死に、みじめだわ。

江口　そうですよ。でも、どうして俺たちは襲撃されたんだろう。こうなる前は仲良くやっていたというのに。

山田　恨み骨髄に達していたんだよ。俺もこうなるまではわかんなかったんだけどね。こうなって、なぜ、なぜなんだと自問自答してみたんだが、襲われたときは、にっくき中国人め！と思って、死にものぐるいで銃撃戦をやったんだけど、死地を脱してみると、不思議とだんだん冷静になっていく自分に気がついてきたんだ。そうするとこうなるのも当たり前かと、すとんと落ちるものがあったんだよ。

江口　なんだい、それって。

山田　つまり、この大地はもともと日本のものかといえば、ノーだ。今俺たちがここにいるということ自体おかしなことなんだ。

江口　でも、満州帝国皇帝は大日本帝国を親の邦と仰いでいるという話を教えられてきてるじゃないか。

山田　うん。俺も、そういう教えに何の疑問も持つことなく、満州開拓は満州建国という尊い仕事のために必要だと思っていたんだ。そして俺たち大和民族が指導的民族なんだという意識が強くあったからなあ。

友子　私はそんなには思っていませんよ。指導的民族だなんて。

山田　いやいや、そういうことは意識しなくても、自然と身についてしまうんです。なにしろ私たちが小さいときから満州帝国はあったんですから。

友子　そう言われれば、いろいろ思い当たることがあるわ。私たちも日本では苦しい生活をしてたのに、こちらにきていきなり大地主になって、中国人や朝鮮人の小作人を使うようになり、だんだんと尊大になってきたところがあるのよ。そういう私たちを見て子どもまで彼らをなにかとバカにしていたわ。

山田　そう、そうですよ。それに、その土地も開拓とはいいながら、中国人の土地を二束三文で奪った土地なんですから。

友子　奪われてどん底の生活につきおとされた彼らにしてみれば、日本人は憎んでも憎みきれないということになりますね。

江口　つまり、俺たちは、お国の被害者であり、中

国の人たちに対してはまぎれもない加害者ということになるんですか？（ふにおちないと、言いたげに）

山田　ということだね。残念ながら。だから、これからの私たちの逃避行は頭を切り替えないといけませんよ。おごった優越的な意識をひきずっているかぎり、その深さに比例して自分たちがみじめな思いをするだけですから。もっとも、私は、その前に命が燃えつきてしまうかもしれませんが。

明子　私なんか、お腹の赤ちゃんのことを考えると、ほんとに絶望的になってしまいます。いっそのこと死んでしまったほうがと……。この先のことといったら全くわからないんですもの。

友子　何言ってんのよ、明子ちゃん。どこまでも一緒だって約束したのに。そんなに気を弱くしたら私もつぶれちゃうわよ。しっかりして。

明子　友子さん、ごめんなさい。頑張るわ。（とは言うものの力のない言い方）

友子　きっとよ。

明子　はい。

里美　お姉ちゃん、大丈夫？　しっかりして。

明子　ええ。

山田　今は、いろんな意味で、みんなが試練のただ中にいます。この試練にたえなければ明日はありません。そのためにはみんなで励まし、支えあうことが必要だと思います。

友子　そう、そうですね。きっと。明子ちゃん。

明子　ええ、勇気をだして生きぬいて見せるわ。子どもと一緒に、きっと。（さっきとは違い、気力をふりしぼって自分をふるい立たせるように）

第七場

行動を共にすることになった六人は、さまよい歩き、食糧もつき空腹に苦しんでいるとき、遠くに中国人の家を見つける。

洋子　あっ！　むこうに屋根が見えますよ！　ほら。ああ、助かったわ。（と言いながらへなへなと座り込む）

山田　何を言ってるんです。危険かも知れませんよ。

江口　危ないに決まってますよ。

明子　でも、あそこで救われなければこの先が見えてるじゃありませんか。あと何日この体が持つと言うの。（深いため息をつく）

友子　賭けてみるしかないのかもしれませんね。

山田　そうですね。つい銃撃戦のことが頭に蘇ってしまったものですから。

江口　いや、今度は八つ裂きにされちゃいますよ。そんなら青酸カリでも飲んだほうがよっぽどましだ。

明子　運を天にまかせるしかないようね。

友子　運に見放されてきた私たちだから、ここで見放されてもかまわない。もういざというときの覚悟はできてるから、何があっても驚かないわ。あの家にいって助かったら御の字よ。

山田　そうだよ。よく考えてみれば、俺たちは八つ裂きにされてもしかたのないことを中国の人たちにしてきたんだから。

江口　俺はそんなことはしてない。にもかかわらず襲撃されたんだ。殺されそうになったんだ！

（語気鋭く反発して言う）

山田　でも、ここはもともと日本人の土地ではない。中国の人たちが生活を営んでいた所だ。それを俺たちがやってきて、この大地の主人になってしまったんだから、恨まれても仕方あるまい。

江口　近代の中国はいつも国が乱れ、自分たちでは自分の国を安定させられなかった。だから日本は中国人のために満州建国を考えたんだ。恨まれる覚えなんかさらさらないだろ。

山田　その「中国人のため」っていうやつが勝手なお世話なんだ。我々が満州にきたときの強烈な印象を君も覚えてるだろ。

江口　……。

山田　君が口にしたことだ。「なんて冷たい視線だ」ってな。実は俺も正直そう思ったと君に言ったはずだ。その中国人の視線の意味がやっとわかったんだ。

江口　俺にはまだわからん。

友子　そんなこと言い合っている場合じゃないでしょ。

山田　ああ、すみません。そうですよね。それじゃ、私たちはとにかくあの家に助けを求める。それで安全であったら君を迎えにこよう。

江口　そんなことはできない。もしかしたら、あなたたちは殺される。それを知った俺だけが逃げのびるなんて、そんなことはできない。
友子　私たちはそれでもかまいませんよ。
明子　ええ、一人でも助かれば、誰か一人でも。
江口　俺は中国人に助けられて生きのびようとは思わない。
友子　それはまちがっています。私は中国人の助けなくして祖国に帰れるなんて、とてもできないと思うんですよ。
江口　帰れなければそれで仕方のないことです。
洋子　兄さん、冷静に考えて。あとどれだけ私たちはこの満州をさまよい歩くのか、全く見当もつかないのよ。その間中国の人と出会わないなんてありえないでしょう。（と、必死で説得する）
明子　そうよ。なんらかの助けを受けなければ、私たちは飢え死にするだけよ。
江口　（しばしの沈黙のあと力なく答える）ええ。そうですね。
山田　よかった、では行ってみましょう。

第八場

山田　ニーハオ。
ファ　はい。なんでしょう。（と、出てくるが、日本人とわかって戸惑う）
山田　まことに申し訳ないのですが、私たちは三日三晩なにも食べてないもので、もし少しでもなにかあればと、まことにぶしつけながら、お願いにあがったわけです。もう半ばあきらめていたのですが、あなた様のお家にたまたま気がついたもので。
ファ　そうですか。（ちょっと躊躇するが）……ごらんの通りの貧乏暮しですが、どうぞ。シャオチンや。（と、奥にいる娘を呼ぶ）
シャオチン　はーい。（と、奥から返事をする）

入口を入ったところにみんな突っ立っているので、ファは奥に入れようとする。

ファ　奥といっても、粗末な家なもんで、ちっとも奥らしくはないんですけど、まあ、奥に入ってください。

山田　いやいや、ここで結構です。

ファ　いや、だめなんです。ここには、たまにソ連兵がやってきますし、見つかったら大変です。それに日頃の恨みをはらそうといきり立っている村の連中も少なくはありません。実は、数時間前も日本人を見つけて射ちあいがあったばかりなんですから。

そこにシャオチンが出てくる。

シャオチン　マーマ、何か用？（と言いながら、あまりにもみすぼらしい身なりの日本人にびっくり）

ファ　何ぼやぼやしてんの。呼ばれたらすぐ出てくるもんだよ。

シャオチン　鶏に餌をやってたんだから、仕方ないでしょ。

ファ　言いわけはいいから、お客さんを奥に案内して、お粥《かゆ》の用意をしておくれ。

シャオチン　わかったわ。

みんなは恐縮して、ほんとに申しわけなさそうに口々に礼を言い、緊張した面持ちで、奥に入る。ファは、椅子など人数分はないので、適当にかけるように言う。中に入ったみんなは、その言葉に促されて、思い思いのところに座る。家財道具らしきものはほとんどない。貧しさが見てとれる部屋のたたずまいに内心びっくりする。と同時に、にもかかわらず自分たちに食べ物を与えてくれる心の温かさに感動する。

母《ファ》と娘で食事の用意をしてくれている。母と娘は「客人」を相手に仕事をしながら話している。

山田　ほんとにすみませんね。なんとお礼を申し上げてよいやら言葉もありません。

ファ　困ったときは素直に人様に助けられる。困った人をみたら誠心誠意その人につくす。これが私の父親のしつけでした。

山田　素晴らしいお父さんですね。まだお元気ですか。

ファ　……。

シャオチン　（しばしの沈黙のあとに、しんみりと）おじいちゃんは死にました。

明子　ご病気でも。

シャオチン　（ちょっと躊躇するが）殺されたわ。

友子　いったいどうしたんでしょう。

シャオチン　今は掘っ立て小屋みたいなこんな家に住んでるけど、うちはちょっとした地主だったの。でも日本人の開拓団に土地を取られてしまったのよ。とてもよく肥えたいい土地だったのに……。でもそれをうしなってから、うちは流浪の生活……。

友子　そうですか、とんでもないことをしてたんですね、私たちは。

ファ　流浪の生活をしていた頃は、朝鮮人にずいぶん助けられました。朝鮮人は私たちより早く日本に国を奪われ、たくさんの人たちがこの中国に生活の糧《かて》を求めて逃げてきたんです。それでとても苦しい生活を強いられていましたから、私たちのことをよく理解してくれました。私たちもまた、中国人の地主に苦しめられていた朝鮮人の小作人を助けたこともあります。人間はお互いに認めあい、助けあうものなんですよ。

山田　そうでなければいけませんよね。

ファ　まあ、そんな中で父の死を迎えたわけです。

山田　日本軍と戦ったわけですね。

シャオチン　ちがうわ。戦ってならまだしも、匪賊をかくまったということで日本軍に殺されたのよ。

みんなびっくりして声もでない。

シャオチン　あなたたちも匪賊を極悪人の集団と思って恐がってるでしょうが、けしてそうじゃないわ。日本人に破壊された生活と奪われた幸せを取り戻すために戦ってる人たちなのよ。おじいちゃんは同じ悔しい思いをしてたから、彼らにはとても共感してたの。それに困った人には親切だったから、あなたたちの言う匪賊をかくまい銃殺されてしまったのよ。

みんなはうなだれて聞いている。ファとシャオチンはコウリャンのお粥を作ってみんなにもってくる。

ファ　どうぞ。今の話とこれとは別個、気にしないで食べなさい。

ありがとうございますと、小さな声で礼を言いながら、みんなはお粥にありつき静かに食べる。食べ終わった人は、順次「どうもありがとうございました」と、はなはだ恐縮して礼を言う。

山田　ほんとに命を救われました。お父さまのことがありながら、あまりにも心のこもったおもてなしに、ただただ感激するばかりです。

ファ　いいえ。ここであなたがたを見殺しにしたら、こんどは私の心が傷つき、その傷は疼《うず》き、一生私を苦しめ続けるでしょうから。

みんなそれぞれ感謝の言葉をのべる。

と、その時、パンパンと銃の音がする。みんな身を縮め、耳をすまして緊張する。

ファ　心配することはありません。音はだんだん遠くなってますから。

みんなそれを聞いてホッとする。

やがて山田が立ち上がり、みんなにも促し礼を言う。

山田　ほんとうに感謝の言葉がみつからないのですが、……ありがとうございました。（と、深々と礼をする）

みんなも同様に礼をする。

ファ　今度私たちの国に来るときは、銃と鍬は置いてきてくださいね。なんのわだかまりもなく、気持ち良く迎えられる日の来ることを願っていますよ。

山田　はい。運よく日本に帰れるようなことがありましたら、あなた様のこのおもてなしを忘れず、これからの私たちの生き方を真剣に考えていきたいと思います。本当にありがとうございました、タイ　シェイシェイ　ニン　ラ。さようなら。ツァイ　チェン。

ファ　ツァイ　チェン。

みんな「ツァイ　チェン」を言って別れる。母親と並ぶシャオチンも軽くさようならのあいさつをする。

江口は一人戻って、リン・ファの手を固く握りしめる。

江口　タイ　シェイシェイ　ニン　ラ、ツァイチェン。（と、深々と礼をする）

ファ　（江口をいたわるように）故郷に無事、帰れることを祈りますよ。ツァイ　チェン。

第九場

本隊は逃避行の途中分かれ道に出てまもなく匪賊の襲撃に会い、大混乱におちいるが、ようやく危機を脱して落ち着きを取り戻す。みんなは、思い思いの所に横になったり、木にもたれたりして休んでいる。

団長　犠牲が多すぎる。残念だ。

加藤　T字路で出会った中国人の言う通りに反対の道を取れば、匪賊には遭わなかったかもしれないですね。

団長　ああ、中国人を信用できなかったむくいだな。

加藤　私たちを救おうとしたのも中国人、襲撃したのも中国人……か。しかしなぜ襲撃してくるんでしょうね。

団長　彼らの生活が貧しいからだろ。

加藤　それだけでしょうか。

団長　そんなことより、今は行方不明者を探さなければ。

加藤　ええ、逃げおくれて捕まってしまったのではないでしょうか。

団長　うむ。……よし、とにかく私がいってこよう。

加藤　団長、それは危険です。やめたほうが。

団長　しかし、私には責任がある。

加藤　しかし、もし団長に何かあったら残された者はどうなりますか。

団長　そのために君がいるんじゃないか。とにかくこうしている間にも犠牲が増えているかも知れん。一刻もぐずぐずしてはいられないよ。

加藤　団長。それでは私がおともします。

団長　それはありがたい。しかし、君は私に万一のことがあったら、団長としてみんなの生命を守ってくれたまえ。遠藤くん頼む、私と一緒にきてくれるかね。（と、木にもたれて休んでいる遠藤にむかって言う）

遠藤　はい。
団長　陽のおちないうちにいそごう。

第十場

団長は再び襲撃された地点にまいもどる。前方には中国人の一行が戦いの終わったばかりの地域を検分している。団長はまっすぐその一行に近づき、責任者の匪賊の幹部を相手に残存者の助命を乞う。真っ赤な大きな夕日が輝いている。

団長　当方の行方不明者はかなりの数にのぼっている。そちらに囚われの身になっていると思われるが、どうか助命を乞う。
幹部　ただでは約束できない。
団長　何故だ。
幹部　お前たちは自分たちのしてきた罪を自覚していない。
団長　どういうことか、わからん。
幹部　なぜそんな簡単なことがわからないのか。
団長　……。
幹部　お前たちの罪は、第一に、我々の家と、先祖代々耕してきた土地とを、遠い日本からどかどかとやってきて、銃剣をつきつけ、ただ同然で奪ったことだ。第二には、そういうお前たちだから日頃われわれ中国人を人間あつかいしてこなかったことであり、第三に、我々中国人と朝鮮人とを、ことあるごとに対立させるようにしむけてきたことだ。第四に、これらのお前たちの犯してきた罪に対して、正義の闘いに立ち上がった同胞に、残酷な弾圧を繰り返し血の雨を降らせてきたことだ。お前たちは、他人《ひと》の国に強盗のように押し入ってきて、いったい何人の我々の親・兄弟を殺したと思っているんだ。それを考えただけでもお前たちの死はまぬがれない。
団長　私は死の覚悟はできている。だからこうやってもどってきたんだ。私の目的は団員を全て釈放してほしいということだ。
幹部　いいだろう。それではこれから本部まできてもらおう。とにかく取り調べてから処刑という段取りになるだろう。

団長と遠藤は本部へ連行される。

第十一場

本部は引揚げを終わっていたある開拓団の本部あとである。周囲の捕虜は自分たちを助けるために団長が処刑されるのを察知して沈痛な面持ちである。

浜　団長！　私も一緒に死にます。他のみんなも同じ気持ちです。

団長　バカなことを言うな。そんなことをしたら私がここにきた意味がないだろう。

小宮　団長一人殺して助かるのは嫌です！

団長　みんなを助けるために私はここに来たんだ。どうせ私にはすでに女房も子どももいない。みんなも知っての通り、胸を患っていたあいつは、逃げるためにみんなの足手まといになってはいけないと思い、自ら死を選んでしまった。それに一人息子はノモンハンですでに戦死している。私が死んでも誰も悲しむ者はいないんだ。でも、みんなには悲しむ人がいる。人を悲しませてはいけない。これから先どんなことがあるか誰にもわからない。しかし最善をつくして、故郷に帰ってくれ。お願いだ。

春子　団長！（内に向かった悲痛な叫び）

他の捕虜になっている人たちも口々に「団長！」と深い悲しみに沈んだ叫びをあげる。一座が騒然となったちょうどその時、隊長が現われる。

幹部　おい、これから隊長じきじきの取り調べだ。素直に答えろ。

団長　その前に聞いておきたいことがあるんだ。

幹部　なんだ。

団長　お前たちは何故ひきょうな方法でわれわれを襲ったのか。

幹部　余計なことは言うな。

隊長　まあいい。（と、幹部隊員を制しながら）それは日頃、お前たちが我々を虐待してきたからだ。

団長　具体的に話してみろ、虐待などしていないぞ。

隊長　我々の作った食糧を強制的に徴発したり、鉱山で強制労働をやらせたり、我々を人間としてあつかわなかった。

団長　それは、我々の開拓団のしたことではない。

隊長　多かれ少なかれ同じようなことをしてきただろう。

団長　そんなことはない。今は世界中が戦争状態だ。

隊長　我々はお前たちと戦っているんだ。我々は日本に支配されてきている。しかしここはどこだ。日本か。(団長の言葉をさえぎって)そうだ、戦争なんだ。

団長　満州だ。

隊長　ここは我々の大地だ。満州帝国などというデッチあげ国家など断じて認めるわけにはいかん。我々の大地をお前たちが奪ったのだ。不当に奪われたものは奪い返すのが当たり前だ。違うのか。我々が間違っているのか。

団長　間違ってはいない。しかし……、

隊長　しかし、なんだ。

団長　しかし、我々は軍隊ではない。女、子ども、老人がほとんどの避難民だ。それを攻撃するのはやはりひきょうだ。

隊長　お前たちはただの避難民ではない。それはお前たちが激しく応戦した事実にも明らかだ。それに、我々の仲間には、お前たちのような避難民のために、焼き払われた者もいるし、無差別に殺傷された者もいるんだ。

団長　そういう事実は知らない。我々はそういうことはしていない。銃は自衛のために持っていた銃だ。あくまでも自衛だ。

隊長　お前たち日本人の言う自衛はいかさまだ。

団長　どういうことか。

隊長　お前たちは、自衛のためと称して我々の国に侵略してきたんだ。「満蒙は日本の生命線だ」？　ふん、そう声高にさけんでな。

団長　我々は、日本・中国・朝鮮・満州・蒙古、この五族の協和を願い、アジアの平和を望んできただけだ。

副隊長　いいかげんにしてほしい。私は朝鮮人だが、この地は中国でありながら我が同胞がたくさん住んでいることはあなたもご承知のことと思う。しかし何故朝鮮人がここにたくさん住んでいるのかご存知か。

団長　わからん。

副隊長　あなたがたが私たちの国をうばってしまったことがその根本的な理由だ。

団長　日本は朝鮮のためにということを思って、学校をつくったり、電気をひいたり、鉄道を敷設したりして李氏朝鮮時代の前近代性を克服してきたんだ。

副隊長　ふざけないでください。それはあくまでも日本の利益のためにしたことにすぎない。朝鮮人は何もかも日本帝国主義のためにうばわれてきたのです。だから私たちの同胞は、生きるためにやむなく、この満州に、あるいは日本へと祖国をすてて動いていったのです。そして中国に渡ってきた朝鮮人は、日本のために中国人と何かと衝突するようにしむけられてきたのです。

団長　そんなことはない。

副隊長　あります。

団長　あると言うなら事実をもって語ってほしい。

副隊長　万宝山《まんぽうざん》事件は知らないのですか。

団長　聞いたことはある。

副隊長　万宝山に入植した朝鮮人と中国人の間に水田用水路をめぐって対立した事件ですが、朝鮮では反中国の暴動がおこりました。これは満州をねらっていた日本が、意図的に朝鮮人と中国人とを対立させたものです。このような例をあげたら何日でも何万日でも語り続けられるほどです。

隊長　団長、いいか、わしらはお前たちに血も涙もない強盗、つまり匪賊呼ばわりされているが、迷惑千万この上もない。わしらの鮮血はいささかも枯れてはいないぞ、人間らしい、実に人間らしい温かい血がわしらの体には静かに流れている。悔しいときに流す涙も、うれしいときに流す涙も枯れてはいない。だから、人間としての怒りを爆発させることができるんだ。他人の国を奪い、他人の土地を奪っておきながら、取り返されると被害者づらしてあわれみを乞う。お前たちのほうこそ血も涙もない哀れな人間どもだ。

団長　……そうか、……そうかもしれない。（がっくりと頭を垂れて）

そこに隊員が入ってくる。隊長に何かを報告している。

隊長　（副隊長、幹部に向かって）君たちも来てくれたまえ。

副隊長と幹部は「はい」と答えながら、隊長について隣室へ。

第十二場

隣室で団長の処遇をめぐって話し合う。

隊長　よし、それでは調査の結果をきこう。

隊員　はい。同志の調査によれば、木村団長は初期の武装移民団として満州に入っていますが、武装移民団は関東軍とともに、各地で我々を攻撃していました。

隊長　うむ。やっぱり処刑だな。

隊員　私の家も土地も武装移民団のために失い、それからというもの辛酸をなめつくすような生活でした。憎んでも憎みきれません。

隊長　それは同志みんなに共通する気持ちだ。

副隊長　もちろんそうでしょう。しかし、だからといって処刑には賛成しかねます。

幹部　なぜですか。あなたは、日本の手先になりたいのですか。

副隊長　バカなことを言わないでほしい。

幹部　朝鮮人もたくさんこの地にやってきて我々中国人の土地を奪っていますからね。

隊長　（幹部の言葉をさえぎって）そんなことをいまさら言ってはならん。今は中国人民と朝鮮人民の連帯が大切なんだ。我々の共通の敵を見失ってはいかん。朝鮮人がなぜこの地に多いのか、よく考えてからしゃべれ。日本帝国主義のために彼らも故郷を追われ、中国人や日本人の小作になって苦しい生活を送ってきたんだ。

幹部　（かしこまって）はい。

隊長　ところで副隊長、なぜ処刑に反対かね。

副隊長　我々の同胞は、満州において二百万からの数になっていますが、たしかに侵略者＝日本の手先として、あなたがた中国人の土地を奪ったりしましたが、みんな日本の犠牲者なのです。我が同胞は、日本によって、家族、肉親がばらばらにされてしまいました。私の家では、祖父母は朝鮮の田舎に残り、姉は日本にいる朝鮮人のもとに嫁ぎ、兄は強制連行で樺《から》太《ふと》の炭鉱にほうりこまれました。そして父母と私と弟がこの満州にきましたが、弟は徴兵で関東軍にひっぱられてたった三日で戦死、実にはかないものです。これも日本の責任なのです。しかし、その責任を負うべきは、日本の天皇であり、日本の軍部なのです。開拓団にしても、それを送り込んだのは日本の国家です。強大な国家権力の手によって送られてきた一人の開拓民に責任をとらせるのは感心しません。

隊長 君の言うことにも一理はある。しかしだ、一人の開拓民も責任を取るべきではないのか。彼らの一人ひとりが、我ら中国人の土地・財産を奪い、我らの純真な娘たちを犯したのだから。

副隊長 それは間違いありません。しかし、もしその通りに責任を問いつめていくと、何人も何人も処刑しなければなりませんし、処刑した死体を並べると万里の長城でもたりなくなるほどです。それほど日本帝国主義の罪は重たいのです。

隊長 見せしめで団長を処刑したところで、

副隊長 意味のないことです。

隊長 頭ではわかるが、わしは君の様に理知的に人間ができていない。わしの心のなかは実におだやかではない……。七年前、開拓団の奴らがわしらの村に馬泥棒を追ってやってきた。しかし、犯人が捕まらない。奴らは「犯人はこの村の者に違いない。やった奴が名乗り出なければ皆殺しだ」とわめいて、実際にやってしまったのだ。残忍なやつらだ。わしは日本軍に追われて山中深く逃げ回っているときで難をのがれることはできたが、故郷にもどってみれば母は白骨死体でわしを迎えてくれたんだ。憎んでも憎みきれん。

隊員 処刑しかないと思います。日本はわが国を侵略し、罪もないわが同胞を何百万と殺しているんです。どんな仕打ちでも甘んじて受けるのが当たり前です。

隊長 そうだ！　君の言うとおりだ！

副隊長 違う、違うと私は思います。やられたらやり返すということを続けていたら、いつまでたってもわかりあえるときはこないのです。私たちの子孫の代も両者がにらみ合う不幸な関係が続きます。その連鎖をどちらが断つのか、断つほうが勇気を必要とします。人間らしく生きることの勇気をもたなければ、私たちはあの野蛮な日本帝国主義と何ら変わらないと思います。

隊員 野蛮な奴にいくら誠意を見せてもわかりません！

第十三場

隣室にもどり取調べが再開される。

隊員 お前は武装開拓団として日本からやってきたのか。

団長 間違いない。

隊員 それでは愛国的なわが同志を殺したこともあるだろう。

団長 間違いない。しかし、意味もなく殺してはいない。我々の開拓団本部が急襲されたときに自衛のために戦ったが、その時一人の中国人を殺しただけだ。武器をもたない中国人を殺したことは一度としてない。

隊員 何故、開拓団が襲われたのか、考えたことはあるのか。

団長 夢と希望をいだいて満州に入るやいなや、中国人の襲撃の脅威にさらされ、片手に銃、片手に鍬という生活がはじまったので、そういうことを考える余裕などは全くなかった。それどころか、少なからぬ者が、夢と現実のギャップに苦しみノイローゼになって苦しんだ。

幹部 今振り返ってみるとどうなんだ。

団長 死を覚悟して冷静になった今、我々の運命がこのようになったのは、日本があなたがたの国を侵略し、土地・財産を奪い、命を奪ってきたことの当然の結果だと。

幹部 そうだ、もっと早く気がつけば良かったのだ。お前たち日本人のなかにも我々と一緒に戦っている者もいるが、残念ながらきわめて少数だ。

団長　そういう人たちがいるなんて全く知らなかった。

隊長　今からでも遅くないぞ。

団長　いや、もう私は死を覚悟している。

隊長　それは立派なことだ。

団長　しかし、他の者たちは約束どおり釈放してほしい。かならずだ。彼らに罪はない。国策のレールにのり、強大な国家の意志にコントロールされてこの満州の地にやってきた。そして今、その国家に棄てられて満州をさまよっているところに、あなた方に襲撃されてしまったのだから。

隊長　わかった、かならず釈放する。

団長　ありがたい。感謝したい。シェシェ。

隊長　礼には及ばない。お前は明日処刑だ。

第十四場

翌早朝、靴の音が近づいてくる。団員たちは、団長の処刑が始まると思い極度の緊張に襲われる。靴の音は団長の部屋の前でピタッととまる。

隊員　時間だ。出ろ。

団長　わかった。

そこへ副隊長が現われる。

副隊長　隊長の命令を伝えます。処刑を取り消す。他の団員とともにただちに釈放する。

団員一同、一瞬耳を疑うが、すぐ口々に喜びの声をあげる。団長も一瞬の放心のあとその声を聞いて喜びをかみしめながら――。

団長　ほんとですか。

副隊長　まちがいありません。

団長　（しんみりと）よかった、本当によかった。（と言いながら、みんなの方を振り向き、近づいて）みなさん、……頑張って故郷へ帰りましょう。

団員達　はい、かならず。（などと口々に言う）

団長　（副隊長の方に近づき）ありがとう。

副隊長　隊長の苦渋の決断です。昨夜は一睡も取らず、あなたの処刑のことを考えていました。

団長　そうですか、それに反して私はぐっすり寝てしまいました。申し訳ないことをしました。

副隊長　いいえ。隊長はそういうあなたの人柄を評価したのです。実は隊内でもあなたをよく知る者が何人もいまして、彼らはあなたの助命嘆願をしていたんです。ここにその一部がありますが、（と、言いながらいくつかをとりあげて読む）「木村団長は多くの日本人とは異なり、尊大な態度を取らず、同じ人間として私たちを認めてくれました」「家が丸焼けになって途方に暮れていたところを助けてくれた温かい親切なひとです」「私は日本人にだまされて土地を取られそうになったのを、木村先生にたすけてもらったことがあります」。こういう嘆願書がたくさん隊長のもとに届きました。そういうことを一言も自分では言わず、沈着、冷静に団員のために死を迎えようとしているあなたに、隊長は、いたく感動したのです。

団長　人を許せるというのも、なかなかできないものです。とりわけ決してつぐないきれないことをしてきた者を……。なんとお礼を言ってよいやら。たしかに少なからぬ中国人や朝鮮人を助けましたが、それは私のお礼の意味もあったんです。私もはじめは中国人や朝鮮人をひどくバカにしていました。しかし満州の大地と格闘するには、彼らに教えを請わなければ実は何もできなかったんです。それで何かあったら彼らのためにしてやろうと思っていました。しかし、彼らに対する優越意識は少しも変わりませんでした。自分ながら、ほんとに困った奴だと思います。ところで、匪賊の隊長、あっ、失礼、匪賊ではないですな。いや、今の今にいたるまで私たちは、あなた方を匪賊と思い、強盗のごろつき集団と思っていました。

副隊長　ええ。私たちは、天皇制の国、日本帝国主義によって奪われた私たちの土地を奪い返し、奪われた自由をとりもどし、破壊された私たちの生活を再建し、人間として当たり前の日々をすごすために戦っているんです。

団長　ええ、そうでした。そのことを理解できて私は心からよかったと思っています。ところで、隊長のお名前は。

副隊長　ヤン・ジーといいます。

団長　あなたのお名前は。

副隊長　私はハン・ジョンナムです。

団長　ありがとう。あなた方の名前は決して忘れませんよ。ハン・ジョンナムさん、ヤン・ジー隊長によろしくお伝えください。ではお元気で。

副隊長　ありがとう。故郷に無事帰れることを祈っています。

団長　あなた方もご無事で。

副隊長　はい。（お互いに優しい視線を投げかけながら）……死の淵をのぞみながらではなく、夢のある未来をのぞみながら語り合える日を、お互いにつくりたいものです。

団長　同感です。そのためには日本という国が変わらなければなりません。またそのためには、中国や朝鮮の人々と対等につきあえなかった自分も変わらなければなりません。私という人間が丸ごと変わらなければ、あなた方を裏切ることになります。私は、誠実な人間になれと自分自身に真剣に言い続けたいと思います。

副隊長　私も自分を問い続けたいと思います。今までは日本帝国主義と命懸けで戦ってきましたが、これからは自分との闘いです。いつの日か、お互いに変容した人間として再会できれば光栄です。木村さん、さようなら。

団長　さようなら。ハン・ジョンナムさん。

第十五場

友子　しかし、彼らは再会できませんでした。開拓団の一行はこの後、無事、収容所にたどりつきましたが、食糧も衣料も燃料もない収容所の生活は悲惨をきわめました。劇的な生還をはたした木村団長は、本当に残念なことに過労と栄養失調のために亡くなり、その他、逃避行で肉体を消耗した多くの人たちが収容所で死にました。私たちはあとから奇跡的に追いつきましたが、途中から行動を共にした山田さんは、あの銃撃戦で受けた傷がもとで、収容所を目前にして運つたなく絶命してしまいました。また、幻のソ連軍に追われて森林地帯に入っていった清水さんたちの一行は、その後、一切の消息をたってしまいました。

収容所では、九月の終わりごろ、寒くなったら大地が凍ってしまうからと、みんなで大きな共同墓地を掘りました。こんな大きな穴に自分も入るのかという不安が頭をよぎるなか、みんな一生懸命でした。しかし、寒さが厳しくなるにつれ、体力の衰えたものから次々と倒れ、プールほどの大きな墓の穴が一杯になってしまいました。

明子さんは逃避行の途次、お腹の赤ちゃんを死なせてしまいましたが、収容所についてまもなく、幸いなことに中国人に助けられ、以後四十五年、故郷への熱い思いを胸に秘めながら中国に生き、国家に翻弄されて疲れた体を異国の大地に永遠に横たえることになりました。

妹の里美さんは、ソ連の兵隊たちに連れ去られ行方知れずとなったままです。

江口さんは、妹の洋子さんを中国人の家に嫁がせましたが、その妹と再会することもかなわず、敗戦の翌年、一人故里の家に帰りました。しかし、妹を守って一緒に日本に帰れなかったこと、そしてまた、自分が同じ人間として認めることを拒んでいたその中国人から生命を救われたということを一生の負い目として、苦悩する日々を三十五年間送り、静かな永遠の眠りについたそうです。

そして私は、と言えば、収容所で餓死寸前のところを、中国人のタオ・ユンミンに助けられ、その後彼と結ばれることになったのです。そして夫の死後、実に五十年ぶりに帰国をはたし、生まれ故郷の人々に迎えられました。しかし、私の生きる支えとなり、夢に見続けていた父との再会は、かないませんでした。

父もまた、私や母と会いたいと口にしながらの今生《こんじょう》の別れだったそうです。

このように、近代天皇制国家の中国侵略は、数限りない無名の人びと、とりわけ私のような開拓団の人たちの悲劇的なドラマを生み出しました。しかし、日本が不十分ながら初めて国家の責任を認めたのは、なんと戦争に負けて四十九年もたってからです。この冷厳な事実が教えていることを、私は問い続けたいと思います。そしてまた、何よりも、そのような国家に包まれている私自身のことを問い続けたいと思うのです。

（出典・『人権科資料集Ⅲ』パンフレット、都立南葛飾高校定時制人権科編、南葛飾高校定時制発行、一九九八年三月）

チョソンマル、わがいのち

第一幕　朝鮮語学会事件
——ある警察署にて——

一九四二年、日本の植民地支配下において近代朝鮮語を研究し、朝鮮語辞典の編纂に取り組んでいた朝鮮語学会が、独立運動をたくらんでいるという口実で弾圧される大事件が起こる。逮捕された多くのメンバーの中の一人、金法鱗《キムボムニン》（創氏改名により金山政平を名乗らされる）が特高(註)（特別高等警察）の取調べを受けている。（時折、他の者に対する拷問の激しさが伝わってくる）

(註) 政治・社会・思想運動をとりしまった天皇制下の警察組織。全国的な組織をもち、取調べが極端にきびしく拷問による取調べが常態化していた。

刑事　いいか金山、

金　いや、金です。金法鱗です。昨日もそう言ったはずです。

刑事　うるさい、金山。喜んで創氏改名したはずじゃーなかったのか。金の山だ、お前にはもったいない名前だぞ、喜んで使え。それに、昨日みたいに、のらりくらりとやってたら、お前もああいうことになるんだぞ、いいな。（と、拷問による悲鳴が聞こえる方を指さしながら薄笑いを浮かべる）

さて、前回の取調べで、お前は朝鮮独立万歳騒擾の時には、これに積極的に関わっていたことが判明したが、これだけでも大変な罪だ。そして今度の件だから、素直に全部話してしまったほうが身のためだぞ。

金　悪いこと、後ろめたいことは何もしてないんですから、正直に話しますよ。納得できなければもちろん反論もします。たとえば、一九一九年のあれは、三・一独立運動と私達は呼んでおり、断じて「騒擾」なんかじゃありません。「騒擾」というのは、日本語の辞書を見れば「おおぜいで騒ぎを起こし、社会の秩序を乱すこと」等と書いてあるはずです。平和的な手段で崇高な自由と権利を求めたわが民族の独立運動を「騒擾」等と言われてはかないませんな。

刑事　生意気な口を叩くな。さすがは朝鮮語学会の会員様だ。だがな、ここではそんな話は通りゃせんぞ。（捜査資料をペラペラめくりながら）さて、今日はお前がかつて若者に何を話したのかを確認したい。昭和九年から十年にかけて、多率寺《タソルサ》の仏教講院でお前は次のようなことをたびたび生徒達に話してるはずだ。よく聞いてろよ。「朝鮮人として朝鮮語を知らないのは朝鮮人としての自覚を失い朝鮮民族の存在を忘却するものだ。朝鮮語の盛衰は、朝鮮民族の盛衰に関わるのだから、諸君は朝鮮語を研究して朝鮮の発達を考えなければならない」、こう言ったはずだが、間違いないな。

金　いかにも、当然のことを言ったまでです。

刑事　言外に独立を扇動していることは明らかだな。

金　あなたがたがどう解釈しようと、私は朝鮮人として当たり前のことを言ったまでです。逆にあなた方日本人が、もし日本語を知らないとしたらどうでしょう。答えはあまりにも明白です。

刑事　観念的なことを言ってもなんの意味もないぞ。学者は現実を直視できないから困る。そう言えばお前は、フランスのパリ大学で哲学を学んできたそうじゃないか。だがな、哲学で世界を解釈しても今お前達が直面している現実は、いかんともし難いだろう。

金　いいえ、私は一人の裸の人間として、私自身と向き合っているだけです。自分の立場とか、出世とか、国家とか、そういうものを優先して考えると見えるものが見えなくなります。実に愚かなことです。

刑事　何が愚かだ、生意気なことを言う奴だ。（と、言いながら金をにらみつけて）まあいい。独立を扇動したことは正直に認めたんだ。そこが重要だからな。では次にいこう。お前は次のようなこともしゃべっていると思うが、どうかな。いいか、耳の穴をほじくってよーく聞けよ。「わが朝鮮の五千年に及ぶ歴史と文化は朝鮮固有のものであり、しかも東洋文化史上燦然《さんぜん》と輝く地位を占めてきた。ところが、現在は衰退の一途をたどりつつある。文化の発達は民族の発展と不可分の関係にあるものだから、我々はこの朝鮮文化を最高度に発達させてわが朝鮮の再生をはからなければならない」、このように話したことも間違いないな。

金　いかにも、否定することなど何もありはしない。

刑事　とすると朝鮮は、日本より凄《すご》い国だった、ということにもなりかねないではないか。

金　そういうことにもなりますね。

刑事　お前はパリ大学を出てから、駒沢大学で仏教学や古代史を学んでいるはずだ。

金　ええ。

刑事　そのお前がなぜ歴史を改竄《かいざん》するんだ。なぜ日本を侮辱するんだ。ああ？　古代より日本は軟弱なお前達朝鮮を保護してやってきたではないか。

金　歴史の真実をねじ曲げているのはあなた方のほうです。日本の古代文化の生みの親は朝鮮なんですよ。

刑事　どうしようもない奴だな、こいつは。わが大日本帝国より優秀な朝鮮がなぜ天皇陛下に大切に保護されているんだ。優秀なものが劣っているものに守られているなんて、馬鹿も休み休みに言え。これが二つも大学を出た人間の言うことか。あきれたもんだ、全く。（吐き捨てるように）

金　本当の歴史を知らないあなた方のほうこそあきれたものです。

刑事　しょうこりもなく生意気な口をきく奴だ。しかも神聖なわが大日本帝国を貶《おとし》めるとはな。おい、覚悟しておれ！

金　日本という国は、本当のことを言うと犯罪になるのですか？（一呼吸おいて）恐ろしいことです。

刑事　お前と歴史のお勉強をしている程我々は暇人ではないんだ。とにかくお前の言ったことの事実確認がとれればそれでいい。次にいくぞ、お前は昭和十一年には海印寺《ヘインサ》の仏教講院で生徒達に、次のようなことを言ったそうじゃないか。「この海印寺に保存されている高麗大蔵経は、わが朝鮮人の技術的能力の優秀性を示す世界的な宝物であることをしっかり理解し、君達は朝鮮の仏教文化の再建を通して朝鮮民族の自立と民族文化の再建に努力しなければならない」とな。間違いないか。

金　間違いない。

刑事　朝鮮人は、ほら吹きが多くて困る。口を開けば世界的だとか、朝鮮民族の優秀性だとかポンポン平気で言う。しかしだな、よく頭を冷やしてから言葉というものはしゃべるもんだ。そうしないと恥をかくだけだぞ。

金　いずれの民族であれ栄枯盛衰を経験しています。世界史に残る仏教の経典、大蔵経を作りだした時の朝鮮は今日とは全く異なり、確かに勢いがあったんです。その高麗大蔵経は室町時代の日本の仏教界や大名達にとっては垂《すい》涎《ぜん》の的だったんですからね。

刑事　バカを言え。何が垂涎の的だ。日本がヨダレをたらすほど欲しがっていたなどとは侮辱するも甚だしい。日本は昔から仏教が栄え経典なんかいくらでもあったわ。

金　日本に仏教をもたらしたのは紛れもなくわが朝鮮です。仏教を日本に受け入れたことでみなさんご存じの聖徳太子の先生も朝鮮人ですよ。

刑事　こら、いい加減なことを言ってるんじゃない。それでは日本の先生は朝鮮ということになってしまうじゃないか。冗談にも程がある！（怒鳴りつけるように）

金　怒鳴って歴史の真実がひっくり返る訳でもないのですがねえ。

刑事　お前と話してると頭がおかしくなってくるわ。学者だからといって、俺達をなめてるのかもしれんが、俺達もそれなりに勉強はしてるんだからだまされんぞ。
とにかく、我々としてはお前が独立運動に加担し重要な役割をはたしたことを明らかにすればそれでいいんだ。純粋な若者達に民族の自立を扇動したことをな。

金　何を扇動したと？

刑事　民族の自立だ。

金　えっ？

刑事　民族の自立だ！　何回言わせるつもりだ！

金　（激しく怒鳴りながら）

私は耳が悪いのです。悪しからず。以前警察の拷問にあってからですがね。耳元に拡声器をあてられがんがん話されたもんですから。まっ、とにかく、民族の自立を扇動したということですね。……そうですか。でも自立というのは個人であれ、民族であれ、尊い価値ではないでしょうか。ですから日本は、朝鮮は今は自立できないから我々が代わって朝鮮の政治を行っているんだと言ってたではないですか。あなた方にとってはどうなんです。朝鮮人の奴隷になりたいと思いますか。

刑事　奴隷になりたい奴なんかいるわけないだろう。それでは何か？　お前は奴隷だとでも思っているのか。えっ？

金　ええ。

刑事　笑わせるんじゃない。奴隷がパリ大学でお勉強か？　奴隷が駒沢大学でもお勉強か、え？　奴隷ではない俺は、大学も出ていない。俺はこう見えても子どもの頃は勉強が大好きだった。うちは貧乏だったから、将来は弁護士にでもなって困ってる人を助け、お金も稼ぎたいと、子ども心にも思ったもんだ。だが、親父が日露戦争で戦死したから、おふくろを助けるために働き、大学は諦めたんだ。奴隷のほうが善良な市民より恵まれてるなんて、世界史をいくら掘りくり返したってありっこないぞ、大馬鹿もん！

金　でもあなたは、あなたの意志のままに生きてるじゃないですか。しかし今の私達朝鮮人はそうはいかないんです。もちろん朝鮮人として生きたい、しかしそれを阻まれ、日本の期待する生き方を強制されてるんです。皇国臣民として、天皇の赤子《せきし》として生きろ、天皇のために死ね、とね。

刑事　我々は天皇陛下のために命を捧げるつもりだ。陛下あっての我々だからな。こんな事は常識だ。

金　どうぞご勝手に。私にとって天皇は、私達朝鮮人を奴隷にした張本人ですから、天皇のために死ぬなんてまっぴらです。

刑事　なんだと貴様！　なんということを言うんだ。不敬罪だぞ！　もう悠長に取り調べてはいら

れん。お前も別室で可愛がってやる！（と、言いながら立ち上がり、金法鱗を荒々しく引っ立てていく）

（暗転）

金法鱗は別室で、拷問を受けながらの尋問となる。入れ替わりに、崔鉉培《チェヒョンベ》が取調べ室に入ってくる。この取調べ中、幾度となく金法鱗に対する拷問の様子がうかがえる声や音が聞こえてくる。

刑事A　先生のお名前をお聞かせ下さい。（慇懃無礼に）

崔　チェ・ヒョンベ（崔鉉培）です。

刑事B　なに？　チェ・ヒョンベ？　もうそんなへんてこりんな名前はないはずだ。お前のほんとの名前をきいてるんだ。

崔　チェ・ヒョンベ、これがれっきとした私の名前です。

刑事B　自分の名前も知らんとは、あきれたヤツだ。

刑事A　私の聞いてるのは、言うまでもなく、ごみために捨てた名前ではなく、天皇陛下の大御《おおみ》心《こころ》により創氏改名した、その名前です。

崔　（刑事の顔をキッとにらみつけながら、威厳をもって）チョヌン　チェ・ヒョンベ　イムニダ（私はチェ・ヒョンベです）。

刑事B　朝鮮語なんて使うんじゃない！　いいか、遅かれ早かれ化石になる運命にある朝鮮語なんて、何の価値もないんだ。日本語で答えろ。

崔　朝鮮語は永遠に不滅です。（きっぱりと）

刑事B　なにが不滅だ、ふざけるな。お前がくたばる頃には、朝鮮語なんてなくなってるさ。それにしても、なんて頭の固いヤツだ。知らなきゃ、俺が教えてやる。いいか、お前は月城鉉培《つきしろげんばい》っていうんだ。言ってみろ、ええ。

崔　（沈黙している）

刑事A　そんなにいやですか、月城さん。なかなか良い名前じゃないですか、何かロマンチックな感じですよ。あなたにはぴったりの名前だと思いますがね。（一呼吸おいて）まっ、それはともかくとして、これから本格的な取調べに入りたいと思います。今は名前のことで時間をつぶすわけにはいきませんからねえ。（書類に目を通しながら）さーてと、これから色々と訊《き》いていきますが、正直に答えてください。

ウソをつくと身のためになりませんからね、いいですね。（と、言葉使いとは裏腹に厳しい視線を崔に投げかける）

崔　人にはばかるようなことは一切していませんから、嘘などつく必要はありません。

刑事B　朝鮮人はみんな嘘つきだという評判だから、お前が名誉挽回のためにしっかりしろ。

崔　そういう評判はあなたがたの偏見ですが、とにかく私は事実をありのままに。

刑事A　よろしい。では、さっそくですが、先生はどこで学んでいましたかな。

崔　初めは広島の高等師範学校です。それから、京都帝国大学文学部哲学科を卒業し、さらに一年間ですが、大学院で教育学を学びました。

刑事A　それから、どうしたんですか。

崔　それから朝鮮にもどり、延禧《ヨニ》専門学校で、哲学、教育、朝鮮語等を教えていました。

刑事A　そうですか。ところで先生は、いつ頃から独立運動に熱心に関わるようになったんでしょう。

崔　私はもっぱら研究と教育の道を歩んできましたので、熱心に独立運動等と言われても実に困ります。ただ、わが朝鮮民族に未来があるように、日頃から願っていますが、これは朝鮮人としては当り前のことではないでしょうか。

刑事B　今回の件は、そうすると独立運動ではない、っていう訳か。

崔　その通りです。

刑事A　しかし、先生達の「朝鮮語学会」という組織は、朝鮮の独立を目的とする結社にほかならないでしょ。

崔　いや、朝鮮語学会はあくまでも純粋に朝鮮語を学問として研究し、それをもとに朝鮮語辞典を編纂していこうという組織です。

刑事B　という見かけを装って、実は独立運動をしてたんではないのか。何しろ中心人物であるお前は早くから独立運動に関心を持っていた訳だからな。

刑事A　あなたは、日韓併合当時よりこれに反感を抱き、朝鮮の独立を希望していたんじゃないですか。

崔　誰しも自分の国を失うことを望まないでしょう。あなた方もそうではないでしょうか。

刑事A　それはそうでしょう。しかし、日韓併合は、朝鮮のためにやったことです。実際、朝鮮人の暮らしは三十年前とはまったく違うでしょう。（と、誇らしげに）

崔　なるほど、そういう一面もあるかもしれません。でも、朝鮮にいる日本人の羽振りの良さに比べたら、月とスッポンです。それに日韓併合がなくても、三十年もたてば朝鮮人自身の手で進歩を勝ち取ることはできたはずです。

刑事B　そこが間違ってるんだ。朝鮮人は無能だから、ヨーロッパやアメリカの植民地にされ、彼らの食い物にされるところを、天皇陛下が憐れんでお前の国を併合し、お前達の幸せを実現しようとされたんだ。ここんところをしっかり理解してもらわないとな、ええ？

崔　無能等とは、全くもって失礼な話です。

刑事B　そうか？　日本のおかげでお前達も世界の一等国の一員なんだと胸を張れるじゃないか。朝鮮だけでは、とてもとても、そうはいかんぞ。

刑事A　欧米人に痛めつけられているアジアの人々を解放するために、我が帝国は世界中を相手に聖戦を遂行中ですが、小さな国の日本がこんなことができるのは、大和民族がいかに優秀な民族かということを雄弁に物語ってるでしょ。朝鮮の生きる道は、このような日本と一心同体となる他はないんですよ。未来永劫《えいごう》にわたってね。

崔　私は、朝鮮民族の力を信じています。

刑事B　信じることは勝手だが、大事なのは現実を直視することだぞ。絵に描いた餅では腹はふくれないんだからな。ほんとに先生というのは観念的で困る。

刑事A　ところで先生は、なんで独立運動等というだいそれたことを考えたんですかな。

崔　先程も言いましたように独立運動をもくろんだことはないのです。

刑事B　昭和二年、ベルギーのブリュッセルで行われた第一回世界弱小民族大会にお前達の仲間が参加し、独立の援助を訴えたではないか、これなどは立派な独立運動だ。お前も当然それに絡んでるはずだ。

崔　私は一切関知していません。

刑事B　結果は、世界の弱小民族にも虚仮《こけ》にされる始末で、実にあわれなもんだったがな。だからと言って粗末にはあつかえないんだ。頭の良いお前だ、俺達よりはるかに聡明な頭を持っている。何しろ学者先生だからな。わかるだろう、そのくらいのことは。

崔　知らないものは知らないんです。

刑事A　正直に言えば何もあんたには不利益にはならんのだがね。

崔　……。

刑事B　頭の固い奴だ。それでは現実に対応できんぞ。そもそも朝鮮人は頭が固くて先を見通すことができないから、日本の温かい世話になってるんだ。その境遇に甘んじておればお前達も幸せなんだ。そうなれば朝鮮語なんてもんは必要ない。そのうち消えてなくなる朝鮮語なんて研究しても無意味ってもんだ。えっ、先生、そうじゃないのかい。

崔　日本の支配を受けて三十年、有史以来初めての苦難の歴史を背負っていますが、だからといって五千年の歴史をもつわが民族が、そうたやすく消滅するなんてことはありえませんよ。ましてや、わが民族を育んできた朝鮮語、チョソンマルは永遠です。あなたがたは血《ち》眼《まなこ》になって朝鮮語を奪おうとしていますが、言葉は土地を奪い取るようにはいきません。今、私達は言葉を奪われる苦しみにあえいでいますが、この苦しみには耐え抜くことができるのです。なにしろ言葉は人間にとっての精神的な根源ですからねえ。

刑事A　研究のための研究ならとやかく言うこともないんですよ、先生。我々は自由の価値を十分知っていますからね。しかし、それにかこつけて独立運動をやってるから見すごすわけにはいかんのです。

崔　もちろん独立を望んではいますが、私達が直接独立運動を行った訳ではありません。純粋に朝鮮語の研究を行い、朝鮮語の辞書を編纂し、わが民族の言語をより完成したものに仕上げていく、そういう仕事をやっていたにすぎないんです。

刑事A　ということは、表向きのこと、真相は次のようなことでしょう。いいですか、（と言って、書類に目を通しながら）

「朝鮮語学会という学術団体を組織し、朝鮮語の研究とその普及運動をかくれみのにして、実際は独立運動をめざした用意周到なくわだてであった。今日見られるような朝鮮の固有文化の衰退と民族精神の不統一の原因は、朝鮮語文が乱れていることによると考え、これを整理統一するには先《ま》ず標準的な朝鮮語辞典を編纂することが近道と考え、朝鮮語辞典編纂会を組織した。この編纂事業が進むにつれ、混乱している朝鮮語を研究し、これを整理統一し、朝鮮民衆に宣伝していくことは、独立運動として最も効果的であるとの考えは、ますますゆるぎないものになった。そして朝鮮の文化と経済力とを向上させながら民族意識を呼び覚まし、独立の実力を養成することをはかり、李承晩《りしょうばん》等の民族主義者達とも接触し、独立をめざした」

(書類を閉じながら)これがあなたの仲間が今までに正直に白状している内容なんですが、いかがですか。

崔　とんでもない、私達はただ京城(註)の中流階級の言葉で、できるだけ全国各地に通用する朝鮮語を標準語にしていく研究をしていたにすぎないんですよ。

(註)「漢陽《ハニャン》」を日本が「京城」とした。今のソウル

刑事B　問題はその後だ。ハングル学習会を開いたり、機関紙『ハングル』を発刊したりして、民衆の民族意識を目覚めさせようとしてきたではないか。

刑事A　学術的な朝鮮語辞典の編纂であることを巧みに装いながら、朝鮮の固有文化を向上させ、かつ民衆の民族意識を昂揚させるに十分な朝鮮語辞典の編纂に努め十五万語、一万六千頁に及ぶ原稿を作成した、その罪は重いですよ先生。何度も言うように我々は研究を問題にしてるんじゃないんです。学問の研究はとても大事ですからね。問題は、それが独立運動とつながっている事実なんです。他の連中はそのようにちゃんと自白してるじゃないですか。しかし、何と言っても、あなたは朝鮮語学会の中心人物ですからねえ、あなたの証言が重要なんですよ。

崔　拷問でそのような自白をとっているあなたがたのやり方は、実に許し難いことです。

刑事B　相当頑固だな、この先生は。

刑事A かつて先生は「朝鮮民族は祖先より継承したあらゆるものを失い、遂に国家すら喪失するに至り、わずかに朝鮮語のみを保有する状態になっているので、この普及発達に努めなければならない」等と極めて不穏当な演説をして当局より厳重な注意を受けたこともありましたね。

崔 民族の証ですからね、我々にとっての朝鮮語は。そのような話しを確かにしました。いかなる民族にあっても、文化の創造はその言葉から始まり、創造された文化は、その言葉により継承される訳ですからね。でもそのことを独立運動とされるいわれはないでしょう。

刑事B 何をぬかしてるんだ。独立運動と独立後の人材の養成まで計画していたではないか。

崔 それは何かの思い違いではないでしょうか。

刑事A 何しろ先生には前科がありますから、紳士的なお話し合いでは無理のようですな。

崔 私達は、多くの同胞と共に、標準語の査定、綴《てい》字《じ》法《ほう》の統一、外来語表記の統一等の近代朝鮮語の基礎的研究をつみかさねてきましたが、これは自分達の言葉を創るんだという、我々朝鮮人にとっては希望に満ちた大事業なんです。日本人が私達の心の畑にむりやりまいた奴隷の種、それが日本語ですが、この……（と言いかけて言葉を遮られる）

刑事A もう結構です先生（と、大きな声で机を激しく叩きながら）、以前のように少し手荒くおつき合いするしかないようですな。……よし、先生を別室にご案内しろ！

刑事B はっ。

崔鉉培は連れて行かれ、別室で厳しい拷問を受けながらの尋問となる。

第二幕　夫の行く末を案じる妻達

夫達は逮捕され、過酷な拷問を受けながら連日のように取り調べられている。その行く末を心配して集まっている妻達。

李 夫が特高に捕まってからというもの、途方に

張　くれるばかり。（と、溜息混じりに）生活費は入らず暮らし向きも大変ですし、子ども達の笑顔も消え、何にも手につきませんわ。

申　ええ、どこの家も同じ。毎日が暗闇に閉ざされているようで本当に耐え難いですわ。暗闇の家から一歩外に出てもやっぱり同じ。特高の刑事が私達家族までつけねらってるんですからねえ。

張　ほんとにねえ。でも、私達よりも獄中に囚われている人のほうが、ずっと苦しいんですから。弱音を吐いてはいけない、って自分を叱咤激励しないとね。

李　ええ、気丈にしていなければ、夫を励ますことなんてできませんからね。それはわかってるのですが……。

申　幸い私は子どもに励まされてるんですよ。

李　それは羨《うらや》ましいわ。で、どんな風に。

申　一昨日のことですけどね、下の子が、学校の帰りにウリマル（私たちの言葉＝朝鮮語）を使って駐在所のお巡りさんにこっぴどく叱られ、わんわん泣きながら帰ってきたんですけど、悪い事をしたのはお巡りさんなんだから泣くんじゃないよって、上の子が必死でなだめてるんですよ。

李　あなた方の教育の賜《たまもの》ですよ。誇りに思わなくっちゃ、ね。

張　そういう子がたくさん育っていけば未来は明るいのですがね。

李　うちの子ときたら、先生に叱られて、いつもめそめそ泣いてばかり。

張　ウリマルの件ですか。

李　はい。アボジの教育が日本語なんて勉強しなくていい、ですからね。それでついつい学校でも朝鮮語が口をついて出てきてしまうんですね。それで叱られてばかり……。

申　めそめそしてても繰り返すんですから、しぶとい子ですよ。

張　そうですよ、そういう子こそ大物の器ですよ。

李　そうであれば良いのですが……。

下手《しもて》から張の子どもがオモニを呼び、張は下手に消える。申と李は何事かと、心配そうに張の消えた方に視線を向けている。張がすぐに戻ってくる。

張　申さん、李さん、とても悲しい知らせです。
（と、深刻な表情で）

それを聞いた二人は「えっ、どうしたんですか」等と心配そうに聞く。

張　朴先生と李先生がお亡くなりに……。

「まあ！」と二人は驚きを隠せない。

申　もしや、拷問で？　それとも……

張　ええ、残念ながら……。みなさんの夫にも連日の拷問が加えられているようですが、お二人に対しては、ことのほか厳しかったようです。

李　なんてむごいことを。アイゴウ。

申　他人事《ひとごと》じゃないわ。明日は我が夫かと思うと、胸が張り裂けるようで……。

張　朝鮮語学会のみなさんの辛さ、苦しみは誰しも同じ、家族の悲しみの深さも同じです。でも、私達が悲しみにうちひしがれてはならないわ。彼らは、今この瞬間も拷問に耐えて闘っているんですから。ウリマルのために、我が民族のために。その夫達の苦しみを思えば、私達の苦しみなど取るに足りないものです。

李　ええ。私達は獄中の夫達を励まさなければ、ね。愚痴を言ってる場合じゃないわ。

申　そうね、夫達が余計なことを考えずに闘えるように、自分に鞭を打たなきゃ。

李　ええ、彼らのやってきた仕事は、私達の大きな誇りですからね。

張　これからの我が民族の生命に関わる大切なその仕事が中断させられたのは、はかりしれない痛手だけど、火種まで消されてしまった訳じゃないわ。ですからその火種を守る闘いに、私達の命を捧げないと……。

李　確かにみなさんの言う通りだわ。今まで子どもじゃないけど、めそめそ涙を流して泣くばかりでしたけど、それではやはり夫を支えることはできませんものね。……何か少し元気がわいてきたようだわ。

張　今までの私は、夫が何をしているのか、全く無頓着だったんですよ。夫は今やってる仕事は朝鮮民族にとって、とっても大事なんだっ

李　てよく言ってましたが、私は冗談にしか受け取っていなかったんです。でも今回の弾圧事件をきっかけに、夫達が寝る時間も削ってやってきた仕事が、これからの我が民族にとって、はかりしれない意味を持ってることが理解できて、身震いみたいなものを感じたのよ。

李　ええ、私もです。日本は何故私達の民族の言葉、オモニから教わってきた母なる言葉を使ってはいけないと言うのでしょう。ウリマルは私達にとって命のようなものだからでしょうか。

張　その通りよ。日本はいつまでも我が国を支配するために、朝鮮の命が宿るもの、朝鮮の命を育むもの、それら全てを消し去りたいのよ。

李　恐ろしいわ。これからの私達はどうなってしまうのかしら。

申　そんなに心配することなんかないわ。きびしい冬はかならずおだやかな春を準備するんですから。もう少しの辛抱よ。絶望は禁物、絶望は死を招くだけだわ。

張　牢獄で鞭打たれている最愛の夫達も、一筋の光を見いださんがために闘ってるんです。その彼らを励ますことができるのは私達だけ。私達も一筋の光を追い求めねば。

第三幕　尹東柱《ユンドンジュ》の下宿部屋

同志社大学の学生尹東柱は下宿部屋で友人と語らう。南《ナム》が遅れて来る。

南　やあ、すまん、すまん、遅れてしまって。

李　いやあ、俺も今さっき来たところだ。恐縮御無用。

南　そうか、それはよかった。俺は遅刻の常習犯だからまた怒られるかと思ったよ。

一同笑う。

尹東柱　今日はひさしぶりに会ったんだから、思う存分語り合おうじゃないか。

李　そうだな。俺は特高の刑事につけられてる気がして、しばらくの間下宿にこもりっきりだったもんだから、話すことに飢えてるんだ。

南　俺んとこなんか、「おはようございます」「こんにちは」「今晩は」って、しょっちゅうこられて気が狂いそうだったよ。

李　東柱のところはどうなんだ。

尹東柱　僕のところにもたまにくるな。忘れた頃にかならず。だから用心はしてるんだ。

南　お互いに注意しなくちゃな。（東柱も李もそうだとばかりにうなずく）……あっ、そうそう、忘れないうちに渡しておかなくちゃ。（と言って、小さな包みを渡しながら）東柱、これを食べてくれ。

尹東柱　何だい。

南　東柱の大好きな、とびきり辛いキムチだよ。先週田舎のオモニから送ってもらったんだ。東柱にも食べてもらえって。

尹東柱　これはありがたい。とっても喜んでたって伝えてくれ。

南　ああ、オモニも喜ぶよ。なにしろ俺のオモニときたら、俺よりお前のほうが気に入ってるんだからな。あっ、ははは。

李　お前より東柱のほうがよっぽどまじめで頭もいいから仕方ないだろう。

尹東柱　そんなことはないさ。

南　そうそう、そんなことはないぞ。真面目さにはちょっとかけるけどな。

と言い終わるや否やみんな一斉に笑う。

尹東柱　冗談はともかく、近頃は頭が重たくなることばかりだから、キムチの辛さでスキッとしたいよ。

李　それがいい、それが。……ところで祖国のことも心配だな。

尹東柱　ああ。僕の延禧専門学校時代の先生も今獄につながれ囚われの身だからな。

李　昨年の朝鮮語学会事件（註・一九四二年）でか。

尹東柱　うん。今現在も拷問の苦しみに必死で耐えておられると思うと……、とにかく、はらわたが煮えくりかえる思いだ。

李　そうか、それは大変な災難だな。ところで先生って、誰なんだ。

尹東柱　崔鉉培先生なんだ。

李　あの崔鉉培先生に教わっていたのか、（と、驚いた様子で）それは羨ましい。

尹東柱　とても素敵な先生だったんだ。授業も素晴らしかったんで、僕はいつも一番前の席で、一言も聞きもらすまいと、熱心に先生の話に耳を傾けてたんだ。特に「一民族の文化創造は、その民族の言葉に始まり、その民族の言葉で行われ、その民族の言葉で継承されていく」、こういう言葉で始まった『朝鮮語文法』の講義は、すごかったなあ。なにしろ、ウリマルを死なせてはならない、という先生の使命感が、ほとばしるようなものだったんだ。だから延禧専門学校時代が僕にとっては一番充実していたような気がするな。

南　朝鮮語の辞典も、確か、つくってたよな。

尹東柱　ああ、先生は朝鮮語大辞典の編纂にも命をかけていたんだ。なにしろ仕事中は家族でさえ近よれないほどの厳しさだったそうだからね。

李　すごいなあ、それは。でも、先生の逮捕で中断ということになるのか。

尹東柱　うん、多分。重要な資料も押収されてるはずだから、我が民族の損失はとてもはかりしれないな。

李　ああ、なんて悲しいことだ。朝鮮語を研究することすら許されないとはな。朝鮮語の新聞も廃刊に追い込まれ（註・一九四〇年八月）、日本語を強制されている昨今、ある程度は予測してたが、こういう現実になるとは本当に悲しいよ。

尹東柱　僕も驚いているんだ。朝鮮語を研究し、辞書を作ることが独立運動とされるんだからね。

南　そう言えば、同胞の作家や詩人はみんな日本語で創作活動をしてるじゃないか。

尹東柱　すごく残念だけど、現実はそうなんだ。

南　将来の詩人、東柱の詩は何語だい。やっぱり日本語かい。

尹東柱　いや僕は朝鮮語だ。僕達の思考回路は生まれた時から朝鮮語でできてるし、日本語では僕の細やかな気持ちや感覚を素直に表すのは無理だからね。

李　やっぱりね。詩人にとっては生命線だもんな。でも朝鮮人なら誰しもだと思うな、本当は。

尹東柱　でも時代がそれを許さないんだ。急速にウリマル、我が民族の言葉を奪われていく状況にあってはな。

李　（ため息をつきながら）言葉を奪われるか。うん、そうだな。自分の民族の言葉を自由に話せないなんて考えてもみなかった。オモニのお腹にいる時からウリマルを聞いて育ってきたというのに、今俺達はその言葉を自由に話せないし、書けもしない。ということは、（怒りで声が次第に大きくなる）俺達が人間扱いされていないということなんだよ。これ程屈辱的なことはない。しかし、どちらが非人間的かと言えば、人間たる我々を人間扱いしない連中こそが非人間的であることは自明のことだ！

南　おいおい、声が大きい。特高に聞かれたら大変だぞ。

李　すまん、すまん。

南　実は俺もそう思う。我々から朝鮮語を奪い、日本語を強制してくるなんて、なんとも我慢ならん。日本のやることは悪辣《あくらつ》すぎるんだ！

尹東柱　（と、憤って声を荒げる）
おいおい、君も声が大きい。

南　あっ、ごめん、ごめん。

李　しかし、やがては日本が歴史によって裁かれることになる訳か。

南　うん、永久に日本の支配が続く訳ではないからな。

尹東柱　僕は夜明けは近いと思ってる。祖国の光復《こうふく》、解放を固く信じているんだ。

李　戦争の状況も日本にとって良い方向にはいってないからな。

南　確かにそうだ。この前、ある先生が授業前に言ったんだ……。

李　えっ、なんて言ったんだ。

南　「諸君は今日の新聞を読んだであろう。ドイツがチュニスで敗退した。ということはこの大戦でドイツの勝利がないということだ。ドイツの勝利がないということは……」

李　ドイツの勝利がないということは……？

南　いや、その後はすぐ授業になった。

李　ああ、そりゃあ、当然だな。「日本の勝利もない」なんて言ったら、ブタ箱直行だからな。

南　しかし、ここまで公然と言ったことに驚いて、俺は激しい震えを覚えたんだ。

尹東柱　うーん、すごく勇気のある先生だなあ。

李　とにかく、もう少しの辛抱だな。

南　今は、大日本帝国最後のあがきかもしれないな。

李　うん。だからこそ、皇国臣民化の政策がヒステリックなまでに遂行されてるんだよ。

南　ああ、そうにちがいない。そういう空気をほんとに感じるなあ。

李　つまり、今の嵐を耐え抜けば、抜けるような青空の下、素直に喜びを爆発させることができるということだ。

尹東柱　長い冬を耐えてきた私は
ひとむらの草のように萌えはじめる
愉《たの》しげなひばりよ
どの畝《うね》からも歓喜《よろこび》に舞い上がれ

李　あれ、詩でも読んでるのか。

尹東柱　以前に「春」という詩を作ったんだけど、その中の一節なんだ。

南　へえー、さすがは詩人だ。

李　なんだ、さっきは将来の詩人と言ったくせに。

南　悪い悪い。訂正するよ。東柱は素晴らしい詩人だ。無名だけどな。

尹東柱　無名の詩人か（と、苦笑いし）、無名の詩人のでは申し訳ないから、世界的に高名なインドの詩人、タゴールの詩でも朗読しようか。タゴールが日本の支配に苦しんでいる我々朝鮮民族に与えてくれたメッセージなんだ。

李　ぜひきかせてくれ、東柱。（南もそうだと言わんばかりにうなずいている）

尹東柱　かつてアジアの黄金時代に
朝鮮はその燈火《ともしび》をかかげる一人であった
その燈火はふたたび灯《とも》されるのを待っている
東方を照らすために

南　そうか、インドはイギリスに苦しめられてるから、連帯のメッセージって訳だ。

尹東柱　ああ、我が国も、インドも、共に独立を果たしたいものだ。いや、一日も早く独立しなければならないんだ。それがイギリスのため、日本のためでもあるんだからな。

李　ほんとにそうだ。人を支配するもの、人の国を支配するものは、かならず腐敗していくからな。しかも自らの腐敗に気付きもしない。（と、吐き捨てるように）

南　ところで東柱の好きな詩人はだれなんだ。

尹東柱　鄭芝溶《チョンジヨン》が大好きだな。彼の詩集は中学時代にしょっちゅう読んでたから赤線だらけだよ。一番好きな詩人だろうなあ。延禧専門学校時代には先生を訪ねたこともあったんだ。

李　それで？　体よく追い返されたのか？

尹東柱　それがだ、僕みたいなただの学生が突然押しかけていったのに、気持ちよく迎えてくれたんだ。あの時はすごく感激したよ。何と言っても先生は当代一流の詩人だからね。あとは白石《ペクソク》かな。彼の詩集『鹿』は当時二百部限定で出たんだけど買えなくてね、仕方なく学校の図書館で借りて、自分でていねいに書き写して筆写本を作ったくらいだからね。

南　自分で筆写本を？　さすがは東柱だ。徹底してるな。

尹東柱　ああ、それから外国ではリルケ、フランシス・ジャム、キルケゴール、キルケゴールは詩人ではないけど詩人的なところがあって好きなんだ。それに彼は人間をよく知っている。絶望し、苦悩する人生をよく知っていると思ってね、それに共感しているんだ。死を目前にして超人的にすぐれた本を書き上げたところも好きだなあ。自分もいつ死に追いつめられるかわからないからね。

李　なるほど。……ところで、日本人にはいるかい。

尹東柱　そうだなあ、日本人では三好達治《みよしたつじ》とか、北原白秋《きたはらはくしゅう》、立原道造《たちはらみちぞう》、それに小川未明《おがわみめい》ってとこかな。小川未明の童話集なんかは弟にもよく読ませたもんだよ。

南　へえー、日本人のものも読むんだ。

尹東柱　日本は我が国を奪った許し難い国だ。でも、そういう日本にも素晴らしいものはある。いいものはいいんだ。そういうところを学ばず、自らの民族の優秀性ばかりを観念的に誇示しても何も生み出しはしないと思うんだ。どうだい、僕の頭は意外と柔らかいだろ。

南　ほんとに柔軟性があるな。でも俺には、なかなか……。

李　俺も、頭ではわかるんだけどね……。民族の力もわいてこないさ。

尹東柱　学ぶことに貪欲《どんよく》にならないと、民族の力もわいてこないさ。漢民族を見たまえ、異民族の侵略をたびたび受けながらも、その異民族から貪欲に学んで世界帝国をつくってきたんだ。我が民族にもそういうところがあるじゃないか。

李　たしかに、言われてみればそうだよな。

南　誰からでも、何もかも貪欲に学んでいくことが大切だって、東柱は前から言ってたけどな。日本からも貪欲に学べ、ということか。

尹東柱　そう。もちろん、朝鮮人としての確固たる自覚がなくてはいけないけどね。でもこのことも実に難しい。

李　確かにね。朝鮮人の魂を日本に売り渡した者が多すぎるからな。

南　なにしろ精神まで、日本人のようになれって強制されている今日の状況ではなおさらだ。

李　うん、いや、俺の場合は逆だ。日本人になれって言われれば言われるほど、朝鮮人だという意識がむらむらと燃えてくるんだ。

南　それは頼もしい。でもな、やはり人間は権力には弱い。支配権力は当然そこを突いてくるからな、確かになかなか難しい。

李　朝鮮語の本も持ち歩けない状況になってるからな。

南　朝鮮人の俺達が、朝鮮語の本すら持ち歩けないのか。（と、溜息混じりに言う）

李　俺達は本の虫じゃないからいいけど、東柱は気をつけたほうがいいぞ。

尹東柱　ああ、そうしてる。

南　今ここで話しているようなことも、もし特高に知られたら、独立を企てていた不逞《ふてい》の連中ということで逮捕、投獄だ。

李　ひどい話だ。

尹東柱　そういう中で朝鮮人である自分を見失わず生きていくことは大変だが、我が民族を愛するが故に、我が民族の独立を願い、そのために我が民族の魂とも言うべき朝鮮語を、死んでも守るんだ、という気持ちが僕にはある。君たちもそうだと思うけどね。それに詩人として生きようとしている僕にとって言葉は命とも言うべきものだ。これを奪われてどうして自分らしく生きていけるだろう。

南　自分を見失わず、自分らしく生きていくこと自体が犯罪になるんだからな。

尹東柱　より深く人間的になればなるほど罪が重くなるこの植民地支配の現実、まさに狂気の時代という他はない。

李　確かに。でも、どうして東柱はいつも泰然としていられるのかね。

尹東柱　じたばたしても仕方ないからね。とすれば、どんな状況になろうとも動じないで、人として一点の曇りもない生き方を求めていきたいんだ。自然の息吹を大切にし、全ての死にゆくものを愛おしみながらね。

と、突然刑事がドカドカと踏み込んでくる。

刑事　平沼東柱《とうちゅう》を治安維持法違反の容疑で逮捕する！

第四幕　尹東柱の死

アボジの独白　日本で勉強するために、やむをえず平沼東柱と創氏改名しなければならなかった我が息子、尹東柱は、一九四三年七月十日、京都で治安維持法違反の容疑で逮捕され、朝鮮語で書いた日記、作品を全て押収された。翌年一九四四年三月三十一日、治安維持法第五条違反、すなわち独立運動にかかわった罪で懲役二年の判決を受け、福岡刑務所に送られ、日本の敗戦、すなわち朝鮮解放のわずか半年前の二月十六日に獄死した。

朝鮮の学校で朝鮮語の授業が廃止されたのを批判したこと、日本の朝鮮人に対する差別があることを指摘したこと、朝鮮総督府の朝鮮語学会に対する弾圧を批判したこと、幼いころより強い民族意識をもっていたこと、これらのことが独立運動と強引に結びつけられ、東柱は殺されてしまった。中学時代サッカー選手として鍛えた健康な肉体は、刑務所の中でわけのわからない注射をうたれることによってむしばまれていった。その果ての永遠の眠り。

アボジ　あーっ、（深い溜息をつきながら）わしが日本へ行かせたのが悔やまれてならない。……それにしても医者にでもなっていればこんなことにはならなかったのになあ。

オモニ　いいえ、あなたのせいなんかではありませんよ。何をしようと、どこにいようと、日本の牙はようしゃなく襲ってくるんですもの。

アボジ　そうとも言える、確かにな。二十年程前の関東大震災の時は、私も殺されそうになったし、今では最後のあがきで日増しに日本は凶暴化してるからな。

オモニ　そう考えなければ、あきらめがつきませんよ、アボジ。

アボジ　ああ……。それにしても、本当に苦しかったんだろうなあ、「アボジ、この地獄から早く連れ出してください!」って、東柱が叫ぶ夢を、わしは毎日のように見てるんだが、あいつの苦悩の深さはとうてい想像できない。

オモニ　どんなにつらく、悔しかった最後だったことでしょうねえ……。

アボジ　東柱の最後を見届けたのは、若い日本人の看守だが、彼の話では何かを叫んで絶命したそうだ。しかし、残念なことに、彼は朝鮮語を知らなかった。

オモニ　そうですか、……あの子は何を叫んで天国に召されたのでしょう。

アボジ　それが解らないから、悔しくてたまらんのだ。福岡の刑務所から玄界灘を渡り、さらに三千里を列車に揺られてここにつくまで、東柱の遺骨を抱えて、ずーっと考えてたのは、何故東柱が殺されなければならなかったのか、その最後の絶叫は一体何だったのか、ということだった。

オモニ　あの子のことだから、詩を書けなくなったことへの絶望ではないかと、私は思いますよ。なにしろ特高に捕まる前は、詩を創ることに本当に没頭してたみたいですからね。

アボジ　やはりそうか、そうかも知れん。そうなると余計にわしは悔やまれてならない。

オモニ　何故ですか、アボジ。

アボジ　延禧専門学校卒業記念に詩集を自費出版したいと東柱が言ってきただろう。その時は仕事もうまくいってなかった頃だから、わしは、東柱にあきらめさせてしまったんだ。

オモニ　アボジ、あの時は仕方なかったじゃないですか。お金の都合さえつけばとアボジもあっちこっちかけまわったんですから。そんなに自分を責めないでください。東柱も恨んでなんかいませんよ。

アボジ　そうかなあ。わしを恨んだのではなく、純粋に、詩集を出版できなかった無念さ、死を感じとり詩作を絶たれた無念さを叫んだということか。

オモニ　そうですとも。命のかぎり、あの子は叫んだんですよ。ウリマルで、朝鮮語で詩を書き続けたいと。

アボジ　それを奪ったのが日本ということか。

オモニ　ええ、朝鮮語の印刷物がやがて消えていくから、たとえ楽譜でも買い集めてくれって言ってた程、我が民族の言葉を愛し、朝鮮語で詩作を続けたことが罪になり、殺されてしまうなんて……。

アボジ　しかし、オモニ。

オモニ　はい。

アボジ　考えようによっては、幸せだったかもしれないなあ。あいつにとっては、一点の曇りもない己の人生を全うしたのだから。今となってはそう考えるしかあるまい。

オモニ　ええ、そうですとも。朝鮮語を我が命として生き、そのために命を奪われたのですから、東柱も本望だったんですよ。いつまでもふさぎこんでたら、あの子に叱られますよ。……

アボジ　そうそう、アボジ。

オモニ　なんだ。

アボジ　私、……東柱の詩を朗読したくなったわ。「新しい道」という詩でね、あの子が一番幸せだった延禧専門学校時代の作品なんですよ。

オモニ　なんだお前、諳《そら》んじているのか。

アボジ　いいえ、でも、とても好きでね、寂しくなると、一人で異国に学ぶあの子を思い浮かべながら静かに朗読していたんですよ。

オモニ　そうだったのか、ではきかせてもらおうか。

アボジ　ええ。（と言って尹東柱の死の哀しみをのりこえるように「新しい道」を朗読する）

川を渡って森へ
峠を越えて村に

昨日《きのう》もゆき今日もゆく
私の道新しい道

たんぽぽが咲きかささぎが翔《と》び
娘が通り風がそよぎ

私の道は常に新しい道
今日も……明日《あした》も……

川を渡って森へ
峠を越えて村に

アボジ わしらも希望を捨てずに「私の道」「新しい道」を目指して生きていこう。東柱のし（死・詩）を無駄にしないようにな。

語り 「チョソンマル、わがいのち」、との思いで、二十七年の短い生涯を全力で生きた無名の詩人、尹東柱は、朝鮮民族の魂の中に永遠に輝き、民族のゆくえを照らし続けていくことでしょう。また、「チョソンマル、わがいのち」、との思いを胸に獄中闘争を闘い抜いた尹東柱の師、崔鉉培は、日本の植民地支配に終止符がうたれ釈放されるや、直ちに机に向かい朝鮮語の研究を再開し、今日の朝鮮語の礎を創りあげました。
私達日本人にとり日本語は、空気のようにあまりにも当たり前のもので、生きていく上でなくてはならない本質的なものです。朝鮮人にとっての朝鮮語もまた、そのようなものであることは、言うまでもありません。
とすれば、日本が朝鮮人から朝鮮語を奪い、日本語を強制したことの意味はあまりにも重大ではないでしょうか。
私達は、その事実を直視し、そのことの持つ意味を主体的に考え続けていくことを、自らの大切な課題としなければならない、そう思えてならないのです。

（二〇〇六年二月実施卒業公演）

（出典・『南葛の演劇』パンフレット、都立南葛飾高等学校定時制発行、同和教育委員会編集、二〇一〇年三月）

海峡をつなぐ——安重根と千葉十七

第一場

中国東北地方、ハルビン駅の朝、時は一九〇九年十月二十六日。列車のピストンの動く音を背景にして、駅構内の喫茶店で、日本政界の最大の実力者、前韓国統監、枢密院議長伊藤博文狙撃の一瞬をうかがう大韓独立義軍参謀中将・安重根《アンジュングン》の独白。

安重根 私の人生のすべてをかけて闘い、ねらってきた人物、今日の大韓帝国を、あたかも虫けらを踏みにじるようにあつかってきた日本の元凶、伊藤博文が今まさにこの私の目の前に現れようとしている。この千載一遇の好機を生かし、彼の命をかならず奪い、私も死ぬ。ことが成就すれば、大韓の独立と東洋の平和の確立にむかって、我が同胞はかならず奮起してくれるであろう。

東清鉄道の特別貴賓列車の重量感あふれるピストンの激しい動きが聞こえてくる。その音は次第に大きくなるが、やがて巨大なピストンの動きは緩慢になり、列車はゆっくりホームにすべりこんでくる。駅舎の大時計の針はちょうど九時をさしている。ややあって、貴賓列車の主、伊藤前韓国統監は、ロシア帝国大蔵大臣ココフツォフの出迎えを受ける。しかし歓迎式典に臨んですぐ、九時三十分……。鳥打ち帽をかぶり、外套《がいとう》を着た男、安重根のブローニング銃は、伊藤博文を確実にとらえた。

安重根 大韓万歳《テハンマンセー》！ 大韓独立万歳《テハントンニブマンセー》！（と叫びながら

伊藤博文に三発の銃弾をあびせる）
胸・腹部を撃たれ崩れ落ちるように倒れた伊藤博文は、医師による必死の応急手当の甲斐もなく午前十時に絶命。享年《きょうねん》六十八歳。

第二場

陸軍憲兵上等兵千葉十七《とおしち》が伊藤博文の死を知ったのは、事件当日の昼過ぎ、何か重大事件が持ち上がったらしいという重苦しい雰囲気に包まれた旅順《りょじゅん》の関東都督府《ととくふ》憲兵隊においてであった。
その憲兵隊の一室。大尉に呼ばれ、息せき切って部屋に入る千葉と同僚の小森上等兵。

小森　（敬礼をしながら）大尉殿、お呼びでありますか。
（千葉も一緒に敬礼する）

憲兵大尉　やあ、ご苦労。早速だが諸君に極めて重大な任務を伝える。本日午前十時、ロシアとの協調をはかるためハルビンを訪れた枢密院議長、伊藤公爵が、ハルビン駅頭において、朝鮮人の銃弾によって倒され、逝去あそばされた。よって、……

千葉　（大尉の言葉をさえぎるように）えっ！　なんとおっしゃられましたか、大尉殿。

小森　（小森もびっくりして）大尉殿、先日この旅順では、伊藤公の元気なお姿を拝見したばかりではありませんか。

大尉　（噛んで含めるように）しかし、信じたくないことだが、確かに伊藤公爵は逝去あそばされたのだ。今、日本国中が悲しみの涙で濡れているが、我々の任務は、その凶漢をハルビンからここ旅順に無事護送してくることにある。極めて責任重大な任務故、いかなる失敗も許されない。よって、心の準備を充分しておくように、よいか。

二人　はい、大尉殿。

大尉　なお、出発する日時は、追って指示する。

二人　はい、大尉殿。

小森　ところで、その凶漢は一体何者でありますか。

大尉　（直立不動の姿勢を解いて）詳しいことは現時点においては一切不明だ。ただわかっていることは、犯人が朝鮮人の青年であること、残念だがこれだけだ。

小森　大尉殿、自分はその朝鮮人が憎くてしかたありません。そいつの胸板をすぐにでも私の銃でぶち抜いてやりたい気持ちであります。

千葉　大尉殿、自分も同じ気持ちであります。

大尉　君達の気持ちは痛いほどよくわかる。わしとて同じ気持ちだ。しかし、感情のおもむくままに物事を解決しようとするのは間違っている。事実を十分解明し、公正な法の裁きに委ねるべきだ。したがって、君達は、今の君達自身の感情に溺れることなく、任務の遂行に全力を尽くしてくれたまえ。

二人　はい。（と言って敬礼し退出する。）

第三場

明治の元勲であり、当時の日本の政界の重鎮でもあった伊藤博文が射殺されたニュースは、日本中を驚かせた。

宮城県の山村、千葉十七の田舎（栗原郡鳥矢崎《とやさき》村＝現栗駒町字猿飛来《さっぴらい》）でも、その話でもちきりである。深まり行く秋の夜、十七の実家でも、十七が旅順にいるということもあって、伊藤博文が殺されたことをめぐって話が尽きない。

父　大変なことになったもんだ。伊藤公が殺されるなんて。

母　ほんとうですね、何しろ、会う人会う人、怒りをあらわにしてその話を口にしますからねえ。私なんかもそれを聞いた時は、もう腰を抜かしてしまいそうでしたよ。

弟　伊藤公を殺した奴は一体誰なんです、お父さん。

父　安重根《あんじゅうこん》っていう朝鮮人らしい。

弟　何者なんでしょう、そいつは。憎んでも憎みきれない奴ですね。

母　さっさと打ち首にでもしてもらいたいわ、そんなおっかない人。

父　まだ、何者かはわからんが、どうせごろつき同然の奴にちがいないんだから、八つ裂きにしてやったっていいくらいなもんだ。

妹みよ　まあ！（非常に驚いた様子で）お父さんらしくない。いつものやさしいお父さんはどこへいったの。
父　当たり前だ、みよ。枢密院議長で前韓国統監の伊藤公はな、大日本帝国初代内閣総理大臣でもあり、欧米の植民地になりそうだったわが国を、世界の一等国に導いた、偉いお方なんだぞ。
みよ　そんなに偉い人なの。
父　そうだとも、お前はまだ子どもだから良く分からんかもしれんがな。
母　そうそう、そう言えば国葬ですって。なんでも東京の日比谷公園でやるそうですよ。
父　そうか、うん、そうだろうな、わかったか、みよ。それほど日本の国にとって大切なお方なんだ。
みよ　でも、だからと言って、ごろつきだの、八つ裂きだのって、怖い話はよして。
弟　みよ、人殺しは良いことなのか。
みよ　もちろん、良くないことよ。
弟　だろう。昔から人を殺したら磔獄門《はりつけごくもん》と決まってるんだ。だから安重根って奴もそうなるに決まってるさ。
みよ　ああ怖い。
父　そもそも伊藤公は、韓国統監として、朝鮮人のためにいろいろと尽くしてきたのに、ほんとに気の毒なことをしたもんだ。
みよ　朝鮮のために一生懸命努力してきたのに、殺されてしまったの。
父　そうだとも。だから畜生道に堕《お》ちた奴なんだ、安重根という奴は。
みよ　そうかなあ。あたしにはよくわからないわ。
弟　みよ、朝鮮人はな、ろくな連中じゃないんだ。悪いことをしたって屁《へ》の河童《かっぱ》なんだから、ねえ、お父さん。
父　ああ、それに、自分の国も自分では治められないんだから、どうしようもないさ。だから日本が朝鮮を保護してやってるのに、とんでもないことをしでかして、まったく。（吐き捨てるように）
母　そう言えば、つい最近の新聞にも、なんだか書いてありましたよね。
みよ　何が？
母　えーと……、あっ、そうそう、確か、朝鮮人は手が長くて、他人のものを盗んでもなんとも思わないとか。

弟　そうそう、そんなのがありましたね、お母さん。不潔とも書いてありましたよ。不潔どころか、小便や大便の汁が混じっていたって、平気で飲んじゃうそうですよ。

みよ　まさか、そんなこと信じられないわ。

母　ほんとですとも。朝鮮のことをよーく知ってる陸軍幼年学校の先生が書いてるんですから、間違いありませんよ。

父　実際に、その先生が見聞きしたことを書いてるんだから、間違いないさ。

みよ　あたしは、朝鮮のことは何もわかんないから、なんとも言えないけど、……ただ、みんなの言ってることもわかんないわ。

父　ま、とにかく、困った連中だよ、朝鮮人は。十七も今頃は、旅順で大変だろうなあ。

母　体をこわさなければいいですがね。

父　あいつのとりえは、体が丈夫なことだけだ。心配することはないさ。

弟　そうですよ、お母さん。余計な心配をすると、お母さんのほうがおかしくなっちゃいますよ。

母　はい、はい、そうですね。……それにしても、ほんとうに気の毒なことをしたものですねぇ、伊藤公は。

祖父　伊藤なんて、殺されて良かったんだ。気の毒なことなんか、あるもんか。（つぶやくように）

話の輪に加わっていなかった十七の祖父の突然の一言に、みんなビックリして祖父のほうを一斉に向く。

父　じいさんは、戊辰《ぼしん》の戦《いくさ》の折、長州にはだいぶ痛めつけられたからなあ。

第四場

一九〇九年十一月一日、安重根は千葉らに護送され、ハルビンを出発。この日は長春までの護送であった。この長春までが東清鉄道で、ロシア側の管理になっており、軌道の幅も日本側の満鉄よりも広い。あの伊藤公もここからロシア差し回しの特別列車に乗り換えたのか、千葉らは、そんなことを思い描きながら、この夜は長春の憲兵分遣所《ぶんけんじょ》に泊まった。

翌日、日本の満鉄に乗り換え旅順に向かう。途中の鉄嶺《てつれい》にて。

大尉　どこの駅に着いたのかな。

小森　はい、鉄嶺のようであります。

大尉　そうか、鉄嶺か。

小森　大尉殿には、何か鉄嶺に思い出でもおありですか。

大尉　いや、別にない。ただ、ごく最近、たまたま漱石を読んでいたら出てきたものでね。

小森　「そーせき」って、どんな本でありますか。

千葉　お坊さんの何かですか。

大尉　なんだ、君達は夏目漱石という有名な作家も知らんのか。

小森　私は、貧しい家に生まれ育ったものですから、本にはとんと縁がありませんので。

大尉　千葉上等兵、君もか。

千葉　はい、関心はあったのですが、小さい時から豚の世話に追われて……、

大尉　そうか、これからは、本もしっかり読まないと、立派な帝国軍人にはなれんぞ。

二人　はい、大尉殿。

と、突然、日本人の若者が勢いよく駆け込んできて、安重根に向かって突進しようとする。制止しようとする憲兵達と激しいもみあいになる。

若者　この野郎！　手前なんかぶっ殺してやる！

（と言いながら安重根に向かっていく）

小森　やめろ！　法の裁きを待つ人間に何をする気だ！

若者　こいつは人間じゃねえ！　俺達の国一番の政治家を飛び道具で殺しやがって、何が人間だ！　卑怯者《ひきょうもの》！

千葉　勝手なまねをしていると世界の物笑いになるぞ！

若者　ふざけるな！　物笑いになるのは人殺し野郎さ！

三人　（口々に）やめろ！　やめるんだ！

若者　こいつを即刻縛り首にしろ！　それが俺達日本人みんなの気持ちだ！

小森　これ以上抵抗するとお前も臭い飯を食うことになるぞ！

若者　なんだ！　お前達は悲しくないのか！　えっ？　怒りが沸《わ》いてこないのか！　伊藤公が殺されて！

千葉　ばかなことを言うな。

男は次第に憲兵達に押され列車の外に追い出される。安重根は憮然としている。

大尉　大変失礼した。日本にも法というものをわきまえないあんな若者がいて恥ずかしい限りだ。こんなことで腹を立てているようでは情けない。私のほうこそ恥ずかしい限りです。（慇《いん》懃《ぎん》に）

安重根　十一月三日、憲兵隊は安重根を旅順刑務所に無事護送した。そして千葉は安重根の看守役に任命されることになった。

第五場

安重根に対する取調べは、事件直後より精力的に行われる。

検察官、増淵孝雄の安重根に対する尋問。

検察官　君の名前は、「あんじゅうこん」で間違いないな。

安　いいえ、「アン・ジュングン」といいます。

検察官　君達の国と同じ漢字文化圏の日本人としては、「あんじゅうこん」でよいと思うのだが。

安　たとえ同じ漢字であっても、民族によりそれぞれ音が異なります。その違いを大切にすべきだと思います。もしあなたが「ますぶち」さんと呼ばれずに、朝鮮語で「チュンイョン」さんと呼ばれたらどうでしょう。

検察官　なるほど、確かにそれでは私の名前ではないな。分かった。君の名は「アン・ジュングン」だな。

安　はい、間違いありません。

検察官　職業は何かな。

安　義兵です。

検察官　義兵が職業だなんて聞いたことないぞ。義兵という兵隊は、そもそも正規の兵隊ではなく、すでに職業を持っている連中が、自主的になったものではないか。

安　日本の侵略が長期にわたっていますし、祖国の軍隊も伊藤さんによって解体させられてしまいましたから、義兵も立派な職業です。

検察官　（一瞬困惑しながら）なぜ義兵などになったんだ。

安　日本の侵略に対して、抵抗する手段はもはや他にはなかったからです。

検察官　わが大日本帝国が、大韓帝国を侵略しているという理解は間違っている。あの日清・日露の戦争にしても、東洋の平和と、朝鮮の独立のために戦われたんだ。そんなことも知らんのか。

安　それは口先だけのことで、実際はわが国を奪おうとしているのです。

検察官　たとえそう思っていたとしても、世界の国々が注目しているのだから、大韓帝国を植民地にするなんて、やれるわけないだろう。

安　日本に我が国を奪う野心があるのに、イギリスやアメリカなど、列国はそれを黙認しているのです。

検察官　そういう意見は認めがたい。ところで、君は伊藤公をなぜ殺害に及んだのだ。

安　それは、今日の我が国が、国としての実態を失い、実質的に日本の植民地に成り下がっている状況をつくったのが、伊藤さんだからです。

検察官　伊藤公は朝鮮の平和と安定のために、初代韓国統監として並々ならぬ苦労をされてきたではないか。

安　今日の大韓帝国は、四年前の第二次日韓協約で外交権を奪われ、一昨年の第三次日韓協約では、内政上の権限をも奪われ、この私の裁判に見られるように司法権も奪われています。私は、中国のハルビンで伊藤さんを殺したのに、私を捕まえたのはロシア兵です。そして私の裁判は日本が行っています。検事のあなたも、裁判長もそして弁護士まで日本人です。この私の裁判が、祖国のおかれている状況を端的に示しているのです。それでもあなたは、伊藤さんがわが祖国のために活躍したと言うのですか。

検察官　君はものごとの一面しか見ていないのだ。伊藤公は、朝鮮が自立できるまで、いかなる援助も惜しまないという姿勢を貫いていたではないか。

安　それはごまかしに他なりません。日本国の公使、三浦梧楼《ごろう》が指揮して、大韓帝国の宮中《きゅうちゅう》奥深く侵入し、こともあろうにわが国母、明《ミョン》成《ソン》皇后を殺害し焼き捨てたことは、世界の多くの人達が知ることとなりました。伊藤さんはこの時、犯人を厳正に処罰すると言いながら、驚くべきことに無罪にしているのです。

検察官　私は伊藤公殺害の一件を聞いている。余計なことは言わないように。

安　いえ、私はその根拠の一例を述べているにすぎません。要するに、かつて、豊臣秀吉が我が国を侵し、失敗しましたが、三百年後のあなた達は、伊藤さんを先頭に、今度こそ、という意気込みで、手段を選ばず我が国を奪い取ろうとしているのです。このような祖国の危機に対して立ち上がるのは、人間として当然の行為です。そこで私はまず、教育のことを考えたのです。

検察官　ほほう、教育ね。君はテロリストではなく教育家だったのか。

安　我が国は近代化への取り組みが遅れた為、その運命を日本に翻弄されていますが、私は祖国の独立のためには、若い人達の教育が必要と考え、無け無しの金をはたいて学校を経営し、私もその教壇に立ってきました。

検察官　それは興味深い話だな。

安　私の学校は小さな夜の学校でしたが、貧しくとも国の将来を考え、一生懸命勉強しようとする若者達が、昼間の労働の疲れをものともせずに集い、学んでいました。私も若者に未来を託したい思いで、骨身を削って真剣勝負で教えていたのです。

検察官　であるのに、なぜ義兵などになったんだ。

安　教育の事業は本来的に長期の視野にたって行われなければなりません。しかるに、祖国の現状は急速に悪化していくばかりでした。そこで私は、単身ウラジオストックにおもむき、祖国からの亡命者で組織する義兵の部隊に入り、武力で独立を勝ち取ろうとしたのです。ですから私は殺人狂でも、テロリストでもありません。独立戦争を戦う義兵の参謀中将として、伊藤さんを殺したのです。したがって、捕虜として処遇されることを強く要求したいと思います。

検察官　君を捕虜として認める訳にはいかない。日本は君達の国に対して宣戦布告などしていないからな。

安　とは言っても、現に我が国においては、義兵が起ちあがり、あちこちにおいて日本軍と戦っています。日本は宣戦布告をせずにたくさんの軍隊を派遣し、我が国を侵略しているのです。このことは明らかに国際法に違反しています。

検察官　国際法を守ることは当然のことだ。だから日本は、国際法にのっとって、韓国とも協約を繰り返し結んできたではないか。

安　いや、それは違います。軍事的圧力を受けて強いられた協約です。

検察官　協約の話など聞いていない。なぜ君が伊藤公を殺害したのか、ということを聞いているのだ。

安　すでに述べた通りです。我が国と日本、それに中国とが、お互いに協力して近代化の道を進み、西欧列強のアジア侵略と戦うべきであったのです。それを伊藤さんは、欧米にへりくだりつつ、我が国を奪い取ろうとしたために、我が同胞は、塗炭《とたん》の苦しみを強いられてきました。それでやむをえず伊藤さんを殺してしまったのです。

検察官　人命を奪うことは残酷きわまりないことで、家族・親戚をも悲しみにおとしいれるではないか。

安　人の命を奪うことは、深い後悔と苦悩を伴うものであることを十分承知しています。しかし、伊藤さんを殺すことは人道に反するものとは思っていません。

検察官　矛盾しているではないか。

安　いいえ、人の国を奪い、その国の何万という人の命を奪う者を、許してしまうことのほうが罪悪だと思います。私は命を捨てる覚悟でこの罪悪と闘ったのです。

第六場

外務大臣小村寿太郎《じゅたろう》は、司法権の独立を侵して、「日本政府においては、安重根の犯行はきわめて重大なるをもって、懲悪《ちょうあく》の精神により極刑に処せらるることを相当なりと思考す」という指示を旅順の関東都督府地方法院に出した。

裁判はわずか一週間、判決は一九一〇年二月十四日午前十時。事件から百十一日目のことであった。

「被告安重根《あんじゅうこん》を死刑に処す」これが判決主文である。

死刑判決が出たあとの安重根《アンジュングン》のオモニ達の苦悩。

鎮南浦《チンナムポ》の実家にて。

安重根の妻、金亜麗《キムアリョ》と、彼の妹とが、死刑判決に困惑し、重苦しい会話を重ねている。傍らで安重根のオモニが縫い物をしながら二人の会話に耳を傾けている。

時折、日本人の投石で騒がしい。

妹　お兄様はやはり死刑にされてしまうのでしょうね。

妻　ええ、でも、まだ決まったわけでは……。

妹　しかし、高等法院に控訴したところで……

妻　確かに、あなたの言うとおりですわ。でも、まったく望みがないわけでも……。（と溜息をつく）

妹　私もそうは思います。でも、もし死刑でなければ、外はこんな騒ぎではおさまらないと思うのですが……。（外は投石騒ぎでやかましい）

妻　ええ……、ほんとうに困ったことをしてくれたものです。

妹　お兄様は小さい頃より破天荒《はてんこう》な行動が多かったようですからねえ。

妻　そうらしいですね。私と連れ添うようになってからも、それは同じことですわ。

妹　でも、何をするにしても、正義感をもち、筋はきちんと通していたようですよ。

妻　ええ、でも、今回のことは事が大きすぎて、私にはとても理解しかねます。

妹　私も、もう少し家族のことや、一族のことを考えてくれたらと思うのですが……。苦しむのはお姉さまをはじめ、残された者達ですか

妻　らねえ。（と溜息をつく）
ええ、これから先、私達はどこで、どう生きていけばよいのか、途方に暮れるばかりです。毎日のように投石騒ぎがあって、外出もままならず、監禁生活と何ら変わらない日々を送り続けるなんて、そろそろ限界ですわ。あーっ。

妹　（と深い溜息）
子ども達のことも心配ですよね。

妻　ええ、でも、子ども達はまだ幼いので、何が何やら分かりかねているので、今はむしろ救われるのですが……。

妹　あの子達も成長するにつれ、ずいぶん苦しむでしょうね。自分のアボジが日本の偉い人を殺して処刑されただなんて……。

妻　ええ、でも私は、夫のしたことが間違いだとは思っていないのですよ。今は混乱していて、どう考えてよいのやら、よく分からないのですが……。

妹　私も、間違いだったとは思っていませんわ。

妻　これから少しずつ、あの人のしたことの意味が分かっていくとは思うのですが……。でも、今はとにかく、私の理解を超えているのです……。子ども達が自分のアボジを誇りに思うことができるかどうか、今は、なんとも言いかねるのです。

妹　誇りに思えればいいのですがねえ。

妻　ええ。とにかく、事件以来、体の状態が思わしくありませんから、今は考えないことにしたいわ。今考えると、恨み言しか口をついて出てきませんものね。

妹　私もそう思いますわ。でも、控訴の件は、どう思われますか。

妻　さて、どう考えたらいいのでしょう……。私がどうこう考えても、結局はあの人の考え方次第だと思います。あの人のことですから、きっと、死を覚悟しての行動に違いありませんものね。ですから、多分控訴しないと思うのですよ。

妹　ええ、でもやはり、命はこの上もなく大切なもの。最後の一瞬まで大切にすべきだと、妻のためにも、子ども達のためにもと、お兄様には言うべきではないでしょうか。

妻　そう言われると、私の心も柳のように揺らいでくるのですが……、本心からすれば、控訴して闘ってくれたらと、それは思うのですよ。

妹 お兄様には、ぜひ、お姉さまの気持ちを伝えた方がいいと思いますわ。

妻 ええ、でもねえ……。（と困惑の様子）

妹 あとで後悔しても、遅いと思うのですが……。

妻 ええ……。

二人のやりとりを聞いていたオモニは、縫い物の手を休め、毅然《きぜん》とした態度で教え諭《さと》すように言う。

オモニ もういい加減にしておきなさい。あなた方も往生際が悪すぎます。あの子は、個人的な恨みつらみで伊藤公爵を射殺したわけではありますまい。私達朝鮮民族の怒りを代弁した行為ではなかったのでしょうか。しかも、命をわが民族に捧げてのことだったのではないでしょうか。とすれば、控訴して敵に命乞いなどとは、見苦しいとは思いませぬか。あの子は、天に召されるのです。いささかも恥じるものではありませせぬ。

悄然《しょうぜん》としている二人は、頭《こうべ》を垂れ、目頭を押さえている。

第七場

安重根は、自分に対する裁判のあり方に全く同意することはできなかった。しかし高等法院に控訴することを拒否したため、死刑は確定した。

それからまもなくのこと、安重根と千葉は獄舎の鉄格子をはさんで熱心に語り合ったが、その時の安重根は、あたかも悟りの境地にいるようであった。

千葉 安さん、お体の調子はいかがですか。

安 ありがとう、千葉さん。とてもいいですよ。

千葉 それはよかった……。ところで、ご両親はお元気ですか。

安 アボジは五年前に亡くなりましたが、オモニは鎮南浦で元気に暮らしているようです。

千葉 そうですか。

安 親孝行なことは何一つしてやれず、困った息子です。何しろ昔は放蕩三昧の生活をしてい

千葉　て、少し分別がつくようになってからというものは、祖国の独立のためにかけずり回る毎日でしたからねえ。

安　それほどまでに、独立運動に打ち込んできたわけですね。

千葉　ええ。

安　そうですか。……ところで、お子さんは。

千葉　子どもは五歳を頭《かしら》に二男一女ですが、独立運動にかかわっているために三年も会っていません。妻にも会っていませんが、天国での再会を楽しみにしています。……それはそうと、千葉さんのご両親は。

千葉　おかげさまで両親とも健在です。

安　それは羨ましい。私達の命は両親からもらった大切なもの、いつまでも大事にしてあげてください。

千葉　ええ、両親あっての私達ですからね。

安　その両親は、またその両親から、というように、私達の命の流れは、悠久なものですから、考えれば考えるほど本当に不思議で、尊いものに感じます。

千葉　その大切な命を捨ててまで、なぜ伊藤公を。

安　伊藤さんは、日本のあなた方から見れば、素晴らしい国家指導者でしょうが、日本の圧政によって、生きていくこと自体困難にさせられている私達からすれば、不倶戴天《ふぐたいてん》の敵だからです。なにしろ「狐には穴があり、空の鳥には巣がある。だが、朝鮮の子には枕するところがない」のです。千葉さん。

千葉　日本の侵略にあえいでいる祖国、なのですね。

安　その通りです。

千葉　そうですか。（大変すまなそうに）

安　内実はすでに日本の植民地になっている祖国の独立を勝ち取り、日本と対等の付き合いをし、二つの国に真の平和がおとずれるようにしたかったのです。そうすれば東洋の平和も夢ではないでしょう。実を言うと私は今、「東洋平和論」を書いているところなんです。でも、処刑の日までに完成するかどうか……。

千葉　東洋の平和、ですか。

安　そうです。東洋の平和です。我が祖国の平和、千葉さんの祖国の平和、そして東洋の平和です。その為には、わが国と日本と中国とがしっかり手を結んで、欧米列強の侵略に立ち向かうことが必要なのです。ところが日本はわが国に対する侵略の道を選んだのです。これではとても東洋の平和は実現できません。

千葉　そのために立ち上がったのですね。

安　ええ。私は伊藤さん個人に対しては何の恨みもありません。ですから伊藤さんにも家族の方にも深くお詫びしたいのです。

千葉　あなたの思想と強い信念には、ただただ驚くばかりです。それに、残された時間と格闘して「東洋平和論」をまとめているとは、本当に頭が下がります。

安　過分な評価をもらって私もうれしいです。

千葉　とんでもありません。私は全くお世辞の言えない男です。心の底からあなたという人間に感服しているのです。

安　千葉さん。

千葉　なんでしょう。

安　有り難う。

千葉　とんでもありません。私のほうこそお礼を言わなければならないのです。（温かい眼差しで見つめ合う二人）……さて、それではこれで失礼いたします。（と、言いながら軽く会釈する。安も返礼する）

千葉は戻ろうとして歩き始めるが、すぐ踵《きびす》をかえす。

千葉　安さん。

安　なんでしょう。

千葉　（少し躊躇《ちゅうちょ》して）実は……、実を言うと、なんと下劣《げれつ》な奴だと、私はあなたのことを思っていました。ほんとうに申し訳ありませんでした。（と、深々と頭を垂れる）

安　それは致し方のないことです。

千葉　いいえ、訳も分からず怒り狂っていた私は、自分が許せないのです。看守役となり、誰よりも身近なところであなたを見ていくうちに、不思議と怒りがだんだん和らいでいき、今では逆に、あなたの人間としての奥深さの虜《とりこ》になってしまったことは、なんとも幸いなことでした。

安　捕虜の私が、あなたを虜に？

千葉　ええ、その通りです。もし私があなたの立場だったらと、冷静に考えることに気づかされたのです。すると、裁かれているあなたが、裁いている日本を、実は裁いているんだとわかったのです。

安　（身を乗り出すようにして）千葉さん、あなたのような日本人がいることを知って、私はすごくうれしいです。

千葉　私にとって、とても残念なことですが、正義は日本にない、ということを素直に認めなければなりません。このことをあなたに教えられました。安重根さん、有り難うございました。

安　隣国を侵し、隣国の人々を悲しませるものと闘う側にこそ正義はあります。

千葉　人は、自分の国にこそ正義はあるという、暗黙の前提を信じて疑いません。恥ずかしいことですが、この私もその一人でした。

安　いいえ、私だって以前はそうでした。でも、祖国と私や私の家族の運命を真剣に考えるようになって、ようやくわかるようになったんです。

千葉　安さんもそうでしたか。

安　ええ、そうですよ。我が国自体にも問題は山積しています。

千葉　それを聞いて少し安心しました。

安　人間というのは、ある面ではどうしようもない生き物なんです。でもこのどうしようもない生き物が窮地に立たされると、光り輝いてくるんです。おもしろいですね、人間という存在は。

千葉　暗黒の世界を照らし出せるほど光り輝いてみたいものです。

安　千葉さんなら不可能ではないでしょう。

千葉　夢の中でなら、できるかも知れませんね。

二人して静かに笑う。それからしばしの沈黙。

安　（肩の力を抜いて）なんだか堅苦しい話になってしまいましたね。ところで、千葉さんの故郷はどんなところですか。

千葉　東北地方の宮城県というところの貧しい田舎です。でも自然はとても素晴らしいところで、私は小さい頃から、栗駒山というとても美しい山を仰いで生活していました……。そうそう、その山の緯度は鎮南浦と同じくらいですよ。

安　本当ですか、千葉さん。

千葉　ええ、確か北緯三十九度弱です。その山に見守られている村は、平和でのどかなものです。自慢できるのはそれしかありませんがね。

安　そうですか。私の子どもの頃育った清渓洞《チョンゲドン》というところもそのようなところでした。なんだか親しみが深まるような感じがしますねえ……。まあ、それはともかくとして、どんなに貧しくとも、人々が平和に暮らせることが一番です。

千葉　ほんとにそうですね。

安　現在の我が祖国は、平和とはあまりにもかけ離れています。

千葉　申し訳ないことです。その責任はひとえに私の国、日本にある訳ですから。

安　千葉さんの話を聞いていると、なんだか心が洗われるようです。有り難う、千葉さん。

千葉　私の方こそお礼を言わなければなりません。安重根《アンジュングン》さん、有り難うございます。

第八場

晩年の千葉。日本が満州事変を引き起こし、満州を実質的な植民地にしてからまもなくの頃。長い間病の床に伏せていたが病状がよくなり、姪の多美、妹のみよ、弟の万作達が快気祝に駆けつけ、初冬の陽射しを受けて縁側に座る千葉を中心にして、いろいろと話が弾む。

多美　おじさん、元気になってよかったですね、ほんとに。

千葉　多美ちゃん、ありがとう。多美ちゃんがよくお見舞いに来てくれたおかげだよ。（妹のみよに向かって）そうそう、みよにもずいぶん世話になったからね。

みよ　とんでもないですよ、兄さんの生きようとする気力が、病気に負けなかったんですよ、きっと。

万作　その生きようとする気力の源泉は、と言うと、

千葉　それはもちろん、きつよさんの存在さ、ねえ兄さん、そうでしょ。

万作　(照れくさそうに) そうだな、それは間違いない。万作の言う通りだ。

多美　きつよさんはできた人だからねえ。

万作　万作おじさんもいい人見つけたら、今からでもちっとも遅くないよ。

多美　いいんだ、俺は。一人でいいんだ。

万作　あーら、つい先日、熱燗《あつかん》をちびちびやりながら、女房がいて、二人してこうやって酒が飲めればいいんだがなあ、お前が相手じゃしょうがねえや、なーんて言ってたくせに。

多美　あれっ、そんなこと言った覚えはねえんだけどな。

万作　言いましたよ。ぼけるのが早すぎますよ、万作おじさん。

多美　あっ、そうだ、兄さん。やり残した仕事があるからこれで失礼するよ。(とぼけた様子で)

万作　姪っ子に一本取られて逃げるとは情けない。

千葉　逃げやしないよ。俺は生まれつきの仕事の虫だから、仕事のことを思い出してしまった以上仕方ない。じゃ、失礼するよ。兄さんも体

万作　に気をつけてな。(と言いながら舞台の袖に消えていく)

千葉　ああ、有り難う。仕事で忙しいなんて、結構なことだ。わしもばりばり仕事がしたいよ。

多美　また飲みに行くからね、万作おじさん。(と、もう舞台にはいない万作に向かって大きな声で)

万作　あーあ。いいとも。(舞台の袖から大きな声で)

万作が帰るのと入れ違いに、千葉の妻、きつよがお盆に茶菓《さか》を載せて入ってくる。

きつよ　どうしたの、万作さん。お茶でも飲んでってって言ったのに、そそくさと帰っちゃって。

みよ　仕事ですって。

きつよ　あーら、珍しい。仕事が嫌いな人なのに。でもいいことよ、仕事なら。何しろ今は、仕事にあぶれてる人がたくさんいるんですから。(お茶を入れながら) はい、入りましたよ。多美ちゃん、みよさん、はい、どうぞ。あなたも飲んでください。みなさん、お饅頭も遠慮なく食べて、今日の為におばさんが特別に手に入れた仙台のお饅頭でね、とってもおいし

いのよ、これ。

多美　お饅頭なんて、何ヶ月ぶりだわ。

みよ　私もよ。凶作のおかげで、食べていくのも大変だもんね。

多美　実を言うと、友達の姉さんも、つい先日、身売りされて、東京かどっかへ行ってしまったんですよ。

みよ　あら、まあ。かわいそうにねえ。

きつよ　ほんとにねえ。

多美　家中みんな泣きはらしてましたよ。

千葉　今の政治はそういう人達を助けられない。実に困ったもんだ。

きつよ　お金はみんな戦争のために使われちゃいますからねえ。

しばしの茶菓のひとときの後、

千葉　あーあ、疲れたよ。わしも。（何かを思いだしたように）

多美　すみません、おじさん。ついつい長居してしまって。

みよ　多美ちゃん、そろそろ。

千葉　（みよの言葉をさえぎるように）ああ、いいんだよ、いつまでいても。疲れたのはね、人生についてだから、若い人にはいてもらったほうがいいんだ。その方が活力をもらえてね。

きつよ　それでは私は用なしですか。

千葉　そうは言っとらんよ。

きつよ　そうですか、ほんとならいいんですけどね。

千葉　ほんとだよ。お前あっての私だからね。

きつよ　それはそれは、ありがとう。でもあなたにとっては、なんと言っても安《アン》さんでしょ。毎日欠かさず安さんの冥福を祈ってるんですから。

千葉　もちろん、安さんもだ。私の恩人は、お前と安重根さんだよ。

多美　おじさん、安さん？　安重根《あんじゅうこん》って言う人のこと？

千葉　ああ、そうだよ。でもね、多美ちゃん、「あんじゅうこん」ではなくて、「アン・ジュングン」って言うのが正しいんだよ。朝鮮人だからね。

多美　アン・ジュングン？って言うの。でも、その人って、人を殺した悪い人じゃないんですか。学校ではそう教えられてきましたけど。

千葉　多美ちゃん、それはね、間違ってるんだよ。このおじさんがよーく知ってるんだ、安さんのことは。

多美　へえー（と、驚いた様子で）、でも、明治の元勲、伊藤博文を殺したんでしょ。

千葉　うん、だからね、初めはおじさんも、この手で殺してやりたいくらいだったんだ。

多美　それが、おじさんにとっては、大切な人になっちゃったって訳なの。

千葉　そう。

多美　どうして。

千葉　おじさんはね、五ヶ月もの間、安さんを間近に見て、この人はすごい人だって、わかったんだよ。

多美　何がそんなにすごかったの。

千葉　自分のことを深く見つめ、祖国に自分の命を捧げ、さらに東洋の平和のために、必死で生きてきたんだ。そのため彼の目は、東洋の小さな国から世界に広がっていったんだ。

きつよ　とっても信念の強い人でね、自分の信念を曲げずに、わずか三十年という短い一生を駆け抜けたの。だからおじさんはね、よく言うの。処刑するにはあまりにも惜しい青年だったって。

千葉　翻《ひるがえ》って自分自身を見つめてみれば、国家の手のひらの上で、国家の意志のままに呼吸していたに過ぎなかったんだ。しかし、安重根さんに出会って、わしはほんとうの自分に出会えることができたような気がするんだよ。

みよ　兄さんは、安さんに出会えて人間を取り戻すことができたのね。

きつよ　そうなの。だから、私と結婚したのは、安さんの処刑後だけど、その頃は、憲兵の仕事を続けていることにずいぶん悩んでましたよ。ねえ、あなた。

千葉　ああ、そうだったなあ……。あん時は、ほんとうに苦しかったよ。

きつよ　側《そば》で見ていた私も気が滅入ってしまったくらいなんですから。

多美　そうだったの。全然知らなかったわ。あん・じゅうこん、あっ、じゃなくて、アン・ジュングンって、悪い人じゃないんですね。

きつよ　うちの人の大恩人なのよ。世間では、とても悪い人のように言うけど、そうじゃないの。

今は安さんのことを語れない厳しい冬の時代だけど、朝鮮が独立を勝ち取った暁《あかつき》には、必ず民族の英雄として評価されるに違いないって、これ、おじさんの話ね。でもね、多美ちゃん、おばさんもそう思うわ。

多美　ふーん。そーなんだ。でも、世間との落差、というより、全くの正反対、一体どういうことなの？　これって。

きつよ　日本は朝鮮を植民地にしてるでしょ、植民地にしてからもう二十五年近くになるけど、その間、日本人は天狗になっちゃって、朝鮮人をばかにし放題だから、そもそも朝鮮人って言うだけで、どうしようもない奴って思ってるのよ。

多美　そう言えば、私の親しい友達だってそんなこと言ってたわ。

きつよ　でしょ、私だって若い頃はそうだったんだから。おじさんと結婚して、任地の咸鏡道《ハムギョンド》に行く時は、とっても怖かったのよ。咸鏡道って言ったら、日本から見れば朝鮮のいちばーん奥なのね、だから余計にやだったのよ。普段朝鮮人をよく思ってない訳だから、その朝鮮人に囲まれて生活するなんて、とてもじゃないけど考えられなかったわ。

多美　で、どうしたの、おばさん。

千葉　おじさんが一生懸命説得して、連れてったのさ。

みよ　いやいやながら、仕方なしに行った姉さんだけど、それからは朝鮮が好きになっちゃったのよね。

きつよ　そうなの、ほんとに朝鮮人が好きになっちゃったのよ。それまでの私は、朝鮮のことを何も知らなかったから、周りの人達の考えや感情に染まって、朝鮮のことを悪く思ってたでしょ。それがものの見事に打ち砕かれちゃったわ。

多美　へえー、おばさんは偉いね。そんなに変われて。

きつよ　偉かないわよ、ちっとも。偉いとしたら、私を変えてくれた心の優しい金さんや、朴さん、それに李さん達よ。近所のね。それにおじさんから聞く安重根さん。

多美　安さんか。なんだか安重根って言う人のことが気になるなあ。

千葉　とにかく安さんは偉い人だったよ。その安さんのことを話しても、ちっとも分からない連中の精神構造は、一体どうなってるんだろうなあ。安さんという人間をよーく知ってる昔の憲兵仲間だってそうだ。今では安さんの話題なんか決して口にしやしない。みんなどいつもこいつも変節してしまって、困ったもんだ。

きつよ　そうですねえ。でも、浅川さんだけは違ってましたよ、あなた。

千葉　そうだったね。浅川さんは朝鮮の焼き物、特に李朝の白磁《はくじ》が好きでねえ、朝鮮のあちこちを歩き回って収集してたけど、彼の場合、白磁を作る人間に関心があったからね。

きつよ　人間が好きなのよ、あの人は。

千葉　そう、特に朝鮮人が大好きでね。だから当たり前だけど、朝鮮人も彼を好いていたんだ。今頃京城《けいじょう》の骨董屋《こっとうや》を覗《のぞ》いてるかもしれんぞ。

きつよ　目を輝かせてね。私も一度お供したことがあるんだけど、浅川さんっていう人はね、骨董屋さんを見つけると、とってもニコニコしてね、でもお店に一歩入ると、急に顔が変わっちゃうんですから。まるで獲物を見つけた鷹みたいな、とっても鋭い目つきになって。

千葉　ああ、なつかしいなあ。彼ともまた、会いたくなったよ。

きつよ　それには、早く元気にならないといけませんね。

千葉　そうだな。

みよ　今日は久し振りにいい話が聞けたわ。ねえ、多美ちゃん。

多美　ええ、でも、どうしてみんなそんなに石頭《いしあたま》なの、世間の人は。私なんか、おじさん達の話を聞いてすごく納得しちゃったんだけど。

きつよ　ほんとにね。多美ちゃんは頭が柔らかくて、相手の気持ちとか、相手の立場に立ってものごとを考えられるからよ。世間の多くの人達は、自分さえ良ければいいの、安さんなんて関係ないのよ。

みよ　そうね。苦しんでる人がいても、自分の苦しみじゃないから見て見ぬふりをする。……と言うか、それよりも、そもそも苦しんでる人の存在を認めたくないのよね。日本の支配で苦しんでる朝鮮人の痛みを想像する力なんて、まるっきりないのよ。

千葉　みよ、驚いたな、全く。お前がそんなことを口にするなんて。

みよ　それはそうよ、兄さん。だって、こんな高尚《こうしょう》なこと考えたの生まれて初めてだもん。思い起こしてみれば、私って、自分の頭で考えるってことをしてこなかったわ。

千葉　それは、みよだけのことじゃないよ。日本人みんなそうなんだ。だから安さんのことだって、みんなが右へならいして「凶悪なテロリスト」って言って、わしの話なんかにちっとも耳を傾けない。

きつよ　大きな声では言えませんが、今の日本には言論や思想の自由というものがないのよね。こんなんでは国民の真実を見ぬく力をなえさせてしまうわ。

千葉　特に満州を制圧した今の日本は、今度は中国全土に侵略の刃を向けようとしているんだから、なおさらだ。

きつよ　本当のことが本当のこととして伝わって来ないのよね。国の思うままに料理した情報をあたえられてるのよ、私達って。あー怖い。

多美　安さんに対するイメージもそうやって作られてきたのね。

きつよ　そうなの、私だっておじさんと一緒になる前は、さっき話した通り、国によって作られたイメージに踊らされていたのよ。でも安さんのことを教えられたおかげで、自分自身の心で相手の人、相手の国を捉えることができるようになったのよ。

多美　いかなる情報であれ、自分のフィルターで必ずろ過させよ、っていう訳ね。(得意そうに)

みよ　そうね、だから、自分のフィルターを常に磨いておかなくちゃね。

千葉　そのためには一生懸命勉強しなくてはいかんよ、多美ちゃん。そして自分自身の哲学や思想を持たなくちゃいかん。

きつよ　そうよ、多美ちゃん。国の言うことだから、偉い人が言うことだからって、それになびいてしまうと、自分を見失って大変なことになるからね。

多美　ひれ伏すのは、真実に対してのみ、っていうところね。

みよ　そうよ、多美ちゃん。国とか、新聞・ラジオっていうのは、自分に都合のいいように勝手に真実をねじまげてしまうからね。

千葉　真実の前に頭《こうべ》を垂れていたら、今のような腐敗した権力なんか、ありゃあしないさ。

きつよ　困った国ですね。ほんとに。

千葉　わしは先がないからもうどうでもいいが、君達は大変だ。

きつよ　縁起でもないことを言わないでくださいな。

千葉　ほんとうのことさ。自分の死期を悟り、自分の死と向き合い、自分の生の意味を考えて死ねれば本望だよ……。安さんもそうだった。

きつよ　それはそうですね。もっとも、安さんの場合は、日本という国によって首をくくられちゃった訳ですけどね。それでも安心立命《あんじんりゅうめい》の境地で死を迎えることができたなんて、やっぱりただの人ではなかったですねえ。

千葉　ああ。本当にそうだ。それに、直後に絞首刑で殺されるというのにわしに書をしたためてくれたんだ。……そうだ、それを今日はみんなに見せてあげよう。

と言って、安重根の遺墨《いぼく》を取りに立ち上がり、上手の袖に消える。

と同時に、舞台下手に純白の朝鮮紬《つむぎ》の民族衣装に身を固めた安重根が現れる。

降りしきる雨の音が少しずつ強くなり、監房の小さな窓を打つ。

安重根　千葉さん、先日あなたから頼まれた一筆を書きましょう。

と言って、姿勢を正し、

為　国　献　身　軍　人　本　分

庚戌三月　於旅順獄中　大韓国人　安重根　謹拝

と、一気に書き上げ、左手に墨を黒々と塗り、丁寧に手形を押す。それからおもむろに口を開く。

安重根　千葉さん、親切にしていただいたことを、心から感謝します。東洋に平和が訪れ、わが国と日本との、昔のような友好の日々がよみがえったとき、また生まれ変わってお会いしたいものです。

一礼する安重根の心境は、明鏡止水《めいきょうしすい》そのものであった。

舞台は再び元に戻り、千葉が安重根の書を持って部屋に入って来る。

千葉　これが安さんの遺墨だ。わしにとってはお金なんかじゃ決して買えない大切な宝物だ。よーく見てごらん。

と言って、丁寧にひろげてみんなに見せる。

みよ　へーえ。これが死の直前に書かれたなんて、とてもじゃないけど信じられないわ。すごく堂々とした字よね。

多美　本当ね、なんて言っていいか分からないけど……、なんだかゾクゾクするような感じがするね。もうすぐ絞首刑になるっていうのに、どうしてこんな生き生きとした字が書けるんだろう。

きつよ　安さんの顔が浮かんできそうですよ、あなた。

千葉は、やおら起《た》ちあがり、当時の自分のした動作を真似ながら台詞《せりふ》を言う。

千葉　あの時のわしは、なんとも言えない感動に襲われ、思わず直立不動の姿勢になり「ありがとうございます」って叫んだんだ。安重根さんは、実に清々しい目でわしに挨拶して刑場へと消えて行った。見送るわしは、心の中で、静かに叫んだものだ。（一呼吸おいておもむろに）「安さん、いつの日か私も、あなたに恥じない生き方を貫き、あなたのところへ行きます。その時は、人生について、日本と朝鮮の関係の有りようについて、対等の立場で、思う存分語り合いましょう。その時までにあなたの心が、一人でも多くの日本人にわかってもらえるよう、微力ながら努力したいと思います。安重根さん、さようなら」。

これよりおよそ一月《ひとつき》後、安重根の死から数えれば、二十四年と九ヶ月の歳月をへて千葉十七は帰らぬ人となった。

人間に価値序列があるとしたら、それは、その人が日々の営みを積み重ねつつ、自分の人生をどのように生きぬいたか、ということから判断されるべきかも知れない。千葉十七は、その半生を安重根に恥じない生き方を自らに課し、自分自身に、そして他者に対して誠実に生き、すぐれて価値ある生涯を送り、今は、東北地方の名山栗駒山を仰ぎ見る大林寺《だいりんじ》に眠っている。

彼の死後、妻きつよは、三十一年にわたり安重根と夫十七の冥福を祈る毎日を送り、一九六五年に清冽な一生を閉じた。それよりさらに三十六年を超える歳月が流れた今日に至るも、一体どれほどの日本人が、安重根の心、朝鮮人の心を理解できるようになったであろうか。私達は、私達自身にそのことを問い続けたいと思う。

（二〇〇一年度演劇・二〇〇二年二月実施）

GID

第一場　シバマタ商事の面接会場

〈ナレーション〉
柴又帝釈天《しばまたたいしゃくてん》の裏手にあるシバマタ商事の入社試験の面接を受ける青野薫。

面接官　あなたのお名前は。（書類を見ながら）
青野　青野薫です。（緊張した面持ちで）
面接官　性別欄が記入されていませんが、女性ですよね、もちろん。
青野　……えーと、えー……、（躊躇しながら）いーえ、……お、男です。
面接官　えっ？　そうなんですか、どうも、これは大変失礼しました。あー、では、お父さんのお仕事はなんでしょう。
青野　……えーと、答えられません。
面接官　じゃあ、お母さんは、……専業主婦ですか。
青野　それにも答えられません。
面接官　えっ？　そうですか、理由は分かりませんが、面接試験をしていて答えられないと、あなたに不利になるんですがねえ。……しょうがない、じゃ、話題を変えようか。えーと、あなたの愛読書はなんでしょう。
青野　それにも答えられないんですけど。
面接官　あなたは自分の名前しか答えられないの。（ちょっと怒り気味に）
青野　失礼ですが、そちらが聞いてはならないことを質問しているからいけないんです。
面接官　なんだって？　どういうことですか、それは。（少し気色《けしき》ばんで）
青野　私がこちらの会社で働く意欲と能力は、親のこととか、愛読書は関係ありませんし、むしろそういうことは、差別につながるので、面接では聞いてはいけないことになってるはずです。そういうことは学校の同和教育で学んできました。

面接官 なんだい、そのどうわ教育っていうのは。

青野 部落問題を勉強するものです。あと関連する問題として朝鮮問題とか障害者の問題など色々な人権問題を勉強しています。

面接官 子どもが読むあの童話じゃなくて、部落問題？……変わった学校だね、君の学校は。……まあいいや。ところで君は、ほんとに男なの。

青野 はい。もともとは女なんですが、性同一性障害で、男として生きたいと思っているんです。

面接官 性同一性障害？……（なにやらぶつぶつ独り言）。分かりました。じゃ、今日はこのへんで。

青野 ありがとうございました。（と、ていねいに挨拶して面接会場を出る）

面接官は、ふんぞり返って青野を見送る。

面接官 なんだい、性同一性障害って？　初めて聞く言葉だな。……それにしても困った奴がきたもんだなあ。（と、深い溜息をつく）

第二場　シバマタ商事の役員室

〈ナレーション〉
シバマタ商事の役員室で、専務と人事部長が青野の合否について話し合っている。

専務 一人しか取らないというのに十人も応募か。ところで優秀なのはいたかね。（書類をめくりながら）

人事部長 ええ、学力優秀なのが一人いたんですが、どうもこいつが変な奴でして、こちらの質問には差別がどうのこうのと言ってまともに答えないんです。で、気になったものですから、にわか勉強で、ちょっと調べてみましたら、確かに、「仕事に対する本人の能力・適性をみる面接でなければならない」とありまして、親のこととか、尊敬する人物、愛読書などについては、差別につながるもので聞いてはいけないことになっているようです。ですからこのことで落としますと、あとから面倒なことになりそうです。

専務　（部長の話をさえぎるように）そうか、で、君の意見は？　不合格か？

人事部長　ええ。

専務　理由は。

人事部長　それがですね、私はてっきり女だと思っていたんですが、男だと言うんです。（と、驚いたように）

専務　なんだね、それは、……履歴書にはなんて書いてあるんだね。

人事部長　それが書いてなかったもんですから、聞いたわけです。

専務　ふーん。最近は、男だか、女だかわからん奴がいっぱいいるからな。

人事部長　ええ、そういう奴っていうのは、どうも私は気にくわないんですよね。性同一性障害、とかなんとか言ってましたけど。

専務　性同一性障害？　性的な障害者か？　何だか変な言葉だな。そういうのは社内の風紀を乱すから落としてもかまわんよ。頭が良くてそういうのは始末に悪いからな。

人事部長　わかりました。ではそのように。（かしこまって）

第三場　シバマタ商事の会議室

〈ナレーション〉

青野が不当な理由で不合格になったに違いないと判断した学校の先生達が、不合格撤回を求めてシバマタ商事を訪れ、話し合いをすることになる。

教師Ａ　青野が不合格になった理由をお聞かせください。

人事部長　学力試験はそこそこでしたが、面接態度が悪かったですね。（横柄《おうへい》な感じで）

教師Ｂ　どんなふうにですか。

人事部長　答えないんですよ。

教師Ａ　どういう質問に答えないんですか。

人事部長　なにしろ答えたのは名前だけですから。これじゃーどうすることも出来ませんねえ。
教師A　青野はふだん口が重たいですが、そんなことはないと思うんですがねえ……。
人事部長　でも実際会話が進まないんですから、そういう人は我が社としては困るんです。（吐き捨てるような感じで）
教師B　失礼ですが、面接試験はちゃんと行われたんでしょうか。
人事部長　先生、ほんとに失礼ですね、そんな言い方は。もちろんちゃんとやってますよ。（自信たっぷりに）
教師B　青野からの報告では、中途半端な面接だったということですが。
人事部長　とんでもない。ちゃんとやりましたよ。当然じゃないですか。（怒ったように）
教師A　「不適切な質問には答えられない」と、ちゃんと言っているはずですが。
人事部長　……ええ、確かに、そうは言いましたが……。
教師A　親のことや愛読書のことも聞かれたと青野は言っているんですが。
人事部長　た、た、確かに、それは当方も勉強してまずかったなと反省しております。（急に困惑した感じで）
教師B　そうすると、問題は性の問題ですね。
人事部長　えっ？　ええ……、実を言うと、それなんです。
教師B　なぜ、彼ではダメなんでしょう。
人事部長　性同一性障害とかいうことを言ってましたが、それが我が社としてはひっかかるんです。
教師A　なぜですか。
人事部長　おかま、変態なんていうイメージがあるもので、堅実さをモットーにしてきた我が社には不似合いなんですよ。
教師B　性同一性障害についての認識が誤っていると思うんですが。
人事部長　あなたにそんなことを言われたくないですな。とにかく私としては気持ち悪いんですよ。これは誰もどうすることもできないでしょ。男が女に、女が男になるなんておかしくないですか？　おかしいですよ、絶対に。会社の風紀も乱れますしね。（開き直った様に）
教師A　やはり性同一性障害についての無理解と偏見を抱いているようですね。しっかり勉強して

人事部長　欲しいと思います。その上でないと実りある交渉にはならないと思います。ぜひそうしてください。
教師B　話し合いをすること自体は拒否しませんが、我が社の結論は変わりませんよ。不合格の決定をくつがえすなんてことはありえませんからね。
人事部長　変わってもらわなければ困るんです。（と、強い物言いで）
教師B　変わると言ってもねえ……。私の常識からすれば、せっかくご両親からさずかった体を持っているんですから、その体を愛して、堂々と生きていけばいいんだって思うんですがねえ。……まあ、とにかく少し時間をください。
人事部長　わかりました。

第四場　青野を囲むクラスの人達

〈ナレーション〉
青野の進路が決まっていないので、親しい友達が心配して話している。周りは青野のことには我関せずで、思い思いに好き勝手なことをしている。

A　青ちゃん、試験、どうだった？
青野　うん、それがさ、だめだったんだ。（と、元気なく）

「えっ？　ほんと？」「青ちゃんが不合格？」「うっそう？」等と、みんな口々に驚きの言葉を発する。

青野　筆記試験は完璧だったと思うけど、面接がねえ。
A　あんたが受かんなかったら、受かる奴なんていないじゃない。面接がどうしたの？
青野　なんか差別的だったんだよ。
A　どんな風に？
青野　親のこととか、面接試験で聞いちゃいけないことを色々聞いてくるわけよ。だから答えなかったし、……。
A　答えなくてどうしたの。

青野は答えず、下を向いたまま。

A　どうしたの？　あんたらしくもない。
B　今日の青ちゃんはどうかしてるよ。何か困ったことでもあんの？

ようやくおもむろに口を開く。

青野　実はさ、……（また、口が止まってしまう）
B　ほんとにあんたらしくないね。スパッと言いなよ、スパッと。
A　まあまあ、そんなにせかさない。いつもの青ちゃんじゃないってことは、よっぽどのことがあるんでしょうよ。

「それはそうだ」「そうだね」と了解。
一息入れて、ようやく口を開く青野。

青野　実はさ、……私、性同一性障害なんだよね。で、それで試験に落とされたんだ。

みんな、「何それ？」「えっ!?」と驚いた様子。

A　性同一性障害？……つまりだね、えーと、……言葉は聞いたことがあるんだけどさあ……。
B　だめだねえ。性同一性障害っていうのはね、心と体の性が一致してないっていうことよ。（と得意そうに）
A　ふーん。よく知ってんねえ、あんた。すごいねえ。（感心した様子に）
B　いやいや、それほどでも。（と、また得意そうに）
A　ということは、青ちゃんは、女の体をもっているのに、男として生きたいっていうことか。
青野　そう。
A　ふーん、おもしろいね。
C　おもしろいっていう問題じゃないよね。
A　まあね、でも知らなくても無理ないからね。
青野　そうだよ。私も勉強してないからよくわかんないけど、とにかく性同一性障害って最近わりとよく聞く言葉だよね。
青野　そう、ここ十年ちょっとくらいかな。俺も知らなかったけど、中学の時知って、それでだいぶ精神的には楽になったんだ。
B　どういうこと、それって？

青野　身体は女なのに、女だということに違和感を感じ苦しんでてさ、そんな自分は、精神的におかしいんじゃないかって、ちっちゃい頃からずっと心配してたんだけど、性同一性障害っていう言葉を知って、初めて救われた感じがしたんだよ。

B　なるほど。そりゃー不安だよね。

青野　不安、不安。ちっちゃい時からずっと、女の子のものって興味なかったからね。大人達からは、女の子のくせにどうのこうのって、耳タコだよ。だから、怪獣のおもちゃなんかを買いたかったのに大人の反応がおっかなくて買えなかったもん。

A　そんなちっちゃい頃から、苦しんでたの？

青野　そう、中学の制服も嫌で嫌でしょうがなかったもん。朝起きるといつも、こんなの着ていくのかよ、って思うと涙がでそうになっちゃうんだから。スカート恐怖症だよ、ほんとに。そんなんだからいつも遅刻で、担任からは怒られっぱなしでしたよ。

A　こら青野、生活が乱れてるぞ！って？（教師のものまね調で）

青野　そう、そう、そっくり、そんな感じ。（と言って笑う）

B　私もよく言われたなあ。むかつくんだよね、こっちの事情も知らないくせに怒りまくるんだからね。

C　はい、はい、みんな、横道にそれちゃだめだよ。

青野　とにかく大人達からは、「腕白小僧《わんぱく》みたいでどうしようもないな。女の子なんだからもっとおしとやかにしないと結婚もできないぞ」なんて言われっぱなしだったから、だんだん自分に自信がなくなっちゃったんだ。

B　それからどんどん人間青野は苦しんできたって言うわけね。

青野　うん。中学生になればおっぱいも立派なものになっちゃうし、身体もどんどん女の体になっていくしさ。だから水泳の時間はほんと最悪だったんだよね。なんでこうなるのか、自分ではさっぱりわからないから、すっごく不安になって苦しくなるんだよ。自分は変質者なんだろうか、自分って一体何者なんだろうって、頭の中で疑問が激しくこう渦巻いて

（と、その動作をしながら）疎外感とか孤立感が深まるばかりでしたね、ほんとに。

B　そうすると恋愛っていうのはあんたの場合どうなるの。

青野　俺の初恋は中学の時で、相手は可愛い感じの女の子だったけど、時折目が合うと、そのとたんに胸が苦しくなるんだよね。「なんでこんな気持ちになるんだろう？」って、真っ暗にした自分の部屋に閉じこもって考えこむんだよね。すると女なのに女が好きなのか？って思って、自分ながらびっくりするんだよ。そうすると次にはレズとかホモっていう言葉が浮かんでくるわけ。昔からレズって言われて、よくからかわれてたけど、自分は正真正銘のレズなんじゃないかって思うと、恐怖心に襲われてしまうわけ。

C　中学生の頃ってやっぱり恋愛は大きな関心事だから、友達はさ「どんな男の子が好き」って聞いてくるじゃない。そんな時、「女の子が好き」なんて言えないでしょ？　そうすると結局ウソを言わざるを得ないんだよね。

（と、同意を求めるような言い方をする）

青野　全くその通りだよ、ほんとに。

今まで携帯をいじっていた、金純愛《キムスネ》が話の輪に入ってくる。

金　ちょっと良いかな？

A　うん、いいよ、スネちゃん。こっちはいんなよ。（と言って、金純愛のために場所をあける）

金　有り難う。今まで聞くとはなしに聞いてたんだけど、青ちゃんの気持ちがよくわかるんだよ。

B　何で？

金　自分は朝鮮人でしょ。で、今でこそちゃんと本名で学校に来てるけどさ、中学まではほんとに嫌だったんだから。なにしろ朝鮮人で良いことなんか何にもないって思いこんでたからね。

B　へーえ、そうなんだ。

金　そうだよ。いろいろと差別はあるし。私だって、友達に変なこと言われたんだよ。

A　なんて言われたの。

金　ちょっとしたことでケンカした時に、「朝鮮

「帰れ」って。……すっごいショックだったんだから。なにも日本に来たくて来たんじゃないのにさ。

A　えっ、そうなの？

金　そうだよ。おじいちゃんは二十歳前に強制連行で九州の炭坑に連れてこられ、解放後も帰れずに、結局日本での生活が続いちゃったんだよね。それでこの私も日本で生まれたっていう訳なんだ。

B　そうなんだ、全然知らなかったなあ。

A　で、おじいちゃんは結構差別されて生きてきたんだ？

金　そう、何しろ差別だらけで、生きていくこと自体が大変だったらしいよ。

B　それで朝鮮人を隠してる人が多いのか。

金　朝鮮人ってわかると差別されちゃうからね。

B　へえー、そうか、そうだよね。実際難しいよ。

青野　ほんとの名前を名乗って生きるのは。実を言うと、俺もスネから励まされたんだよ。本名に変えてすごいなあって、……でもなかなか自分のことは話せなくて、今日という日になっちゃったんだ。

A　そうか、君達は仮面をかぶって生きざるをえない差別の重圧のもとで、必死に生きてきたっていうわけだ。

金　そうなんだよね。

青野　自我に目覚め、性に目覚める思春期に、俺は自分のことが嫌いになっていったんだ。自分の身を守るためにウソをつかざるをえないしね。ウソをついて女を装って過ごすのって、すごく苦痛なんだよね。友達はけっこういたのに、心の中は孤独感でいっぱい。（深いため息をつきながら）ほんとに辛かったなあ。「俺はみんなにウソをついてる不誠実な人間だ」とか、「本当の俺を知っている人は誰もいない」とか、そんな思いが頭から離れないんだよね。「ずっとこの先もウソをついて生きていくのかなあ」、そう思うと、すごくやりきれなくなっちゃうんだよな。

C　（青野の話を受けるように）でも、そういう悩みを話したって誰にも理解してもらえないだろうな、ってことがとにかく辛いんだよね。

A　何だ、あんたは青ちゃんの気持ちがよく分かるんだ？

C　うん、そうだよ。

B　それにしても、ずいぶん苦労してるんだね、青ちゃんは。

青野　いや、いや、もっと苦労してる人は、たくさんいるよ。家族や親戚に絶交されちゃった人とか、きちがい扱いされちゃった人とか、ほんと、いろんな人がいるんだから。

A　ところで青ちゃんは、性同一性障害だって、なんでうちらに明らかにしようって思ったの。

青野　それはさ、……

青野の話をさえぎるようにCが話し始めるので、みんなはあっけにとられている。

C　前々からいつかは君達に話そうと思ってたんだけど、それができなくて、今日になっちゃって申し訳ない。……やっぱり一番おっきいのは、ありのままの自分を素直に出したいっていうことだね。それと、自分らしく堂々と生きたいっていうことかな。人の目を気にしてそれを隠して生きるってことはすごく息苦しいんだよね。展望のない息苦しさって言うかな、で、逆に、明らかにするっていうのも、もちろん大変なんだけどさ、こっちは、より人間らしく、より正直に生きたいっていう未来のある苦しさなんだよね。自分を隠して卑屈に生きるなんて自分を堕落させるだけだと思うんだ。

青野　どうしちゃったんだ？　俺の台詞を取っちゃってさ。

C　……実はさ、本当は僕も性同一性障害なんだ。

みんなはびっくりして、「えーっ!?」「ほんとなの？」「あんたも？」「冗談じゃないだろうね」等と口々に言う。

C　もちろん真剣さ。青野の勇気に感動して、ここで話さないと一生後悔しちゃうと思ってね。

A　いやー、ほんとに驚きだな。そうかあ、私よりずっとあんた達は真剣に生きてるんだね。話聞いてて、つくづくそう思うよ。性同一性障害っていうことを話してくれて、ほんとに良かった。あんた達と出会ってなかったら性性同一性障害なんてわからなかったし、わかるようになっても、ちゃんと考えようなんてしなかったと思うからね。

B　私もほんとにそう思うよ。

A　えっ？　ほんと？　自己中のあんたがほんとに考えてんの？

B　それがさ、この頃は他人《ひと》のこともちゃんと考えているんですよ。ＧＩＤのことでも、ちゃんと社会的な問題だっていうことが理解できてるんだから。私達一人ひとりが関心を持たなきゃ、ＧＩＤの当事者がそれだけ辛い思いをするんだってことをね。（と胸を張って）

A　えっ、何？　そのＧＩＤっていうのは？

B　何よ、あんた、知らないの。Gender Identity Disorder の略よ。

A　なるほどね。あんたでも勉強してるんだ。感心だね。

青野　みんなは頼もしくって、ほんとにいい奴だよ。

C　ほんと、おかげで僕も今日からスッキリ生きられそうだし、みんな、有り難う。

金　私達のほうこそ、有り難うっていう気持ちでいっぱいだよね。ＧＩＤなんて知らなかったもん。でもそれって、当事者にとっては大変なことだってわかったし、その大変さが私達の無知や無関心からくるっていうこともよくわかったしね。これからは勉強しなくちゃいけないことが沢山あると思うけど、わからないことはちゃんと教えてよ。真剣に考えるからね。

青野　うん、わかった。一生懸命勉強してよ、ほんとに。

金　もちろんよ。

A　それにしても、みんな無関心だねえ。ねえ、あんた達、ちゃんと青ちゃん達のこと考えてよ！（と、周りのみんなに強い調子で訴える）

第五場　生徒達の要請書

〈ナレーション〉

初め無関心だった生徒達も、青野のことを真剣に考えるようになり、一人ひとりが会社に対する要請書を書いた。

A

女性は女性らしく、男性は男性らしくなんて言うけども、性同一性障害の人々にとって見れば、心の中にある性こそが、その人らしさなのではないだろうか？　いくら、見た目がちがっていても、その人の心の中にいる性がその人そのものではないのだろうか？　俺は今までの十九年間で性同一性障害には関わったことが一度もなく、青野が初めてだが、もちろん、差別やいじめなどはしない。世間の人は、性同一性障害を世のくぼみと言うだろう。しかし、そう言う人が、世のくぼみだと思う。まずは、性同一性障害の人の身になって考えることだ。地面をはってでも、その人の目線になり、その人自身になれとは言わないが、なる気持ちで考えてみることがなにより大切なことだ。だからこそいつでも性同一性障害の人をふつうの人と見るべきだと思う。

B

僕は性同一性障害を聞いた時なんじゃそりゃ？って思いました。授業で、あぁ〜ってなりました。僕は金八先生の話の中で出てきた奴か！って思いました。でも、あまり聞き慣れない名前だったので、授業でやっと分かるようになりました。今までの僕は、体は女なのに心は男、あるいはその逆の人なんていないと思っていました。でも学んだからこそ僕は性同一性障害を、偏見の目で見ることはないと思います。だから、会社でもそのような人が居ると、少しでも知らない人に教えてあげれば、世の中で性同一性障害を知らない人が減ると思います。でも性同一性障害は社会問題だと思います。だから会社でもそのような問題を考えれば日本はもっと良い社会になると思います。僕は男と女と言う世の中はもう古いと思います。僕は青野とは友達としてちゃんと付き合っていきます。女の体なのに心は男で生きたいと思っているのだから、別に他人がとやかく言う筋合いはないと思うからです。

C

人はみんなそれぞれちがうし、自分の人生なんだから、みんなちがうのはあたりまえだ。GIDの問題はむずかしいことだと思うし、偏見の目で見たってしょうがないと思う。もし偏見の目で見る人がいたら、その人にこう言うと思う。たとえば……性同一性障害の人だって、同じ人なんだし、その人の人生なんだから、とやかく言うなよ、と言うと思う。まあかんたんに言うと、まわりのかんきょうをよくしていけばいいと思う。まわりのかんきょうをよくしていけば、偏見や差別をする人がへると思うし、まずは、一人一人が、やっていかないといけないと思った。いろいろ差別や偏見があると思うけど、それなりにどりょくして、まずは、性同一性障害を受け入れることが、だいじだと思った。

第六場　再びシバマタ商事の会議室

〈ナレーション〉
再び学校の先生達は、青野の不合格を撤回させるために、シバマタ商事を訪れている。

教師A　クラスの生徒達の思いをつづった文章も、先日お届けしましたが、青野の件はどうなったでしょうか。

人事部長　実はですね、あれから色々なＧＩＤに関する本を真面目に読んでみましたが、やっと少しわかってきたような気がします。それにクラスの生徒さん達の文章も繰り返し読ませていただき、今の若者がこんなにも真剣に、友達の抱えている課題を考えているなんて、とても感動しましたし、色々と考えさせられましてね、真剣に検討した結果、不合格を取り下げさせていただこうと思っております。

教師A　（喜色満面で）そうですか、それは良かった。青野も、クラスのみんなもきっと喜ぶと思います。

教師B　ほんとに有り難うございます。私達も初めはわかりませんでした。そもそも人間は男と女しかいないものとばかり思っていましたが、実はそうじゃない。ジェンダー、つまり、性というものがいかに多様かということを勉強させてもらいました。ですから、今回のことを教訓にして、きちんとＧＩＤやジェンダーのことを会社ぐるみで考えていただきたいんです。何しろこの問題は、人間にとって根本的な問題ですからね。

人事部長 もちろんです。ですから、青野さんにも我が社でぜひ頑張ってほしいと思っています。

教師A とにかく青野が気持ち良く働けるよう努力して下さい。

人事部長 ええ、わかりました。

社長 人事部長の言う通り、かならず努力します……。（少しの沈黙の時間が流れ、おもむろに）実はですね、先生。

教師A はい。

社長 実は、私の息子も青野さんと同じだったんです。前からなんか変だなとは思っていたんですが、私はただ女々しい奴だと毛嫌いしてたんです。そういう親父ですからもちろん息子のほうも、自分がGＩDだなんて私になんか言えませんよね。どうも、母親には話していたようなんですがね。

教師A そうでしたか。

社長 ええ、それで私達は長い間冷戦状態で、時には「お前みたいな男の腐ったのは出て行け！」って怒鳴りあげたこともあったんですが、青野さんの事にでくわして、これだったのかって、ピーンときたんです。それでやっと息子と少し話ができるようになったんです。そういう意味でも非常に感謝しているんです。ですから、会社としてもしっかり取り組んでいきますよ、かならず。（と、力強く言う）

教師A それは良いお話を聞かせていただき、逆に私達が励まされてとてもうれしいですね。私も青野と出会うことでGＩDのことを真剣に考えられるようになりましたが、クラスの生徒達もみんな同じです。とにかく青野と出会ったみんなが、良い思いをし、より深く自分という人間を鍛えてるんじゃないかと思います。

社長 ええ、確かに私も変わり始めましたよ、まだまだですがね。でも息子、いや娘なのかな、とにかく子どもとは、心を開いて話ができる自信はついてきました。先生達のおかげです。有り難う先生。生徒さん達にも私の感謝の気持ちをぜひとも伝えてください。

教師B ええ、もちろんです。こちらこそ有り難うございました。私も青野と出会わなかったらGＩDについては、無知のままだったと思います。そういう意味では、青野にとても感謝しているんです。おかげで、ＧＩＤやジェンダーのことをずいぶん勉強できて、自分自身の偏見も取りのぞくことができましたからね。おかげで、私自身少しはまともな人間になれたような気がしているんです。

教師Ａ　私達はみんな、青野に教えられたっていうことですね。

社長　ほんとにそうだと思います。

人事部長　私も青野さんのことで大変失礼なことを言ってしまい、恥ずかしい限りです。でも、このたびの件で私はＧＩＤを知り、いかなる人間も尊敬されなければならない、という意味がわかってきたように思います。本当に有り難うございました。

社長　（立ち上がって、人事部長も立ち上がる）ご迷惑をおかけして、本当に申し訳ありませんでした。（深々とお辞儀をする）

第七場　合格通知書を手にする青野

青野　（封筒を開けて合格通知書を黙読する）不合格を取り下げて合格にするだって！　みんなのおかげだ。うれしいなあ。よーし、頑張るぞ。俺はありのままの自分を愛して生きるんだ。性同一性障害の青野として胸を張って生きていくぞ。差別や偏見なんかにまけてたまるか！

幕

（都立南葛飾高校定時制四年生　卒業記念演劇公演　二〇〇八年三月六日）

※現在は「性同一性障害」、「ＧＩＤ」は病気や障害ではないとして「性自認」「性別不合」「トランスジェンダー」という言葉が使われている。

南葛定卒業式不起立一円裁判

数多の人に支えられての教育を問う独歩行

――南葛定卒業式不起立一円裁判――

I　恣意的な再任用選考

i

教員生活の大半を南葛で過ごした私は、南葛の生徒がとても好きですし、人事異動が激しく、自分達が創ってきた南葛という学校が、どんどん南葛らしさを失っていく、つまり、南葛にたどり着く前に様々なレッテルを貼られ傷ついてきた生徒達の人間の真実に触れようと努力していく中から、生徒達が今までの人間関係においては決して見出し得なかった、かけがえのない自分を発見し磨いていくことを目指した教育が、年々失われつつある現実がありましたから、定年後も働き続けたいという気持ちは非常に強くありましたので、被告の「君が代」をめぐる不当極まりない処分がなければ、今頃は、再任用職員として専任教員に決してひけを取らない勤務実績をあげている筈でした。

しかし、二〇〇三年の「一〇・二三通達」以後の卒業式等で処分された人は、誰一人として再雇用・再任用選考に合格していませんでしたので、絶対受からないと思っていました。それ故、再任用選考を受けたいという気持ちを封印せざるをえなかったのです。

しかし、それまでは、「君が代」問題で処分された者を被告が合格させることはありえないので推薦することは考えられないと言っていたその校長から、退職する前の年度の秋に、「南葛の人権教育を守るためには、木川先生がいないとどうしようもないので、推薦するから是非受けてください」という趣旨の提案がありましたので、もしかしたら受かるかもしれないと思い、南葛の生徒達のことも考え、再任用選考を受けることにした訳です。

ところで、校長が原告に対して推薦すると言ってきたのは、私が当時の同和教育、人権教育を核にした南葛の教育実践の柱でしたので、私がやめた後のことを真剣に考え、ぜひ南葛に残って欲しいと強く考えたからですが、その背景には、都教委としてもいつまでも被処分者を排除し続けることはできないという健全な考えがあったからだと思います。

ii

選考の門戸を開けておきながら、絶対合格させない採用選考制度は、行政の恣意性と権力性を余すところなく示していますから、このような都民の良識からは全く考えられない制度運用をいつまでも続けていくことは不可能ですから、この校長推薦の話が出てからは、被告に良識の欠片《かけら》でもあれば、受かる可能性は十分にあるという希望をもっていました。

しかし現実には不合格となりましたから、合格の可能性を信じていただけに大変残念に思いましたし、正式発表前に事実上私の不合格が決まっていたこと等もあり、怒りが沸々《ふつふつ》と湧いてきて、その煮えたぎる怒りが、腐りきった被告の弾圧に屈し泣き寝入りするな、南葛の教育を守り、南葛の生徒を守れと私自身の良心に裁判闘争を命じたのです。

今まで三十数年、私は、歴代の多くの都教委の部長、課長、指導主事等と出会い、色々な話をしてきましたが、彼らから批判・非難の類を受けたことは一切なく、逆に、南葛や私の実践に対して、「皆さんの生徒さん達を思う気持ちやその実践には本当に頭が下がります」と言われ続けてきたのです。

また、卒業式で不起立生徒が多かったので何人もの担任が「指導不足」のレッテルを貼られ注意指導されましたが、翌年度には都教委が乗り込んできて公開授業もやらされることになりましたので、問題となった卒業式の当該学年の担任であった私が授業をやることにし、生徒に朝鮮と向き合うことの意味をしっかり考えてもらおうと、植民地支配下の多くの朝鮮人に心から慕われていた希有の人、「浅川巧《あさかわたくみ》※」の授業を行いましたが、その時も素晴らしい授業だと評価され、都教委から指導されるようなことは全くありませんでした。

（註）この時、授業内容を知った都教委の担当統括指導主事は、人権は専門でないということで、人権担当の統括指導主事も一緒に来校し、私の授業を見ていますが、講評したのは人権担当の人で、本来の担当者は、持参した都教委のパンフを読んだだけでした。

※浅川巧　一八九一～一九三一。山梨県出身、農林学校を出て一九一四年朝鮮に渡り、朝鮮林業の保護、発展に努めた。また朝鮮の民芸の美を見出し、柳宗悦《やなぎむねよし》らと交流し、朝鮮の美術工芸品の保存に努めた。

そして教員生活最後の年には、『蘭学事始』を素材にして、歴史と現代を生きる私達との関連性を強く意識した部落問題を考える公開授業をやっていますが、その時の授業も都教委からは高く評価され、指導される様な点は、一つとしてなかったのです。

有り体に言えば、被告には私の授業を初めとする教育実践を指導する力はないのです。そういう私が、お前は教壇に立つ資格はないと言われた訳ですから、まさに怒髪天《どはつてん》を衝《つ》くという形容がふさわしい憤りを感じたのです。

しかもその理由が、校長の職務命令に逆らって、起立せず「君が代」を歌わなかったことなのですから、二重の憤りです。

被告は私に、『二枚舌教師』になれば良かったのだ」と言うのでしょうか。それとも『奴隷教師』の境遇に甘んじておれば良かったのだ」とでも言いたいのでしょうか。いずれにせよ被告は、私の思想・良心を押し殺し、強大な権力の思想性を歌いあげた「君が代」を強制してきた訳ですから、これは明らかに私の思想・良心の自由を奪う行政権力の卑劣な行為に他なりません。

II　南葛と私

i

教員になって初めて南葛の校門をくぐりましたが、現役最後にくぐったのも南葛の校門で、都合およそ三十年間、南葛で働いてきました。そのほぼ中間に上野忍岡高校定時制（以下、上忍とする）時代があります。

上忍には強制人事異動によって飛ばされましたが、上忍でも、もちろん基本的には南葛時代と同じ気持ちとエネルギーで仕事に打ち込み、(註)上忍でも都の人権尊重教育推進校になって人権を大切にした生徒中心の学校を創っていこうと提案し、私なりに頑張ってきました。初めは部落問題や在日朝鮮人問題を中心に人権教育に取り組む理念はわかるが、自分達も勉強不足なので実際にやっていくことは難しいと反対する人もたくさんいましたが、次第に学校全体の共通理解になっていきました。

（註）ちなみに、当時の年賀状を紹介しておきたいと思います。「私の意志など一顧だにされることなく、強制人事異

動により一片の紙切れの如く飛ばされ、昨年の四月より上野忍岡高校定時制で日々の労働に勤しんでいます。／南葛では日常的に己の人間としての有り様を厳しく問われると共に、生きることへの励ましをもらっていた様に思います。それは日本の社会や国家の抱えもつ最も本質的な矛盾を赤子の時から背負わされ、それとの対峙なくしては自らの生を切り拓くことのかなわない、多くの生徒たちの存在があったればこそだと思っています。／新しい職場、上忍でも、そんな生徒たちとの邂逅を求めて歩みはじめているところです。／一九八八年正月元旦」。

しかし私は、南葛に戻ってきました。

仲間の職員、それは文字通り教員だけではなく警備の人等も含めて全ての職員ですが、その人達と共に試行錯誤を繰り返し、都立高校で一番生徒を大切にする学校、全国的にも希な生徒の為の学校を創ってきたという自負がありましたし、少なからぬ課題も抱えていましたから、その克服にも立ち向かわなければなりませんでしたので、〈生涯南葛の一教師〉と思っていました。ところが希望と承諾の原則が踏みにじられ強制人事異動が制度化された為、やむなく異動することになったのですが、また、教育という仕事の原点を見出すことができた南葛に戻ってくるつもりでいました。実際その後、木川は南葛に必要だという都教委の配慮で南葛に戻ってきたのです。

ii

そういうことが可能であったのは、当時の都教委は、労働時間や自分の生活が守れないからと、教師が自分の権利を主張して関わることをやめたら、人を傷つけ、自分をも傷つけてしまうような生徒達一人ひとりと徹底的に関わり、その生徒達が、自立して生きていくための自分自身の課題としっかり向き合い、他者の課題をも自分のそれとして考え生きていけるようにしようと、懸命に実践を積み上げてきた南葛の教育を、都教委なりに高く評価していましたので、そういう学校がなくなってはならないという認識をもっていたからだと思います。

以前の都教委は、私達とぶつかりながらも最終的には、歪んだ日本の社会の矛盾が生みだしてきた絶対少数派の生徒達を大切にする実践に依拠した、私達の切実な要求を受け入れてくれていたのです。教員加配の要求然り、必修の朝鮮語・演劇・人権の授業また然りです。

iii

働く人間が、自分の労働時間を守り、生活を守ろうとするのは当然のことなのですが、現実は残念ながらあるべき姿とは隔絶しているのが、世の常ではないかと思います。私も憲法に保障された労働組合に入り、青年部や定時制部等の役員を経験していますが、南葛においては、組合の獲得した権利に依拠していては仕事にならなかったのです。学習指導要領を書く人達の到底知り得ない様々な課題を背負って生きている生徒一人ひとりが相手の私達の仕事は、マニュアルやタイム・スケジュール通りにはいきませんし、法的拘束性があると被告が主張する学習指導要領等は、なんの役にも立たないのです。生徒の置かれている現実に即して臨機応変に対応していかなければ、重大な問題を惹起しかねないギリギリの状況の中で仕事をしていたのですから。

従って、以前の南葛では、たとえば、一人の生徒の具体的な教育のあり方、明日その生徒とどういう話をしていったらよいのかについて、しばしば、夜を徹して議論していました。もちろんこれは全員ではありませんでしたが、それでも三分の一の十人程の教員が参加していました。また、私の個人的な体験でも、保護者から「先生大変だ！　今お父さんと子どもが取っ組み合いの喧嘩を始めちゃった！　すぐ来て！」というＳＯＳの電話が入れば、その家庭に飛んで行き、始発電車で帰らなければならないとか、仕事保障が困難な「障害」のある生徒と一緒に働いて、「ちゃんと、こう働けるじゃないか」と会社と交渉したり、生徒が事件を起こせば家庭、警察署、鑑別所、家裁と走りまわらざるをえなくなり、とにかく私達が労働時間や自分の生活を守りたくても守れない厳しい現実が生徒達の前には大きく横たわっていたのです。

そういう南葛の「一〇・二三通達」以前の卒業式は、卒業生を中心にした式であることは言うまでもありませんが、壇上を使わず、フロアーで在校生と向き合い半円形に並ぶ卒業生達の席を校長が周り、一声祝福の言葉をかけて卒業証書を手渡す形をとっていましたが、これは、定員の三倍の応募者が押しかけた時でさえ、過重労働を敢えて引き受け、生徒を選抜せず、全員を受け入れ、入学してきた生徒と真摯に関わることを大切にしてきた南葛に非常にふさわしい形であり、権力的・権威主義的・全体主義的な被告の強制するそれとは対極の位置にあるものでした。

これは、全日制と定時制は校長が同じであり、日常的に定時制生徒とは縁遠い校長が、せめて卒業式では、四年間、あるいはそれ以上の時間をかけて様々な困難を乗りこえ、人間的にも見違えるように成長し、新たな明日に向かって、自立した出立の第一歩を印そうとする卒業生に、心から敬意をあらわす形なのです。実際生徒達は四年間の南葛生活を総括し、そういう内容の答辞を読んで在校生に生きる力を与えていきますので、「卒業式に出て良かった。俺もああいう風になって卒業するよ」と、在校生は応えていくのですが、南葛の伝統はその様にして創造され受け継がれてきていたのです。

III　誰の為の卒業式か

i

ところが南葛の卒業式の伝統は被告の職務命令によって無残にも踏みつぶされ、「日の丸・君が代」と被告により派遣された監視人付という点で全都一律の式を強制されてしまったのです。

自分達も従来の卒業式をやるんだと当然の如く思っていた生徒達の多くは、被告の「一〇・二三通達」後、何だか様子がおかしいぞと段々不安になってきて、二学期末にはＨＲで自分達の卒業式について議論し考えていくようになりましたが、その場で生徒達は担任の私に対して、様々な質問をぶつけてきました。例えば、本当に今までの卒業式はできないのか。何故学校独自の式が認められないのか。都教委の言ってるやり方は強制なのか。何故「日の丸・君が代」が卒業式に必要なのか。何で急に「日の丸・君が代」と言い出すんだ。「日の丸・君が代」をやらなかったらどうなるんだ。先生は起立して「君が代」を歌わないと思うけど、歌わなかったら処分されるのか。先生はどんな処分をうけるのか。もし俺達が起立して歌わなかったら、俺達が処分されるのか、それとも先生が処分されるのか。都教委の考えていることはメチャクチャじゃないのか。都教委にそんな権限があるのか、等々。

総じて生徒達の質問・意見は、極めて的を射たものであり、都教委は自分達を馬鹿にしている、誰のための卒業式だと思っているんだ！という怒りに貫かれていたと思います。

卒業試験後授業のなくなった生徒達は、卒業式前日までのおよそ一ヶ月間、毎日登校して四年間の総括討論を夜中まで行っていましたが、卒業式を間近にひかえた段階では何度か卒業式をめぐってHR討論を行い、クラスとしてどう対応するかについて真剣な討論を主体的に組織していました。担任の私は、在校生の授業がない時は、HRに出て黙って生徒達の議論に耳を傾け、質問が出た時だけ生徒達に話す様にしていました。

その中で、「日の丸・君が代」があるなら卒業式には出ない、「日の丸・君が代」がなければ卒業式には出ないという、この二つの意見を両極にして様々な意見が飛び交いましたが、「日の丸・君が代」なんて自分達の卒業式にふさわしくないという多数派の生徒が形成される一方、被告と全く同じ考えの生徒もいて、結局全員が納得できる一つの結論には至らず、クラスとしてはまとまった行動はとれませんでした。

そこで最終的には一人ひとりが、自分の判断と責任で行動することになり、自分はどういう参加の仕方をするのか、その態度をみんなの前で鮮明にし、それについて相互批判が行われ、曖昧な態度は容赦なく批判されていました。その結果、式の初めに歌われる「君が代」が終わってから参加する人、最初から式場に入り起立せず「君が代」を歌わない人、起立して歌う人と、様々な態度を見ることができましたが、これは「日の丸・君が代」に対する多様なとらえ方が現実にある訳ですから、非常に健全な光景だったと思います。

しかし被告は、繰り返し生徒を指導すべきであったにも拘わらず、それを放棄したか、それともできなかったと考え、私を「指導」した訳ですが、被告のやり方は明らかに強制であり、生徒自身がクラスの仲間との率直な議論の中で真剣に考え、たどり着いた大切な意思決定を否定することになり、生徒達の内心の自由を奪う明白な憲法違反となることは言うまでもありません。しかし、そもそも私自身が「君が代」を否定的にしか評価していない確固たる思想・信念をもっている訳ですから、被告の期待する「適切な指導」等はできないのです。

蛇足ながら、式の進行には些《いささ》かの混乱もなかったことを付け加えておきたいと思います。

iii

ところで、初めは「日の丸・君が代」について生徒達に特にあらたまって話したことはありませんでしたが、私が外国文化研究会顧問であり、在日外国人生徒達と熱心に関わっていることを生徒達は良く知っていましたから、担任は起たないだろうと思っていましたし、むしろ処分されるだろうということをとても心配してくれていたのです。また自分達が起たなかったら担任はそのことでも処分されるのではないかと危惧してくれていました。ですから私は、担任の処分のことは考えなくて良いから、自分達の信ずるところに従って悔いのない行動を取って欲しいと、生徒達に話していました。

（註）卒業式などで生徒が起立しなかった場合に教師らを厳重注意などにする処置は、自分たちが起立しなければ先生が処分されるという一種の脅しになり、生徒の行動を縛ることにならないか。

「それはちょっと違うんじゃないの。生徒がそれほど先生を尊敬しているかよくわからぬからね。このごろね。先生が罰せられるの、おれたちは大変だというほど、そこまで意識ないんじゃないか」

これは「石原知事発言録」（二〇〇四年六月八日付『朝日新聞』）が伝える四日の記者会見でのやり取りですが、知事の貧相な教師観・生徒観が垣間見えて怖くなります。教師をどう見るか、生徒をどう見るかということは、教育を考える上で基本的な問題の筈ですが、この基底的な部分にいかんともし難い歪みが「石原・教育委員会」にはあるのです。

なお、ＨＲ討論の中で、先生自身の考えを教えて欲しいという質問がありましたので、学習指導要領、被告の考え方を説明した後、私の考えを忌憚《きたん》なく話しています。それで私の不起立の理由を全員が明確に知ることになりましたが、純粋で頑固な木川らしい態度表明だと納得してくれていました。

iv

残念ながら強制された卒業式ではありましたが、答辞の内容は、南葛の歴史に恥じないものであり、かつＨＲ代表の答辞も、外国文化研究会代表の朝鮮人生徒の答辞も、被告の強制する卒業式のあり方をしっかり批判していました。

例えば前者のそれは、「今、都の教育委員会は、反対する先生達を処分してまで全都一律に『日の丸・君が代』を強制しています。このことは自分達にふさわしい卒業式とは何か、ということについて一生懸命討論してきた私達には、とても理解できません。教育がこのような処分を振りかざした命令で行われるということは、民主主義の国ではありえないことだと思います。とくに『日の丸・君が代』の問題は、一人ひとりの思想・信条にかかわるものですから、よけいに強制・命令とは無縁のはずだと、私達は考えます。ぜひ、来年度の卒業式には『日の丸・君が代』の強制をやめていただきたいと強く訴えたいと思います」と述べていました。

また、後者のそれは「俺たち朝鮮人にとって、『日の丸・君が代』は三十五年にも及ぶ日本の植民地支配の象徴です。その『日の丸・君が代』を俺たちの卒業式に強制してほしくなかったと思います。それは今まで南葛で学び、得たものを否定することにもなるからです。／在校生のみなさんも、たくさんの外国人と共に学んでいるのですから『日の丸・君が代』について真剣に考えてほしいと思います」と述べていたのです。

「卒業式の歌」は、朝鮮語の授業でみんなが歌って大好きになった「アチミスル（朝露）」という歌を、朝鮮語の李政美《イヂョンミ》先生と一緒に（もちろん担任もですが）、朝鮮語と日本語とで、元気に歌いましたが、この歌は卒業生達が心の底から歌いたいという気持ちを持って歌っていましたし、また、歌の一節にある「私は行く　荒れ果てた荒野へ／悲しみ振り捨て　私は行く」という言葉を、自らのこれからの人生を歩む決意として歌っていたように思えて、とても感動的なものになりました。これで「日の丸・君が代」がなかったら、とても素晴らしい卒業式になっていただろうと思うと、返す返すも口惜しく思えてなりませんでした。

Ⅳ　私の不起立の理由

i

私は二〇〇三年度の卒業式において、校長の職務命令に反して起立せず「君が代」を歌わなかったのですが、その理由は以下の諸点にあります。もちろんこれは生徒達にも話していたことです。

第一は、「臣民」を鉄砲玉としか見ずに無謀な侵略戦争に駆り立てていた天皇制国家の象徴である「君が代」は、国民主権、基本的人権の尊重、絶対平和主義をその根幹に据え「政府の行為によつて再び戦争の惨禍が起ることのないやうにすることを決意し」て創られた日本国憲法には、全くふさわしくないからです。

第二に、マイナスの評価しか与えられない歌を強制されるという理不尽さに、決して我慢できないからです。自分の固い信念から否定しなければならない歌を強制されて歌うことは、あまりにも屈辱的であり、憲法の精神を象徴する「人間の尊厳」を知らない者だけが、何の疑念もなく強制できるのだと思います。

第三に、周知のように、「君が代」を国歌とすべきだという考えに対して異論を唱える国民は非常に多いのですが、国民一人ひとりの国家観、歴史観が問われる「君が代」を、国家が反対派を押さえ込んで自分の「君が代」に対する考え方を、ほとんど全ての国民に十二年間にもわたって学校教育を通して強制し続けることは、明らかに精神の自由を保障する憲法に違反する極めて異常な行為だと思います。ですからその一環として出された本件職務命令も、明らかに憲法に違反していると言わざるをえないからです。

第四に、校長の裁量権を否定し全都の校長に職務命令を出させるという、都民、国民の良識では到底考えられないやりかたで「日の丸・君が代」を強制したことは、明らかに憲法及び、教育基本法第十条に違反する教育行政権力の甚だしい逸脱行為だからです。

もしこの様なことに唯々《いい》諾々《だくだく》と従っていたら、教師は校長・都教委の顔色をうかがいながら仕事をするようになり、生徒はそれに比例して教師を信用しなくなるでしょう。この行き着く先は教育の荒廃です。権力にがんじがらめにされた従順な教師には、「社会について、広く深い理解と健全な批判力を養い、個性の確立に努めること」（学校教育法第四十二条）という学校教育法の目指した生徒の学習権を保障していくことはできません。

確かな責任倫理に裏打ちされた教師の自由なくして、そもそも教育は成り立ちようがないのです。教科書通り、学習指導要領通りに仕事をやることは、生命力あふれる生徒と向き合えないということであり、生きる希望を失っている生徒とも向き合えない、ということなのです。

第五に、原告は「憲法尊重擁護義務」（憲法第九十九条）を負っている公務員でしたから、このような憲法をないがしろにする職務命令には、決して従ってはいけなかったのです。

第六に、しかし、何よりも本質的な理由は、〈私〉に優先させて全力で取り組んできた私自身の仕事は、「日の丸・君が代」の思想性とは全く相容れないものであるからです。

ii

文科省や被告は、「日の丸・君が代」は「国際社会において尊敬され、信頼される日本人」になるために必要だと主張していますが、学習指導要領を実際作成した人も、文科大臣も本心では信じていない筈ですし、もし信じているとしたら笑止千万です。それは、愛国心教育の粉飾道具として利用されているに過ぎないからです。「国際社会において尊敬され、信頼される日本人」になるには、生身の人間として、私達の隣で生活し、学び、働いている朝鮮人、中国人、フィリピン人達と向き合うことから始まるのです。この私達の最も近いところにいる在日外国人と生きる時間と空間を共にすることを無視し、一見尤《もっと》もらしい「国際社会云々」という観念的な言葉を強制する様なことは、権力による国民統合の手段としてしばしば使われている悪賢い手口に他なりません。

学習指導要領で強調している点は、「日本人としての自覚」とか「愛国心」を育てることですが、日本の学校で学んでいる外国人生徒達のことについては全く無関心なのです。南葛でも外国人生徒が二割程も占めている様に、都立高校には多くの外国人生徒が学んでいる厳然たる事実があるにも拘わらず、「日の丸・君が代」問題においても、何らの配慮もされていないのです。日本の学校だから当然だという考えがあるとしたら、時代錯誤も甚だしいと批判されなければなりません。

それぞれの学校で学んでいる外国人生徒の気持ちを踏みにじっておきながら、「国際社会において尊敬され、信頼される日本人」になる為の「日の丸・君が代」だと言っても、嘘は見え透いており、何とも恥ずかしい限りではないでしょうか。

又、周知のように、日本は難民受け入れについては、常に世界の国々から批判されています。欧米は年間数万人単位で受け入れていますが、日本は受け入れ人数が最多であった二〇〇八年でさえ五十七人で、二〇〇八年までの過去二十年間で平均十六人でしかなく、桁違いも甚だしいと言わなければなりません。この様な現実を放置しておいて「日の丸・君が代」だ！と声高に学校現場に命令を下す権力が存在する限り、「国際社会において尊敬され、信頼される日本」には絶対になりえないのです。

私達の目の前にいる在日朝鮮人生徒達は、日本の侵略と圧政の結果、私達と出会うことになった訳ですから、そういう生徒達と真摯に関わり、生徒達が差別的な日本の社会で畏縮《いしゅく》したり、日本に同化することなく、自らを生み出した精神的根拠地を大切にしつつ、その上で日本の社会や日本人からも学べるものは学び、自分自身を育んでいく営みに寄り添っていくこと、これが日本人の一人として生まれ、教育の仕事に携わってきた私のささやかな責任の取りようだったのです。

この課題は、現在においても遺憾ながらその新鮮さを失っていないのです。今日においてさえ、本名を名のれない多くの朝鮮人生徒達がこの日本で必死に生きている現実が、そのことを証明しています。韓流ブーム等も起こり、日本の社会の表層は三十年前よりは綺麗になりつつありますが、北朝鮮問題等もあり、ひと度その深層をかき混ぜれば、厚く堆積していた沈殿物が腐臭を放ちながら大乱舞するような状況は変わっていない、ということだと思います。

朝鮮のみならず、中国を初めとする他のアジア・太平洋地域を蹂躪《じゅうりん》し、その地の膨大な人々の命を奪い、人生を翻弄した近代日本の負の象徴が「日の丸・君が代」ですから、日本人の誰しもが、その自覚の有無に拘わらず「日の丸・君が代」という装置を世代を継いで分有し抱えもっているのです。この事実は、「日の丸・君が代」と厳しく対峙することを私達に求めているに違いないと確信しています。

では、教師にとってその具体的な内容とは何かと言えば、自分の労働の現場を大切にし、自分と出会う朝鮮人生徒を始め、中国人生徒、フィリピン人生徒達と真剣に組み打ちすることに他ならないのです。

私は、私が出会った初めての在日朝鮮人生徒である李君との出会い以来、このことを自分に課してきたのですが、天皇制に呪縛され、植民地支配と戦争の責任を曖昧にして恥じない日本人の精神性の負の側面を克服していかない限り、これは何時《いつ》までも私達の課題としてあり続けるだろうと思います。

V　何故「一円裁判」なのか

石原都政下でなければ再任用されて、今頃、時には悩みながらも、心を割った生徒達との真剣な関わりにこの上ない喜びを感じながら仕事をしており、相応のお金が入っているはずですから、それに見合う損害賠償、慰謝料等を要求することは正当な行為です。しかし、あえて私は一円の慰謝料のみを要求しています。

第一にそれは、この種の裁判では、往々にして原告が勝ったにしても、金銭的な決着となることが多く、負けたほうは、もう金を払ったのだからこれ以上ぐずぐず言うな、と金さえ払えば良いという風潮がある様に思いますし、勝った方も、仕方ないが少しでもお金を取ったからこれで良しとしよう、という感じで、幕引きとなります。

しかしこの様なことは、やむを得ない面があるとは思いながらも釈然としない気持ちを抱かせるものであり、本当に健全な紛争解決の方法なのだろうかという疑問がつきまとって仕方がないということです。

第二に、日本の司法は、三権分立に対する認識が希薄であり、国民の権利擁護にも消極的で、行政権力による国民に対する権利侵害のチェック機能を、十分に果たしているとは言い難いと思います。そこで、南葛という現場に戻して欲しいという本裁判にかける本質的な要求を明確にしておきたい、と考えたからです。

そして第三に、世の中お金が全て、という風潮も根強いものがありますが、生徒達にことあるごとに「お金が全てではない」と偉そうに言ってきたこともあり、その自分の言葉を実行するまたとない機会だと思ったからです。

何はともあれ、本裁判は、「君が代」を起立して歌わなかったことを理由に、生徒の前に立つ資格がないと焼き印を押された私にとって、省みれば不十分な点も多々ありましたが、人生の半分以上を、時間にすれば十数万時間を、一教師として、南葛と上忍の教育に労苦をいとわず尽力し、私なりに力の限り誠実に生きてきた、その名誉を回復し、再び南葛の若き魂たちと出会うための闘いなのです。

弁護士にも頼らず一人で始めた訴訟ですが、幸いにも卒業生を始めとする多くの人の温かい叱咤激励に支えられて元気に闘っています。勝利の日まであらゆる努力を怠らず前に向かって進むのみです。

以上

（出典・「最高裁上告趣意書」二〇〇九年十一月より）

あとがき

松浦利貞

二〇一九年十二月、一人の日本人教師が亡くなった。木川恭（きかわ　きょう）、享年七十二歳である。

彼は日本人として、教師として、日本と朝鮮の歴史に誠実に向き合い、朝鮮人生徒と親たちに徹底して関わり、つきあい続けた。この書は日本社会の差別と抑圧の下でもがき苦しみながらも、まっとうな人間として、よりよく生きようとした在日朝鮮人の若者たちと、それを生涯支え続けてきた日本人教師の記録である。当初、木川が関わったのは在日朝鮮人の生徒であったが、中国人の生徒、ベトナム、フィリピン、ネパール、アフリカなど多くの外国人生徒が入学してくると、同じように関わりを続けた。もちろん木川が関わったのは外国人の生徒だけではない。目の前に次々と現れる、学校から、家庭から、社会から切り捨てられた多くの生徒たちを支え続けてきた。また木川の定年まぎわになると、性的マイノリティの生徒たちの存在が見えるようになり彼ら、彼女らと向き合った。

木川の活動の概要を見ておこう。東京学芸大学を出て一九七二年、教員として初めて赴任した学校は東京都立南葛飾高等学校定時制（以下南葛《なんかつ》定と略す）であった。そこで多くの生徒や親たちと出会い、東京でも始められた同和教育の取り組みに参加する。

途中、東京都教育委員会の強制異動の方針のため、都立上野忍岡高等学校定時制に一九八七年から七年間勤めるが、ここでも朝鮮人生徒と関わり、同校を同和教育の推進校にした。その後、南葛定に戻り、定年まで南葛定には前後あわせておよそ三十年間勤務した。定年後も再任用教員として南葛定にとどまるはずであったが、卒業式で「君が代」斉唱に起立しなかったため、都教委によって誰にも普通に認められていた再任用を拒否された。弁護士もつけず一人で裁判に起ち、その非を訴えつつ、南葛定の生徒や卒業生の世話をし続けた。また新宿区大久保で始まった「チャプチョ（雑草）教室」の活動に参加して、韓国から来日した子どもたちの世話をし続けた。これらの関わりは病と闘いながら、木川の死の直前まで続けられた。

この書は木川の教育実践をまとめたものである。

第一は、木川の教育実践。在日朝鮮人や中国人、ナイジェリア人の生徒や親たちとの関わりと、「障害」を持った生徒の進路保障の取り組み。

第二は、必修演劇授業における木川執筆の演劇脚本。

第三は、木川の教育実践の全否定ともいうべき、都教委の処分を不当として起こした卒業式不起立一円裁判の資料。

木川は教員になってすぐ一人の日朝混血の生徒と出会う。その生徒は二歳の頃から西多摩の施設で育ち、中学二年で初めて朝鮮人の母親とめぐりあうも、中学卒業まで施設で暮らした。生徒は学校では「施設の子」ということで、施設では朝鮮人として差別され、中学の頃はタバコ、シンナー、ケンカなどと荒れていた。母親とは「自分を捨てた奴」と険悪な関係にあった。南葛定が紹介され、木川は担任として関わり始める。木川は中学卒業直前に帰化して日本名を名乗っていた生徒に、朝鮮名を名乗り母親とつながることを求める。当然に生徒は反発する。

木川は誠実でやさしい教師ではあったが、最初から朝鮮人生徒と関わりを持っていたわけではない。兵庫、広島、福岡などで同和教育に取り組む教師たちと出会い、東京でも同和教育の取り組みをしなければと、同和教育の研究組織の立ち上げに参加する。

この最初の朝鮮人生徒と母親との出会いは、彼のこれまでの観念的な朝鮮認識を完全に打ち破った。彼の想像を超える差別のきびしさとその中で強《した》かに生きてきた現実を目のあたりにして木川は自らの甘さを認識し、自らのありようを問い、朝鮮へのこだわりは、自分の生き方、自分自身のこだわりとなり、自身の変容につながっていった。

以後、木川は次々と現れる朝鮮人生徒との関わりを続ける。朝鮮人生徒を中心とした朝文研（朝鮮文化研究会）が作られ、さらに同じ頃申谷《さるや》雄二によって作られた部落研（部落問題研究部）とともに、「東京都部落研・朝文（問）研（その後外文研）交流会」が作られた。この交流会は関東各地の部落出身や「外国にルーツを持つ」生徒、「障害」を持つ生徒たちの交流会に発展し、現在も続けられている。

木川は朝鮮人生徒に、よりよき朝鮮人として生きるよう求めた。生徒が反発し罵声を浴びせて逃げようとしても逃さなかった。木川はまた自身を問う。

木川は南葛定以外の朝鮮人の若者や高校生を、「校外生」として朝文研活動に参加させていた（部落研も同様であったが）。その一人の若者のアボジ（父）から教えられた、気比《けひ》丸事件のことを一生の課題として受けとめていた。気比丸事件とは一九四一年十一月、日本海航路の船が機雷にふれ遭難し、乗客、乗員約三百五十人中約百五十人が死亡、行方不明となった事件であり、その際、一人の京大生が救命ボートに乗るのを譲っていたことが報道された。しかし死者の多くが朝鮮人で、同乗の警官が銃を向けボートに乗るのは内地人（日本人）だけだとして、朝鮮人がボートに乗るのを禁じたことや、京大生が「私は朝鮮人と行動を共にする」と言って、舟と運命を共にしたということなどは、朝鮮人の間で知られた話であった。木川は植民地支配下の朝鮮人を助けて、悠然と死に赴くことが自分にできるのか、いつでも逃げられる位置にある自分が、絶対に逃げないという位置に自分を追い込んでいるのかと、常に自分自身に問うていた。木川の実践は、苛酷な生を生きる朝鮮人と向き合うには、自分はあまりにも軽すぎるのではないかと、問い続けながらのものであった。

木川が教員になった頃の南葛定は、入学を希望する生徒はすべて受け入れていたものの、教師たちは授業が終わればさっさと校門を出て、生徒とともにきびしい状況の中で働きながら学ぶ生徒は、何の手当もされないまま、次々とやめていっていた。木川と申谷は何とか生徒を学校に引きとめようと関わりを続け、家庭訪問をくりかえすも、生徒をつなぎとめることは困難だった。生徒たちを学校につなぎとめられない悔しさを、これ以上くり返したくないと、木川と申谷は学校を変えねば、教師が変わらなくてはと、学校改革に足を踏み出す。

当時、それは今も基本的には変わらないが、南葛定に入学する生徒は、大きく分ければ次のような生徒だった（一九七五年、南葛定が職員会議名で都教委に出した要請書より）。

一、公教育の犠牲者として、九年間の義務教育の中で「あいうえお」も満足に学習する機会を与えられず、ABCは勿論読めない、書けない生徒たち。

二、過去の生活が、言い表すことの出来ないような貧困と、家庭破壊の現実の中にあるもの。

三、厳しい社会的差別の重圧の中を生きてきた生徒たち（この時はまだ見えてはいなかったが、部落出身や在日朝鮮人など被差別の側にいる生徒たち）。

当時、都教委は定時制高校の学級減と統廃合の方針を打ち出していた。南葛定も一学年四学級のところを、一九七四年から新一年生が三学級に減らされた。南葛定は独自に今まで通り、一年生を四学級に自主編成し、組合（都高教組）が闘いをやめてからも、南葛定単独の闘いに立ち上がり、闘争には勝利できなかったけれど、その後も全学年四学級の自主編成は続けられた。

生徒たちも闘いに立ち上がっていく。仲間の留年判定に抗議し生徒たちは職員会議への異議申し立てを行った。これをきっかけに学校のありようが問われ、学校を変えるため徹底した議論が行われた。二週間に一回だった職員会議は週二回の職員会議へ、生徒の進級、卒業を判定する成績会議は終電まで二週間も続けられることがあった。まずうち立てられたのは進級、卒業についての生徒たちの不服申し立ての権利であった。機械的に成績が悪ければ、欠席が多ければ、規則によって進級・卒業を認めない成績会議に対し、生徒たちは自らのきびしい生活状況と、その中での努力を訴えた不服申し立てを行い、成績会議はそれを受け入れた。

教師は変わっていった。南葛定の教育を支える、多士済々の教師集団が作られた。学校は教師のためにあるのでなく生徒のためにあるのである。もちろん国家や教育委員会のためにあるものでもない。

南葛定の学校改革はこの教師集団によって進められた。

これには教員だけでなく、事務、用務、警備の職員、校長、教頭の管理職もそれぞれの立場で協力し、都教委も南葛定の取り組みに協力せざるをえなかった。教員は上からの命令だけでは動かない。生徒に合わせた柔軟で創造的な取り組みができる場を保障することが文科省、教育委員会の責任であろう。

改革は生徒にとって必要と思えば、次々と進められていった。

知育偏重をやめ「芸術」「体育」の増単位と教員増、家庭科の男女共修、ホームルームを含めて二単位の「総合学習」、歴史を日本史、世界史に分けるのでなく「歴史」と位置づけ、さらには学校設定科目として全国初の教科としての「人権」設置、二年生から四年生まで縦割りで共通に学習する「全員ゼミ」など。また、希望する生徒への補習（促進学習）の時間を始業前、放課後に設置したりもした。さらに後述する必修の演劇、朝鮮語。

今は遅れて文部科学省なども一部取り入れている内容を、全国にさきがけ実現してきた。「総合学習」や二〇二二年度から実施の「歴史総合」など、南葛定では四十年以上も前に実現してきた。

また国連から批判されている日本の分離教育に対して、インクルーシブな教育も同様に実現してきた。文科省指導の上からの改革ではなしえない改革を、教師たちの自主的な討論と実践の積み重ねによって実現した。

改革の基本となったのは、入学希望者の全員受け入れ、処分によって退学をさせることはしないという、「全入無退学」の方針であった。その後南葛定の方針に学び、「全入無退学」を打ち出した学校も出たが、南葛定の取り組みは残念なことではあるが、全国で唯一の学校と言っていい。

この時期の南葛定の職員会議では次ぎの三点が確認されていた。

（一）入学を希望するすべての人に門戸を開放し、退学処分を出さない。

（二）「同和」教育を本校教育活動の中核にすえる。
（三）本校生徒の生活土台をたいせつにして、父母の生きてきた道筋から子どもも教師も徹底して学んでいくことを作風とする。

この「全入無退学」の方針は、多くの「障害」を持つ生徒や「不良」と言われる生徒を受け入れることで試された。彼らとの格闘とも言うべき関わりを通して、この方針は単なる理想、理念としてでなく、現実の強固なものとして確立されていった。

暴走族の生徒たちが集団で入学してくる。次々と事件を起こす。暴力をふるい、シンナーを吸う。学校から追い出すのでなく警察に迎えに行き、鑑別所に会いに行く、家裁に歎願書を出す、何とか学校に落ち着かせるための取り組みが続けられた。

「障害」を持つ生徒が入学する。名前も書けない生徒たち、多動でどこへ行ってしまうかわからない、行方不明になってしまう。給食室では牛乳びんを床にたたきつけ、大声で「いつ帰る、いつ帰る」とくりかえす、教師もどうしていいかわからなくなる、でも生徒たちは仲間として受け入れ、「不良」たちもやさしくなっていった。教師たちもすべての生徒を受け入れることの意味を理解し、この生徒たちに合わせた授業、学校を作らねばと考えていった。

南葛定の全入方針は広く知られて、定員を超える入学者が殺到した。希望する者をすべて受け入れる高校全入は、戦後の民主教育の理念でもあった。しかし、当時は全日制だけでなく定時制においても、「適格者主義」の名のもとに定員内での不合格者を出していた。南葛定は一年生の定員百二十人のところに、四百人を超える入学希望者が出たこともあり、全日制なみの八百人を超える生徒であふれかえった。都教委には「勝手に入学させておいて」という意見もあったようだが、二人だけではあったが教員を加配した。当然に教師たちの労働量は増え、南葛定の教育は、教師たちの献身的な労働に支えられていた。

東京でも同和教育の取り組みが進むとともに、南葛定の教師たちは湊川高校（定時制）を中心とする兵庫の解放教育と、宮城教育大学の林竹二氏に出会い、多くを学んでいった。林竹二氏は授業とは何かと問い、「低学力」の子どもにはそれに見合った授業をといったことでなく、「子どもたちがふかいところにしまいこんでいる〝美しいもの〟を引き出す」「子どもが心をひらく」授業をと語っていた。

南葛定の教師たちにとって、ようやく高校にたどりついた生徒から求められたのは、まず「生活の世話（生活指導ではない）、仕事の世話」であった。しかし生徒たちは学びにきたのである。学ぼうとする生徒たちに、「パンではなく石ころを与え」ていたのではないか、と反省し、「魂の世話」をしなければと、「授業創造」の取り組みを進めていった。

この時期すでに、南葛定では生徒の実態をふまえ、「演劇」と「朝鮮語」の授業の導入が検討されていた。長い討議と準備を経て、二年生での必修「演劇」、三、四年生での必修「朝鮮語」が開設された。

近年は朝鮮語や演劇を授業に取り入れる高校が出てきた。しかしそれは選択の授業として受けたいと希望する生徒を対象とするもので、これを生徒全員の必修とすることは考えられていない（学科として「演劇科」を置く高校が出てきたが、これも演劇を希望する生徒のためのものである）。当時は現在のように教員免許状をもたない市民講師や、民間出身校長など認められていなかった。演劇は東京帝国大学卒業の講師（竹内敏晴氏）に特別に社会科の免許状が認められ実施された。朝鮮語の教員免許を持つ教員もいなかった。英語科の朝鮮人教師に、いくつかの研修を経て、朝鮮語教師としての資格を認め、朝鮮語修得のための韓国私費留学に対しても特別に配慮するなど、当時は都教委も南葛定の取り組みをよしとして、いろいろ配慮をしてくれたのであった。

演劇は木川の発案で、申谷とともに取り組むが、申谷は自分のクラスの生徒を見て、さわると体がこちこちに固まっている生徒たち、とりわけ「不良」や「障害」を持つ生徒の体をほぐそうと考えていた。当時、兵庫の湊川高校などに入っていた、宮城教育大学の竹内敏晴氏を講師にお願いした。竹内氏は南葛定での演劇の授業を一冊の本にまとめられている（『からだ・演劇・教育』岩波新書）。宮城教育大学の授業のあと仙台から東京の定時制高校に出かけること、名うての「荒れた」生徒や「障害」を持つ生徒たち、演劇に何の興味も関心もない生徒たちを前にとまどいつつも、演劇とは何かを問い返しながら、新しい出発に踏み切られた。竹内氏は、自身が率いる演劇グループ（竹内演劇研究所）が湊川高校や南葛定で演劇を演じる時に、これでは生徒たちはみんな出ていってしまうのではないか、生徒たちが集中するような演劇とは何かを考えるようになったと言う。竹内氏は演劇を通して人が人にふれることを根底に、これまで「人間であること」を目指していたが、さらに「人間になること」への視野を持つようになったとされる。

　演劇の授業は当初希望者を中心に、特に「荒れている」生徒や「障害」を持つ生徒を担任が指名して、授業に参加させ実施された。申谷は演劇の授業の中で「荒れた」生徒や「障害」を持った生徒たちの変容する姿を見て、三年目に全員必修の提案をした。竹内氏にとって、「思いがけない」「まるで考えられない」提案であった。これまでの授業は竹内氏一人でできたわけでなく、竹内氏の主宰する竹内演劇研究所の若いスタッフが参加し、スタッフのそれぞれが、生徒との関わりを深めることを通して実現できたものであった。しかし演劇必修の提案は、南葛定の教師たちがこれまでの授業とか教育とかという発想を捨て、学校の常識を否定するような生徒を受け入れた学校が、その子たちにあわせて学校を創ろうと覚悟したということであろう。そこでは演劇授業に教師自身が演劇を自らのものとして参加することは必須であり、必然であった。演劇は人に見せるためにやるものと思われるが、南葛定の演劇授業は、演じるものが自分や自分たちのためにやっているということにも気づいていく。

　その後講師は竹内氏につながる演劇人に引き継がれ、担任教師と共に授業の総仕上げとして、年度末にクラスごとに演劇発表をするようになる。多くの教師がクラスの気にかかる生徒の状況にあわせて、脚本を選び、演劇を作り上げていった。木川は生徒に合わせて自ら脚本を書いた。朝鮮人の生徒が朝鮮の思いを自分のものにできるよう、安重根《アンジュングン》や創氏改名、朝鮮語学会事件と尹東柱《ユンドンジュ》などを取り上げた。また中国人生徒を担任した時には、「残留孤児」、「残留邦人」の問題を取り上げた。木川は自ら進んで中国に残留したかに見えるこの言葉を使わず、中国に捨て置かれた人々として「中国被捨置邦人」という言葉を使った。演劇は朝鮮人や中国人、部落出身の生徒が自分の生き方を深く見つめ直すとともに、クラスの生徒が朝鮮や中国、部落に正面から向き合い、自身の生き方を問い直すものに、また教師自身も自らを問い直すものになっていった。

朝鮮語必修も、兵庫の湊川高校の取り組みに学んで生まれた。木川は言う。「生と死のはざまで呻吟しながら、その歴史を刻印してきた朝鮮人生徒や親たちとの関わりを深めていくなかで」、自分たちの「朝鮮認識があまりにも薄っぺらいものであることに気づき」、圧倒的多数の日本人生徒の「無関心、無頓着、それ故に本人の自覚と痛苦とが欠如しているところで朝鮮人を傷つけている」状況を、埋めていこうとして開講された。

朝鮮語の授業は当初から今にいたるまで、朝鮮人教師によって行われる。朝鮮人への差別意識を持っている生徒たちは反発する。朝鮮人教師を差別にさらすのでなく、この生徒たちの差別意識を克服することが、日本人教師の責任だと覚悟する。朝鮮語の教科書は朝鮮人の朝鮮語教師と日本人教職員（教員だけでなく南葛定を卒業した用務職員も参加して）が協力して作った。

これらの取り組みが、すんなりと生徒たちに受け入れられたわけではない。

「演劇なんかやらせるなんて信じらんねえよ、そんなの小学校の学芸会で終わりだよ。」

「何の役にもたたねえ朝鮮語なんて、何でやんなきゃいけねえんだ！　バカらしい。」

やむことのない拒絶と反問と罵詈雑言に立ち向かう日々であったと木川は言う。

生徒と教師の真剣勝負のなかから南葛定の教育は生みだされてきた。

木川は言う。

わが国の政治と精神文化の貧困が生みだし続ける国家・社会の諸矛盾が生徒達を押しつぶそうとしていた

傷つき苦悩する南葛の若き魂達は、自らの再生の道を切り拓かねば……

差別は人間の人格を破壊し、命をも奪う

そして

被差別の側に否応なくおかれた生徒達の命の叫びに
一生のつき合いになることを予感しながら根気強くよりそう
つまずきながら、迷いながら
それこそが、私を少しはまともな人間にしてくれた

と述懐する。

南葛定が部落差別や民族差別と関わり始めた頃、まず直面したのは、「障害」を持った生徒の進路保障であった。一九七六年、手に「障害」のある生徒が、郵便局の外務職員（郵便物の集配）を希望して受験したところ、不合格となった。学校として取り組む中で、不合格は撤回させたが、「障害者」への差別のきびしさを実感する。翌年もまた、郵便職員を希望する松葉杖の生徒の就職実現をはかるため、東京郵政局と交渉する。生徒本人の証言を収録してあるが、「障害」を持つ生徒の生き様、思い、努力を踏まえて交渉し不合格を撤回させていった。以後南葛定は「障害者」差別に取り組み、いかなる「障害」であれ、入学を希望する生徒の受け入れを図っていった。

また進路保障という点から、ナイジェリア人生徒への就職差別に取り組んでいる。外国人に対する差別がいかにきびしく、深刻であるかは近年のSNS等を中心とするフェイク、ヘイトの情報を見ればすぐわかることではあるが、多くの外国人生徒が学校で、社会で経験している。ナイジェリア人生徒に対する企業の就職差別に、学校として取り組み就職させると、今度は現場で就労を拒否される。彼は、「こんなひどい差別は初めての経験」と述べていた。これも学校として取り組み謝罪させ受け入れさせた。

本書のⅡ部はシナリオ編である。

木川は演劇の授業のため何点か自ら脚本を書いている。クラスや授業にいる朝鮮や中国にルーツを持つ生徒

一人一人を念頭に置きながら、テーマと内容が考えられた。木川の南葛定最後の年には、クラスのＬＧＢＴＱの生徒を念頭に置いた脚本を書き、授業に取り組んでいる。

歴史上の人物、事件が取りあげられ、そのため深い洞察力をもって歴史を研究した。単なる歴史研究であれば、事実を解明すれば事足りるが、それを演劇の脚本とするためには、歴史に生きた一人一人の人間の姿を明らかにしなければならない。登場する人物の一つ一つの言葉は、生徒の琴線にふれ生徒の思いにつながるものでもある。

本書では木川作の脚本五点すべてを収録した。

「創氏改名」は木川最初の演劇脚本である。「凍れるいのち――国家に棄てられた生命の再生を求めて」、「チョソンマル、わがいのち」、「海峡をつなぐ――安重根と千葉十七」と続く。

「ＧＩＤ」は木川最後の脚本であり、クラスに入ってきた「トランスジェンダー（性同一性障害）」の生徒を念頭に、「トランスジェンダー（性同一性障害）」の生徒と就職差別を描いている。

多くの学校でクラス演劇や演劇部による演劇が演じられている。木川の脚本を見れば、一見すると難しい言葉が頻出しセリフも長く多い。木川もふれているように、当初は生徒たちもこんな長くて難しい演劇なんかできないと反発する。多分他校の教員であれば、「学力もふくめてさまざまな課題、問題をかかえている」「定時制の生徒には無理」と考えるであろう。しかし生徒の心をとらえ生徒を信じた取り組みは、その「常識」を変えたのである。

また「チョソンマル、わがいのち」では、後半の第二幕、第四幕のセリフを朝鮮語にした。脚本の朝鮮語への翻訳と生徒の朝鮮語発音の指導を朝鮮語講師に頼み、生徒たちは当初は「無理、無理、無理、絶対そんなの無理だよ！」と言っていたが、話し合いを重ねるにしたがい、やる気を出してくれたという。

くわしくは脚本を読み、演劇についての実践報告を読んでいただきたい。

最後に、「南葛定卒業式不起立一円裁判」の資料を収録した。

木川は定年後も南葛定にとどまり、生徒と南葛定の教育を守りたいと思っていた。しかし都教委が都立学校における入学式、卒業式において、日の丸を掲げ、起立して日の丸に向かって「君が代」を斉唱することを、すべての教員に強制するようになると、多くの教職員（生徒も）が起立せず、「君が代」斉唱を拒否した。南葛定では木川、申谷、金信明《キムシンミョン》の三人が拒否した。これに都教委は処分を行うとともに、退職後、五年間は認められていた再雇用、再任用を認めなかった。処分された教員の多くが裁判闘争を行うが、木川は一人で弁護士も頼まず、問題は金銭的損害ではないとして、一円の慰謝料を求めるという形で都教委を訴えた。木川にとって「日の丸・君が代」の強制は、自身のこれまでの取り組みの全否定であり、日本の侵略戦争への反省からうまれた憲法の全否定として許せないものであった。

木川の生徒と共にする時間は、自分の子どもとつきあう時間をはるかに超えていた。

南葛では、一人の生徒の具体的な教育のあり方、明日その生徒とどういう話をしていったらよいのかについて、しばしば、もちろん全員参加ではないが、夜を徹して議論していた。保護者から「先生大変！　今お父さんと子どもが取っ組み合いの喧嘩を始めちゃった！　すぐ来て！」というＳＯＳの電話が入れば、その家庭に飛んで行き、始発電車で帰らなければならないとか、仕事がうまくできない「障害」を持つ生徒と一緒に働いて、「ちゃんと、こう働けるじゃないか」と会社と交渉したり、生徒が事件を起こせば家庭、警察署、鑑別所、家裁と走りまわった。

朝帰りになることが多かった。二人の子どもが保育園に通っていた十一年間、門限は午前七時と定められていた。小学校教員の妻が子どもたちの朝食を用意し、出勤する前までには帰宅せよということだった。彼の活動の裏には、当然に最愛の妻と子どもたち、その他家族、親族の犠牲的とも言うべき献身的な協力、支えがあったことを、最後に記しておかねばならない。

木川恭が亡くなったあと、同僚、卒業生が集まり、日本の学校にこのような教師がいたということを多くの人に知ってもらいたい、ということで彼の実践記録を集めて公刊することにした。

本書には木川の実践報告とともに木川の関わった生徒たちの自身を見つめ直した文章を〈証言〉として収録している。すばらしい内容で是非読んでいただきたい。

木川が南葛定で関わった卒業生と同僚で木川恭遺稿集出版委員会を作った。李春花《リチュナ》は最も若い卒業生で、卒業後大学に進学し、現在南葛定の朝鮮語講師をしている。朴正雄《パクチョンウン》は朝文研で入学以来深く関わった卒業生である。李政《イヂョン》美《ミ》は朝鮮高校を卒業し、日本の大学の受験資格を得るため入学してきた。朝文研創設の時の卒業生で、歌手として活躍するとともに南葛定の朝鮮語、音楽の講師を引き受けてくれた。青山雄三は申谷が作った部落研のメンバーで、他への就職を考えず用務主事として南葛定に勤め、南葛定の後輩のために尽力している卒業生である。申谷雄二は南葛定の同和教育を木川と二人で創り上げた教員で、朝文研の木川、部落研の申谷と任務分担をしていたが、二人は南葛定の教育を創り上げた同志として深く信頼しあっていた。この遺稿集刊行にかける申谷の思いは人一倍であった。松浦利貞は申谷、木川が都教委の強制異動で南葛定を一時出た時に南葛定に勤めたが、木川とは東京の同和教育を立ち上げた時以来の同志である。

遺稿集を作成するにあたって、南葛定の元同僚や卒業生、同和教育に取り組む友人たちから多くの協力をいただいた。南葛定の元同僚の羽藤《うとう》緑、宇田川透もパソコン入力、会計処理など多大の時間をとって協力してくれた。また木川のご家族からも木川のパソコンからの原稿の取り出し、装丁の相談などいろいろ協力をいただいた。この遺稿集は南葛定の多くの関係者協力によって刊行できたのであり感謝を申し上げたい。また本書の出版を引き受けてくれた藤原良雄社長、編集担当の山﨑優子さんにもお世話になった。あわせて感謝したい。

木川恭はことばを大切にして、表現にもこだわりを持っていた。従って本書への収録にあたっては、木川の原文を尊重したが、誤字等は訂正し、読みやすいように句読点を一部加えた。また出版委員会の判断で多くの漢字にルビを振り、一部に注を入れた。木川がつけた注は（註）とし、出版委員会がつけたものは※で区別している。

木川をふくめ南葛定では朝鮮人、中国人の生徒たちに本名で生きていくよう求めていた。本書では生徒、卒業生の人名を原則実名で表記しているが、公刊にあたりそれぞれ本人の承諾を得ている。

本書では朝鮮（韓）半島に住む人々の総称として朝鮮人、そこで使われることばを朝鮮語と表現している。これは南葛定の方針として民族は一つ、差別と向き合うという意味をこめて統一的に使ってきたことによる。

木川恭遺稿集出版委員会

（李春花・朴正雄・李政美・青山雄三・申谷雄二・松浦利貞）

著者紹介

木川 恭（きかわ・きょう）

1947 〜 2019。千葉県市川市出身。東京学芸大学卒。1972 年より都立南葛飾高校社会科、人権科担当教師を務めた。在日や外国出身の生徒たちと深く関わり、同和教育、「障がい」児・者教育にも関わり続ける。南葛における、林竹二、竹内敏晴を招いての授業改革・学校改革、「朝鮮語」必修、「演劇」正規教科などの取り組みに参加。自らシナリオを書き、演出を手がけ実践した。定年退職後は大久保の学習塾「チャプチョ（雑草）教室」に関わる。

〈共著〉

「長谷川伸と南葛の生徒たち」『生徒の心にとどく授業 生きること 学ぶこと 5』関東授業を考える会編　国土社　1985 年

「朝鮮人と共に生きる私を求め続けて」『授業による救い』林竹二編　径書房　1993 年

編者紹介

木川恭遺稿集出版委員会

李春花／朴正雄／李政美／青山雄三／申谷雄二／松浦利貞

在日朝鮮人《ざいにちちょうせんじん》・外国人《がいこくじん》と生《い》きる私《わたし》を求《もと》めて

2024年 11 月30日　初版第 1 刷発行©

著　者　木　川　恭

編　者　木川恭遺稿集出版委員会

発行者　藤　原　良　雄

発行所　株式会社　藤　原　書　店

〒 162–0041　東京都新宿区早稲田鶴巻町 523

電　話　03（5272）0301

ＦＡＸ　03（5272）0450

振　替　00160 - 4 - 17013

info@fujiwara-shoten.co.jp

印刷・製本　中央精版印刷

落丁本・乱丁本はお取替えいたします

定価はカバーに表示してあります

Printed in Japan

ISBN978–4–86578–442–8

哲学者と演出家の対話

からだ＝魂のドラマ
（「生きる力」がめざめるために）

林竹二・竹内敏晴
竹内敏晴編

『竹内さんの言う〝からだ〟はソクラテスの言う〝魂〟とほとんど同じですね』（林竹二）の意味を問いつめたくてこの本を編んだ。」（竹内敏晴）子供達が深い集中を示した林竹二の授業の本質に切り込む、珠玉の対話。

四六上製　二八八頁　**二二〇〇円**（二〇〇三年七月刊）
在庫僅少◇978-4-89434-348-1

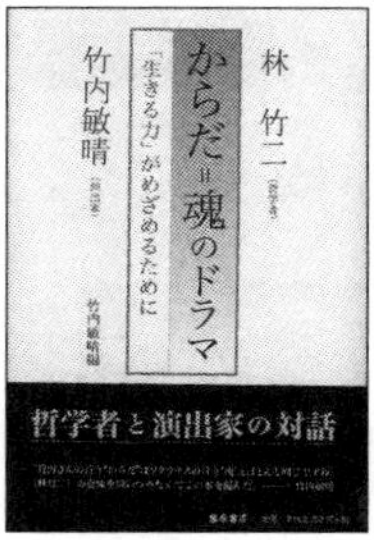

「人に出会う」とはなにか

「出会う」ということ

竹内敏晴

社会的な・日常的な・表面的な付き合いよりもっと深いところで、なまじかな〝あなた〟と出会いたい——自分のからだの中で本当に動いているものを見つめながら相手の存在を受けとめようとする「出会いのレッスン」の場から、〝あなた〟に出会うためのバイエル。

B6変上製　二三二頁　**二二〇〇円**（二〇〇九年一〇月刊）
在庫僅少◇978-4-89434-711-3

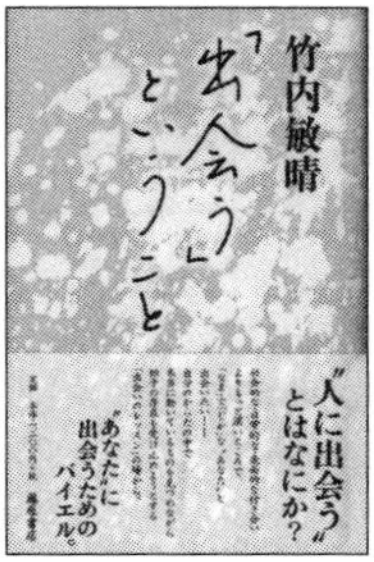

〝からだ〟から問い直してきた戦後日本

レッスンする人
（語り下ろし自伝）

竹内敏晴
編集協力＝今野哲男

「からだとことばのレッスン」を通じて、人と人との真の出会いのあり方を探究した、演出家・竹内敏晴（一九二五―二〇〇九）。名著『ことばが劈かれるとき』の著者が、死の直前の約三か月間に語り下ろした、その〝からだ〟の稀有な来歴。

四六上製　二九六頁　**口絵四頁**　**二五〇〇円**（二〇一〇年九月刊）
◇978-4-89434-760-1

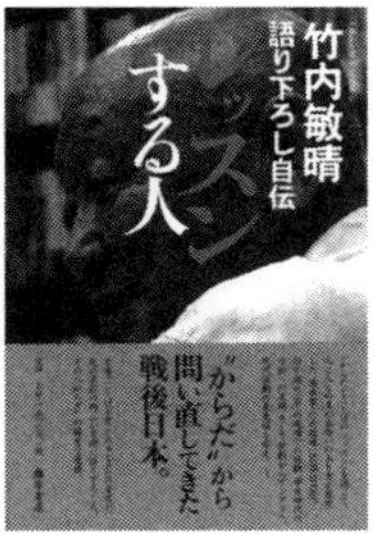

真に「私」が「私」であるために

からだが生きる瞬間
（竹内敏晴と語りあった四日間）

竹内敏晴
加藤範子・河本洋子・瀧元誠樹・竹谷和之・奈良重幸・林郁子・船井廣則・松本芳明
稲垣正浩・三井悦子編

「からだ＝ことば」の視点から人と人との関係を問うてきた演出家・竹内敏晴が、スポーツ、武道など一流の「からだ」の専門家たちと徹底討論、「じか」とは何かという晩年のテーマを追究した未発表連続座談会の記録。

四六上製　三二〇頁　**三〇〇〇円**（二〇一八年五月刊）
◇978-4-86578-174-8

精神科医と教育研究者の魂の対話

ひとなる
（ちがう・かかわる・かわる）

大田 堯（教育研究者）
山本昌知（精神科医）

教育とは何かを、「いのち」の視点から考え続けてきた大田堯と、「こらーる岡山」で、患者主体の精神医療を実践してきた山本昌知。いのちの本質に向き合ってきた二人が、人が誕生して、成長してゆく中で、何が大切なことかを徹底して語り合う奇蹟の記録。

B６変上製　二八八頁　**二二〇〇円**
（二〇一六年九月刊）
◇978-4-86578-089-5

「生きる」ことは「学ぶ」こと

百歳の遺言
（いのちから「教育」を考える）

大田堯＋中村桂子

生命（いのち）の視点から教育を考えてきた大田堯さんと、四十億年の生きものの歴史から、生命・人間・自然の大切さを学びとってきた中村桂子さん。教育が「上から下へ教えさとす」ことから「自発的な学びを助ける」ことへ、「ひとづくり」ではなく「ひとなる」を目指すことに希望を託す。

B６変上製　一四四頁　**一五〇〇円**
（二〇一八年三月刊）
◇978-4-86578-167-0

「常民」の主体性をいかにして作るか？

地域に根ざす民衆文化の創造
（「常民大学」の総合的研究）

北田耕也監修　地域文化研究会編

後藤総一郎により一九七〇年代後半に信州で始まり、市民が自主的に学び民衆文化を創造する場となってきた「常民大学」。明治以降の自主的な学習運動を源流とし、各地で行なわれた「常民大学」の実践を丹念に記録し、社会教育史上の意義を位置づける。**カラー口絵四頁**

飯澤文夫／飯塚哲子／石川修一／上田幸夫／胡子裕道／小田富英／北田耕也／草野滋之／久保田宏／佐藤一子／東海林照一／新藤浩伸／杉浦ちなみ／杉本仁／相馬直美／田所祐史／穂積健児／堀本暁洋／松本順子／村松玄太／山﨑功

A５上製　五七六頁　**八八〇〇円**
（二〇一六年一〇月刊）
◇978-4-86578-095-6

子どもの苦しさに耳をかたむける

子どもを可能性としてみる

丸木政臣

学級崩壊、いじめ、不登校、ひきこもり、はては傷害や殺人まで、子どもをめぐる痛ましい事件が相次ぐ中、半世紀以上も学校教師として、現場で一人ひとりの子どもの声の根っこに耳を傾ける姿勢を貫いてきた著者が、問題解決を急がず、まず状況の本質を捉えようと説く。

四六上製　二二四頁　**一九〇〇円**
（二〇〇四年一〇月刊）
◇978-4-89434-412-2